北京市建筑设计研究院有限公司

五十年代「八大总」

北京市建筑设计研究院有限公司 编

北京市建筑设计研究院有限公司成立七十周年（1949—2019）院庆系列丛书编委会

主　　任　徐全胜

副 主 任　张　宇　刘凤荣　郭少良　李中国　郑　琪　郑　实　邵韦平

学术顾问　马国馨

编　　委　熊　明　何玉如　刘　力　柴裴义　柯长华　胡　越　张　宇　邵韦平　齐五辉　刘晓钟
　　　　　朱小地　叶依谦　王　戈　吴　晨　陈彬磊　束伟农　徐宏庆　孙成群　郑　昕　曹晓东

《北京市建筑设计研究院有限公司五十年代“八大总”》

主　　编　徐全胜

副 主 编　张　宇　郑　琪　郑　实　邵韦平

策　　划　金　磊

执行主编　金　磊　李　沉

执行副主编　朱有恒　韩振平　苗　淼

执行编辑　张建平　魏　嘉　殷力欣　林　娜　董晨曦　刘锦标　左东明　彭　述　季也清　刘春海

图片提供　侯凯源　刘锦标　杨超英　傅　兴　金　磊　左东明　李　沉　朱有恒　等

特别鸣谢　金卫钧　王　宇　胡　谦　李维峰　丁明达　彭　述　梁永兴　华新民　叶兆增　杨维迅
　　　　　顾君良　吕健博　冯　辰　张　璐　赵剑臣　张寒冰

肖像绘制　金卫钧　冯晓晨　叶依谦　曾　铎　杨剑雷　张卓卓　马　涛　秦　弘

谨以本书

致敬为北京建院发展作出贡献的先贤与功臣

建筑中国：见证共和国走过

今年是中华人民共和国成立 70 周年，听北京市建筑设计研究院有限公司的前辈们讲，我们是中华人民共和国第一家民用建筑设计院，前身是“公营永茂建筑公司设计部”。“永茂”二字为时任中共北京市委书记彭真同志所题，取其“永远茂盛”之意。1949 年 9 月，北京市人民政府开始筹备建立北京市公营永茂建筑公司。在 10 月 1 日开国大典当天，“北京市公营永茂建筑公司”在当时的办公地——金城大楼楼顶垂挂了两条庆祝中华人民共和国成立的条幅。同一天，4 名员工代表北京市公营永茂建筑公司参加了开国大典游行，充分说明着北京市建筑设计研究院有限公司是与新中国同龄的设计院。今天，我们纪念北京市建筑设计研究院有限公司（以下简称“北京建院”）成立 70 周年，是很有意义的。

与共和国同龄，不断发展、壮大的北京建院用丰富的设计作品与先进的创作理念照亮前进的征程，用设计思想作为新起点，我们的发展目标已指向百年，我们努力打造百年企业。

70 年前，北京建院迎着新中国的曙光诞生，我们在历史长河中寻觅中国建筑坚守的文化内核；70 年来，北京建院阅尽风雨、收获满满。新中国建筑在跋涉中创作出座座高峰，面对新征程，我们感到能力越强，责任越重。北京建院经历岁月洗磨，始终坚守使命、勇担责任，我们将继续为中国建筑书写事件，创造作品。

1999 年北京建院为庆祝成立 50 周年编撰学术丛书时，老院长、原城乡建设部部长叶如棠写下“堪称当代华夏第一家”的评介语; 2009 年北京建院成立 60 周年，我们不仅从 60 载时光中拣拾了 60 个“故事”，还串联起令北京建院人骄傲的 60 个“心灵地标”。从北京建院 2009 年的“品牌报告”到 2014 年的“文化报告”，都绘制出北京建院人爱院情怀下的宏大画卷。2019 年我们再推出“北京建院价值报告”，其含义在于，立足新时代，回顾历史，展望未来，笃定、真诚、包容、善意、理性。

2018 年 11 月 22 日，由北京市人民政府国有资产监督管理委员会主办、北京市建筑设计研究院有限公司联合主办，马国馨院士任总策划的“都 · 城——我们与

Building China: Witnessing the Growth of the People's Republic of China

This year marks the 70th founding anniversary of New China. According to the elder generation of BIAD people, it is the first institute of civil architecture in New China, with its predecessor being the Design Department of the Publicly Owned Yong Mao Building Company. The two Chinese Characters (Yong Mao, literally, forever prosperous) were inscribed by Peng Zhen, then Secretary of the CPC Beijing Municipal Committee. In September 1949, Li Gongxia, Deputy Secretary-general of Beijing Municipal People's Government, was sent to take charge of the preparations for building the Publicly Owned Yong Mao Building Company. On October 1, 1949, the founding day of New China, Beijing Publicly-owned Yong Mao Building Company hung two celebratory messages bearing the company's name from the top of the Jincheng Building which was home to the company's office at that time. That day, four staff members of the company, on behalf of Yong Mao Building Company, took part in the founding ceremony of New China and the night lantern parade, which marked the company and New China were founded on the same day. Many unforgettable highlights bear the evidence. Today, we commemorate the 70th founding anniversary of Beijing Institute of Architectural Design (BIAD).

At the same age as New China, BIAD has experienced all the major construction events of the capital and the city, and witnessed the magnificent scenes of building China by riding the tides of the times. The people of BIAD that keeps developing and grows mature illuminate the way ahead with the light of soul, and with numerous works and advanced creation concepts; they have identified the new starting point after the BIAD's 70th birthday with thoughts on design culture. Looking forward, the BIAD aims to be another century-old company in New China.

Seven decades ago, BIAD was born in the dawn of New China. It enables us to make out how Chinese architecture sticks to the culture through self-improvement with aplomb. Over the past seven decades, BIAD has gone through all the vicissitudes, carries wide-ranging connotations, and keeps a low profile about its achievements. We are duty-bound to review the past and answer the question about how New China can create one peak after another on its building road. With a new long journey lying ahead of us, we realize the more competent we become, the greater responsibility we shoulder. BIAD, through decades of development, has become what it is thanks to the generations of BIAD people's commitment to their missions, responsibilities and values; thanks to the BIAD events and works that combine to write the development course of Chinese architecture over the years; and thanks to the craftsmen's willingness to contribute.

I remember when BIAD was marking its 50th founding anniversary in 1999, Ye Rutang, former Head of BIAD and former Minister

这座城市”专题展览在中国国家博物馆举行，展厅中部的“首都大模型”在吸引观者目光时，也充分展现了北京建院在首都建设中的贡献。在那天的中外论坛上，北京建院还代表首都建筑设计师宣读了“建筑服务社会 设计创造价值 北京建院向首都建筑设计同行及社会各界的倡议”。如果说 70 年以来我们一直在用建筑设计见证历史，那么今天推出的“北京市建筑设计研究院有限公司成立七十周年（1949—2019）院庆系列丛书”就是北京建院人用字词书写巨变，用篇章展示建筑前辈留下的精神。一个设计研究单位，参与创造国家的当代建筑文明，北京建院的设计实践已经说明：作为新中国第一家民用建筑设计院，参与缔造新中国的建筑文化；它是有综合实力和学术气质的先进科技引领者、美好城市践行者、绿色建筑开创者和产业现代化示范者；几代设计师们的“精神风景”为北京建院留下文化远香。

“北京市建筑设计研究院有限公司成立七十周年（1949—2019）院庆系列丛书”主要分四个部分。

第一，《北京市建筑设计研究院有限公司纪念集——七十年纪事与述往》。该书以时间为轴，不是用作品，而是用典型事件与 70 篇文章描绘北京建院的发展演变史。北京建院何以成为新中国初创时期第一院，它从哪里来，它未来向何处去。从中我们不仅可以看到令人浮想联翩的建筑艺术作品，如“国庆十大工程”，也有善解人意的建筑环境构成；既有首都北京 70 年建筑“读思录”，更有一批批建筑师、工程师的成长启示。该纪念集力求通过展示北京建院 70 载大事，找到北京建院为行业、为社会的无数个“第一”贡献点，告诉业界我们北京建院的奋斗之路。该书在编写方式上告别传统的纪念集模式，重在讲好北京建院故事，总结北京建院精神，探索北京建院打造百年品牌的道路。

第二，《北京市建筑设计研究院有限公司作品集 1949—2019》。从天安门广场建筑群到北京城市副中心，从海南博鳌到 APEC（亚太经合组织）、G20（二十国集团）峰会，从亚运会到奥运会，从园博会到世园会，从绿色城市到智慧城市，从“中国制造”到“中国创造”，可以说北京建院的历史就是中国建筑事业发展的一个缩影，其技术实力、科研成果、运作经验、创新机制，对于整个中国设计行业的发展都起到了重要的推动作用。此外，1958 年起，北京建院还先后承担了 40 多个国家和地区的 100 余项援外项目，在海外为中国建筑积累并传播了巨大的影响力。

第三，《学术论文集》（涉及规划、建筑、结构、设备、电气 5 个分册）。它们分别围绕建筑与城市、建筑与结构、建筑与机电，从工程设计到理论实践，展现了北京建院建筑师、工程师对建筑艺术，对当今最新建筑科技（诸如超大空间结构与超高层建筑），对智能建筑与健康建筑等一系列新设计理念的思考，由此丰富业界对北京建院设计思想的新认知。

of Urban-Rural Development, wrote a commentary for the BIAD academic book series under compilation at that time which couldn't be more apt in contemporary China. In celebration of the 60th founding anniversary of BIAD in 2009, we collected 60 stories from the past six decades, linked up 60 "landmarks of the soul" which the BIAD people take pride in. Everything from the BIAD Brand Report in 2009 to the Cultural Report in 2014 manifested the BIAD people's love for the Institute. In 2019 the latest edition of BIAD Value Report has been released, which focuses on the new era, reviews the past and looks forward into the future, showing all the assurance, sincerity, inclusiveness, kindness and rationality.

On November 22, 2018, the eye-catching Big Model of the Capital at the "Capital & City - Beijing Be with Us" Exhibition co-hosted by the State-owned Assets Supervision and Administration Commission of People's Government of Beijing Municipality and BIAD, with the Academician Ma Guoxin being the mastermind of the exhibition, fully demonstrated BIAD's contributions to the capital's construction. At the Sino-foreign forum of that day, BIAD, on behalf of architectural designers of the capital, read aloud BIAD's Appeal to All on Making Architecture Serve Society and Design Deliver Value. If we have witnessed history over the past seven decades with architectural design, The Book Series Marking the 70th Founding Anniversary of BIAD (1949-2019) shows the BIAD people are writing about the huge changes in words and illustrating the essence left behind by the elder generations of architects with their steadfast belief. Contributing its part to the architectural culture of New China as the first civil architecture institute in New China, BIAD is an advanced technology leader, an entity endeavoring to make the city better, a pioneer of green architecture and an example of industrial modernization. The ethos of generation upon generation of designers sets the footnote for the BIAD's confidence and self-improvement.

Part I: BIAD Commemorative Album – Documentation and History. Following the timeline rather than the works, the book presents the BIAD development course with typical cases and 70 articles. How come BIAD became the first institute of architectural design in New China? How was it going and what will it become in the future? In this part, we will not only see gems of architectural art which sends our imagination flying, like the 10 Major Projects to Greet the Birthday of New China, but also considerate architectural environment; not only reflections on the 70-year architectural development in the capital, but also the records about the growth of the architects and engineers. The book, in presenting the BIAD major events over the past seven decades, highlights the contributions to the industry and to society of BIAD as a pioneer, demonstrating BIAD has been struggling hard all along the way. Distinct from a common commemorative album, this book makes a point of doing a good job in telling the BIAD tales, summing up the BIAD ethos and exploring the way for fostering a century-old brand.

Part II: BIAD Selected Works from 1949 to 2019. From Tian'anmen Square Complex to the sub-center of Beijing, from Hainan Bo'ao to APEC and G20 Summit, from Asian Games to Olympic Games, from international garden exposition to international horticultural exhibition, from Green City to Smart City, and from "Made in China" to "Designed in China", it can be said the BIAD evolution epitomizes the development of China's construction cause, with its technological strength, operation experience and innovation mechanism pushing forward the development of China's design industry. Moreover, starting from 1958, BIAD has undertaken 100-plus foreign aid projects in more than 40 countries, and has thus accumulated and promoted the huge impact of Chines buildings. Some of the BIAD projects have been part of the efforts to pursue the "Belt and Road" Initiative

第四，《北京市建筑设计研究院有限公司五十年代“八大总”》。主要讲述北京建院的沃土是如何滋养大师成长的，当代人如何感悟大师精神从而薪火相传。有识之士曾说，在信念不振和乐观消逝的时代，人们需要从故事中汲取力量。故事可打动心灵，留下难以磨灭的记忆，故事可勾勒一个个场景，生动地还原历史，其中蕴含的智慧，远胜于一个个理性的解读。据此，“生平 + 评述 + 作品”成为“八大总出场”的三段式结构。本书还将用令人信服的事例，展现永不褪色的北京建院老一辈大师的学风与品格。高扬其精神，传承其思想，挖掘“八大总”精神的当代价值。

“北京市建筑设计研究院有限公司成立七十周年（1949—2019）院庆系列丛书”是一套反映北京建院人为中国建筑事业发展不懈追求的读本，是集技术、文化、管理诸方面于一体的“新记”。体现挖掘整理之“新”，反映审视与思考之“新”，更体现北京建院百年品牌建设之“新”。所以，它是一套以北京建院人为根基，服务全行业的图书；是一套可读性较强的，技术与文化兼具的图书；更是一套介绍新中国当代建筑史“简而有法”的图书。

捕捉精彩，记录历史，北京市建筑设计研究院有限公司能够成为有说服力的言者，要感谢伟大祖国给予的机会。城市过去、现在和未来的发展，使得我们不仅有 70 载可追溯的记忆，更有对未来百年的期盼。向新而行的每一位北京建院人，是与新中国一起奔跑的时代创建者。我们坚信：未来建筑创作在唤起国家与城市记忆时，更要秉持“建筑服务社会、设计创造价值”的理念。我们憧憬未来，瞩目“百年北京建院”的愿景，全力打造“世界一流的建筑设计科创公司”，扎实奋进，永远在路上。

徐全胜
北京市建筑设计研究院有限公司党委书记、董事长
2019 年 10 月

since a long time ago.

Part III: A Collection of Academic Papers on the 70th Founding Anniversary of BIAD (in the five volumes of planning, architecture, structure, equipment and electricity). They respectively focus on architecture and city, architecture and structure, and architecture and mechatronics, showing from engineering design to theoretical practice the BIAD architects and engineers' reflections on a series of new design concepts about the latest building technology, like that related to the super spatial structure and super high-rise buildings, building intelligence and healthy buildings, so as to enrich the industry's understanding about the BIAD's design concepts.

Part IV: The BIAD Eight Chief Architects in the 1950s. How does the BIAD nourishes the career growth of the outstanding talents? From the masters' charm, we can feel the power of inheritance. People of insight have said that in the era of weak faith and fading optimism, we need to draw strength from stories which can move the mind and soul, leaving indelible memories, and which can sketch the scenes and restore occurrences of the past. The wisdom contained in the stories far outweighs so-called rational interpretations about them. Hence, the three-segment mode of "biography + commentary + representative works" is adopted to tell the stories about the eight chief architects. This book will also use convincing examples to show the scholarship and character of the elder generation of masters in BIAD, which will never be out of style. It is the contemporary value of inheriting the style of the "eight chief architects" to exalt their noble character and carry forward the fine tradition of voicing candid views.

The Book Series Marking the 70th Founding Anniversary of BIAD (1949-2019), a set of readers, reflects the pursuit of Chinese architectural technology and distinctive culture of the BIAD people, with its originality manifested in the new records combining technology, culture and management. It reflects the original endeavor of digging into and sorting through related materials as well as the original thoughts, and on top of all the new brand building of the BIAD striving to become a century-old establishment. Therefore, it is a set of books that serves the whole industry with the wisdom of the BIAD people; a set of books (on technology and architectural culture) with strong readability; and a set of books presenting the contemporary architectural history of New China in a concise and systematic way.

Capturing splendid moments of history, BIAD is a persuasive speaker. Thanks to the opportunity offered by the great motherland, we did, is and will do a part in the development of the city. We not only have a history of 70 years, but also the goal to build a century-old brand as well as the resolve to attain the goal through incessant efforts. As members of the BIAD family dedicated to innovation, we are running together with New China. We firmly believe when architectural creation evokes the memory of the country and of the city in the future, we should adhere to the concept of "making architecture serve society and design deliver value". Looking forward, we focus on the vision of "building a century-old BIAD" and go all out to build "a world-class architectural design and technological innovation company". All along the way we are making solid efforts.

Xu Quansheng

the Secretary of the Party Committee and Chairman of Beijing Institute of Architectural Design.

October 2019

杨宽麟 12

1954 年 12 月—1964 年 5 月，1966—1971 年 7 月
任北京市建筑设计院结构总工程师

杨锡镠 52

1953 年 4 月—1964 年 5 月，1966—1978 年
任北京市建筑设计院总建筑师

顾鹏程 88

1950 年 1 月—1964 年 5 月，1966—1986 年 10 月
任北京市建筑设计院总工程师

朱兆雪 98

1953 年 4 月—1964 年 5 月
任北京市建筑设计院结构总工程师

杨宪麟

杨宽麟

杨宽麟(1891—1971 年),出生于上海,1909 年圣约翰大学文学院毕业,获文科学士学位。1916 年获密歇根大学土木系硕士学位。1917 年回国,1920 年与友人合伙开办华启工程司。1928 年应天津基泰工程司老板关颂声之聘,成为基泰工程司合伙人。1940 年被圣约翰大学校方委任院长职务。1949 年任圣约翰大学校务委员会主任委员。1950 年任北京兴业投资公司结构总工程师,1954 年任北京市建筑设计院结构总工程师,兼第五设计室主任。1964 年任政协北京市第四届委员会副主席,第四届全国政协委员。

父亲的生平

/ 杨伟成

一、家庭出身及幼年（1891—1900 年）

父亲 1891 年 6 月 1 日出生于上海，虽说祖上在上海青浦有一些土地和祠堂，但家人早已在城里居住了。没听父亲提过他的祖父（可能是已去世），但他对祖母是十分不满的。他祖母有两个儿子，长子婚后生育 3 子 1 女，父亲就是长房的幼子。在这个封建家庭里，这个长子被认为是不孝的，因为他当时（1860 年前后）在西方传教士的影响下，不仅信了基督教，选择了牧师作为职业，还娶了一位与西方传教士有千丝万缕联系的黄氏家庭的女儿为妻。这位黄氏的大姐黄素娥嫁给基督教圣公会派来上海的传教士卜舫济先生，卜舫济在教会学校圣约翰书院任职，后来担任校长。黄氏的弟弟曾是当年赴美留学生的监督，黄氏的一个妹妹是位留美归国的妇产科医生，当年在上海行医，很有名。由这些社会关系可以推论黄氏家庭的观念非常开放与前卫。父亲封建的祖母对长子和长媳不满，进而对长房的孙子和孙女都毫无爱心。

在我父亲 3 岁时他父亲因病去世（可能是肺结核），他母亲带着 4 个孩子在老家的境况可想而知。6 年后她也去世，所以父亲在 9 岁时已经成为无爹娘的孤儿。

父亲的长兄外出自谋生路，父亲和二哥则被他的祖母送到圣约翰书院住校，交给父亲的大姨妈照管，轻易不让回家。父亲的衣裤鞋袜由祖母负责出钱购买，但除非被提醒衣裤实在短了、鞋袜实在破了，祖母不会主动关心。父亲的祖母在家里宠爱的是次子，也就是父亲的叔父。这位叔父平生从未工作过，在他母亲的宠爱下既不用功读书，又没有什么志向，全然浑浑噩噩地过日子。他娶过两个老婆，但都没有生育。他对老婆很厉害，经常无故地用烟斗狠敲其额头，以致多年后父亲的婶娘不堪虐待从老家逃走（后面还会详叙）。这位叔父没有子嗣，对父亲这个幼侄还算喜欢。据我父亲后来描述，叔父曾给过他特殊待遇，就是让他同桌吃过螃蟹，这是他婶娘都不能享受的。

二、求学时代（1900—1916 年）

父亲从 9 岁起开始住校，一直到 1909 年 18 岁从圣约翰大学毕业，9 年中生活十分

杨宽麟，1913 年摄于美国密歇根州

杨宽麟，1963 年摄于北京

艰苦。经常是衣裤小了破了、鞋袜小了破了，经大姨夫大姨妈发现并给祖母带信后，祖母才给父亲购买或定做。最令他难忘的一件事是他见同学穿上皮鞋了，既结实又漂亮，回家时便央求祖母给他订做一双（那时还很少有现成的皮鞋出售），祖母居然同意了此事，但不知是鞋匠做得太慢，还是他长得太快，皮鞋穿上不久便已经顶脚了，祖母不同意另做新鞋，他不得已只得名副其实地“穿小鞋”，苦不堪言，以致造成了双足脚趾变形的后果。长期以来，他都耻于在亲朋面前露出脚趾。这段亲身经历使他刻骨铭心，终身难忘祖母的无情与虐待。他眼看祖母和叔父过着丰衣足食甚至是骄奢的生活，却对自己和兄姐半管不管，任其自生自灭，眼不见为净。他日渐懂事，恨在心中，发誓长大后不认这祖孙关系，也不进老家祠堂祭祖。日后他自己当上父亲时，在为儿子起名时也完全排除了家谱里的排行字，足以证明他早已彻底和封建家庭划清了界线。

1909 年他以全年级第一名的成绩从圣约翰大学英文系毕业，同学们起哄要他请客。他无奈在回家后告诉了祖母，她听时板起面孔一声不吭，次日早上在桌上放了 4 块大洋。父亲拿了这 4 块大洋，但请那么多同学着实不够。好在同学们都知道他在家的处境，大家凑钱为他开了庆功会。

在教会学校和亲属的影响下，父亲渴望出国留学，主攻工程学科。为筹措路费，他到圣约翰大学高中部当了两年教师。由于先天的体质瘦弱和后天的营养不良，他患上了肺结核。那时没药可治，他便坚持晒太阳和吃鱼肝油滋补身体，幸而疾病没有加重。到 1911 年他的留学愿望实现了，但手里的钱还是很少。他从亲戚处（特别是七姨）借了钱，并申请了清华学堂津贴，教堂的教友们也向他集体捐助或出借了一些，他终于勉强凑够了船票钱和部分学费、生活费，前往美国密歇根大学，主修土木工程学科。他和另两位中国同学黄锡恩与潘文辉共同居住在一户美国人家中，房东太太很喜欢这三位中国年轻人，待他们很好。这户美国人和我父亲的友谊一直持续了 50 多年，直至房东太太以及她的女儿去世。

父亲在美国求学期间生活比较拮据，学费、生活费的主要来源是从七姨处借贷。有时汇款没按时到达，就会吃了上顿没有下顿。有一次皮鞋的鞋底破了一个洞，他买不起新鞋，便每天剪一块硬纸板垫入鞋内暂时维持，等待汇款到达。他除用功学习专业外，还积极参加社会活动，曾担任该校中国留学生会分会主席并参加校园内美国学生社团的活动。1914—1915 年间担任中国留学生会中西部分会主席。他说多亏上天保佑，终于顺利地完成了学业，取得工程学士和硕士学位，以优异成绩获得荣誉钥匙。接着，在美国实习一年多之后，于 1917 年回国。

他回到国内后很快便有了工作和收入。他做的第一件事就是将所有债务还清，其中主要是还他七姨，还有其他当年资助他出国的亲戚与教友们。当他得知其祖母去世后有一份分给他的遗产时，他拒绝领取并拒绝去祠堂祭奠。

三、步入社会（1917—1949 年）

1917 年回到祖国后，父亲应密歇根大学的同学林桂生先生的邀请，来到北方城市天津创业。他先是应聘到北洋大学土木工程系担任教员（1918—1920 年）。那时清朝的末代皇帝已经退位，民国政府成立不久，外国资本进入中国，国内的资本市场有大发展。大城市内大兴土木，建造银行、邮局、办公楼、工厂和私人住宅。凡此类建筑的设计师几乎全是洋人，施工所用建筑材料如钢材、水泥、木材等主要由国外进口。我父亲认为洋人所做设计并无独到之处，由其垄断设计事业毫无道理。为此他想和本国的建筑师、工程师一起改变这种洋人设计一统天下的局面。

父亲的土木设计生涯从天津开始。他自己没有启动资金，就靠林桂生出资，开办了华记（后改名华启）工程顾问事务所，林桂生分工负责做买卖建筑材料的生意，父亲则以知识入股，分工负责土建结构设计。此外，父亲为了广交朋友，也为了回报社会，在天津开办了一家招待所，招待所配备餐厅、厨房、若干客房，有服务员和厨师。外地朋友或亲戚来到天津需要住宿者，可免费享受吃住的招待，父亲借此交上一些朋友。

后来他结识了一位留学回国的建筑师关颂声先生。关先生正在天津为开办“基泰工程司”而邀请合伙人。关先生先请来一位留美归来的建筑师朱彬为合伙人（朱后来成为关先生的妹夫和事实上的二号老板）。接着，父亲和另一位留美归来的建筑师杨廷宝亦被邀为合伙人并担任技术骨干。自 1920 年到 1931 年间，基泰和华启两家事务所单独负责或合作设计了天津、北京和沈阳的很多标志性建筑，如天津的中原百货公司（中华人民共和国成立前北方最高建筑）、京奉铁路沈阳总站、北京真光电影院（今儿童剧院）、北京西交民巷的大陆银行及交通银行、沈阳东北大学图书馆、塘沽永利化工厂等。基泰工程司不仅获得了很好的经济效益，而且在华北和东北地区的建筑界取得了很好的名声。经过十多年的努力，我父亲以及其中国同行们逐步打破了洋人建筑设计事务所垄断北方地

天津基泰大楼正立面

区建筑设计市场的局面，基本上夺回了华北与东北地区的建筑设计市场。

1931 年“九一八事变”爆发，日本帝国主义强占了东北三省，华北局势危急。天津、北京两地的建房投资急剧减少。在此情况下，天津的华启设计事务所关门。基泰大老板亦将设计大本营南迁到南京和上海两地，北京的事务所仅留下一小部分人员。不久，张镈（新从中央大学建筑系毕业的高材生）作为合伙人进入北京基泰。关颂声和杨廷宝二位坐镇南京，朱彬和我父亲坐镇上海。南京的设计工程以政府的“官活”为主，上海的设计工程则以工商界的建筑为主。父亲又与张杏亭先生合作，开办了上海华启顾问工程事务所，招聘了土木工程师，由父亲挂帅负责土木工程设计与咨询。聘请的工程师骨干有蔡显格、江元仁等。张先生担任经理，负责行政与财务，并做一些业务。从 1932 年到 1940 年的九年间，上海基泰与华启两家事务所单独或联合设计了上海至江浙一带的很多办公楼、厂房、码头、机场等，其中的标志性建筑有上海的大陆银行大楼、大新百货公司（现在的中百一店）、无锡申新纱厂、上海龙华水泥厂、南洋兄弟烟草公司、南京永利化工厂、江南水泥厂、上海大场飞机厂等。

1932 年 1 月末侵华日军轰炸上海，1937 年发生“七七事变”，抗日战争全面爆发。当时的上海市区大部分地区是由以英法为首的各国列强管辖的租界，日本军队尚未明目张胆地进入。尽管如此，随着局势的恶化，建筑业务逐渐萎缩，直至 1941 年 12 月 7 日日本军队偷袭珍珠港，8 日美国对日本宣战，第二次世界大战在亚洲全面爆发，包括上海在内的江浙沿海地区的建筑业完全陷入停滞状态。父亲服务的两家设计事务所濒临关门，员工自谋出路。

四、圣约翰大学任教（1932—1952 年）

杨宽麟 1932 年由天津回到上海之后，与母校圣约翰大学恢复了联系，看望卜舫济校长一家并拜访了新成立的工学院主任伊理先生。他被聘教授一些课程，那时每个年级的学生甚少，他认为必须加快培养的速度，从每届毕业生中留下优秀的学生作为助教，以扩大教师资源。对于家庭经济较好的学生，他积极推荐他们出国深造。例如 20 世纪 30 年代末、20 世纪 40 年代初增编的教师蔡显裕、张问清、李寿康、王志锴、郭景文、刁国华、欧阳可庆、余桂馨等都是本校培养的优秀生。20 世纪 40 年代后期，又有一批优秀生如陈天佑、阮郇光、张翘林等去美国深造，毕业时恰逢朝鲜战争，美国当局竟然下令禁止理、工、医科中国留学生离境回国，致使他们滞留他乡。

父亲十分重视理论联系实际。他在天津、北京十多年的工程实践对于他在工学院的授课很有益，所以他利用当时在社会上的业务关系尽可能让高年级学生通过社会实践获得实际知识。例如某些工程需要室外现场的测量，他会尽量在时间上妥善安排，让测量班的同学利用寒暑假去现场测量，主要为巩固其理论知识，同时也可以解决一些社会需要。当年学生回忆，他们很欢迎校方的安排，这使他们受益良多。此外，他有时安排一些高年级学生到设计事务所去做一些绘图或设计计算工作，作为他们毕业前的实习。他按这样的方法培养出不少优秀毕业生，并让他们根据自身的条件，选择毕业后的出路，有的继续深造，有的留校教课，有的则走向社会

扩建后的清华大学图书馆，1930—1931 年

做设计或施工。比较显著的例子有蔡显裕和张问清二位，他们毕业后先后赴美国读硕士学位，学成回国后都被聘为圣约翰大学工学院教授。中华人民共和国成立后，蔡先生担任上海华东建筑设计院结构总工程师，张先生则被聘担任同济大学教授（张先生在《我心中的楷模》纪念文章中有详细的叙述）。如从他担任工学院院长起计算，父亲在这方面的努力，持续了十数年，他和工学院的教师为社会培育出数百名工程师，从当年的起步基础来看的确是不易取得的成就。在父亲担任工学院院长的十几年中，土木系的教师队伍中有两位教师比较特别。一位是美国麻省理工学院的李郁荣教授，他和加拿大籍夫人因太平洋战争滞留在上海，若身份暴露，有被送进集中营的危险。另一位是奥地利犹太籍门德尔克教授，从纳粹铁蹄下逃亡到上海。这二位都通过父亲的帮助，被留在工学院授课，度过了困难时期。尽管教学条件不好，这支教学队伍在承担教学任务之外还要负责系里的各项事务性工作，是一个团结友爱、认真负责的团队。土木系的实验室里有压力仪、测量仪、水平仪等实验仪器，一位工友兼实验员施善富将这些仪器管理得井井有条。圣约翰大学工学院的毕业生均被授学士学位，出国深造时攻读硕士学位。从 20 世纪 30 年代起输送出国的学生一贯学业表现良好，在美国的教育界获得了良好的口碑。不能否认这要归功于教师的认真负责和高质量教学。

在 1942 年，工学院由原来的一个系（土木系）扩充为两个系，增添了建筑系，由留英回国的黄作燊先生担任系主任，聘请外藉的鲍立克先生等任教员。教学课程有城市规划、室内设计等。很多具有艺术天赋的土木系学生可同时兼学建筑系，成为双学位毕业生。多年之后，很多双学位毕业生在教育界或设计界发挥了很好的作用，如白德懋、李德华、罗小未等。

中华人民共和国成立后，在教育部的指导下，圣约翰大学通过民主选举，成立了新的行政领导班子——校务委员会，杨宽麟任主任委员，医学院院长倪葆春和政治系教授潘世兹任副主任。三人上任后很快发函给美国教会（圣公会），通知他们圣约翰大学将不再接受他们的经济资助，也将不听命于他们。1952 年教育部主持院系大调整，圣约翰大学的各个学院被分别归并到上海其他院校。圣约翰大学的校园原址划拨给其他院校使用。至此，父亲在圣约翰大学的教学生涯告一段落。

关于之后圣约翰大学是否还接受美国教会的资助一事，父亲曾受过一些审查。在我父亲 1971 年去世之后它仍是个未予结论的问题达四年之久。1975 年我母亲去向圣约翰大学董事会的荣毅仁先生询问此事。荣先生提及，校务委员会拒绝美国教会资助一事是董事会的决定，其后他和另几位董事向圣约翰大学提供了办学经费，这些信息均有据可查。为此，荣先生马上写了一封证明信，让我母亲转交父亲的工作单位。很快，设计院为父亲恢复了名誉。若是父亲地下有灵，应该也宽慰了。

纵观父亲与圣约翰大学的渊源，从 1900 年 9 岁时开始至 1952 年教育部院系调整时止，前后长达 52 年。前面 11 年 (1900 至 1911 年）为求学时期，中间曾中断 21 年

紫金山天文台

(1911 至 1931 年)，后面 20 年(1932 至 1952 年)为回校任教时期。

其间在抗战后期的 1944 年至 1945 年还有一段有趣的插曲。校长沈嗣良的妻妹司徒女士(英文系主任)有一天找到我父亲，说校领导决定在校内的女生休息廊开个点心部，为男女学生以及教职员工解决早点供应问题，原因是校外的店铺既不卫生，也不方便。她听说我母亲擅长制作西点，所以拟请我母亲开办。但是校方不为点心部提供任何经济补贴，只提供地点，点心部要自负盈亏，应微利经营。在接受这项委托之后，母亲找了三位助手，他们一起将点心部办了起来，主要经营的点心种类有面包夹香肠(俗称“热狗”)、炸面包圈、三明治等，不供应饮料。由于校方免费提供地点，又不需付水电费，所以点心价格可以保持低廉，生意十分红火，既达到了校方的目的，学生与职工又都满意，同时薄利经营的收入也有助于母亲与助手几家人度过那个困难时期。

五、兴业投资公司建筑工程设计部年代(1950—1954 年)

中华人民共和国成立后，北京作为首都需要进行大规模的城市建设，也迫切需要各方面的人才。北京当时的商业系统成立了一个公私合营兴业投资公司，其目的是为北京私营工商业的改造打一个基础，团结和利用私营企业的积极性，使之按照有利于国家民生的道路发展经济，同时限制其不利于国家民生的方面。公司聘请有名的老字号同仁堂总经理乐松生担任公司董事长，经理由工商联的汤绍远先生担任，副经理由郑怀之同志担任。兴业公司当时在给一些生产性工业和一些商业投资以外，还决定建一幢“青年会”式的西式经济旅馆，以弥补北京市在旅馆方面的严重不足，满足社会的客观需要。1950年兴业公司领导委派马增新工程师赴上海力邀父亲来京主持工程设计，在父亲的推荐下又赴南京邀请基泰老搭档杨廷宝负责建筑设计，由“二杨”组建一个设计班子，定名为“兴业投资公司建筑工程设计部”（以下简称“兴业设计部”），父亲和杨廷宝分别担任结构总工程师和建筑总工程师（不长期驻京）。设计部成员有父亲从圣约翰大学工学院毕业生中挑选的孙有明、乔柏人、田春茂、孙天德、杨伟成，还有从南京基泰工程司过来的巫敬桓、张琦云、王钟仁、郭锦文、尹溯程等。这个团队在“二杨”的指导下所做第一个项目是和平宾馆（当时起名联合饭店）。起始的设计方案是地上四层主楼，其中一个单层用于舞厅兼中餐厅，地下一层用于机房及仓库。经过一轮讨论后大家一致同意主楼增加二层，在上部设置西餐厅及附属用房，因此它将是一座地下一层、地上七层的建筑。该工程的总体及土建设计由兴业设计部负责，暖卫电气部分由另一单位配合设计。在当时的北京，除皇家建筑、宗教建筑以及长安街上的老北京饭店外，几乎没有超过四层的民用建筑。要建一幢七层旅馆的消息传出后，在北京的建筑界引起了不小的轰动。

经过设计、施工等各合作方的努力，和平宾馆在1952年顺利建成并成功地为重要的国际会议服务，大大提高了兴业设计部的名望。与此同时，兴业设计部设计的工商联办公楼以及与北京市设计院合作、由原北京基泰的张镈主持的新侨饭店先后顺利竣工。父亲在工商联办公楼及随后的汽车局办公楼中先后设计应用了预制平板和预制毛竹圆孔板，以大大节省木材的模板，这是北京市第一次应用预制构件，深受建筑界的关注。

接着，北京市商业局委托兴业设计部在王府井大街上设计王府井百货商店工程，（后老百姓亲切地称之为百货大楼）。作为中华人民共和国成立之后建在首都、由国家投资、面积最大的百货商场，能承担其设计确是很高的荣誉，也有莫大的责任。父亲和杨廷宝作为设计部的负责总工，没有辜负领导的信任，当1955年王府井百货商店竣工开业，在北京引起了不小的轰动。2005年，王府井百货在商店庆祝建成五十周年之际，将“二杨”誉为“感动王府井十大影响力人物”，并正式颁发了水晶制的纪念饰品。

在中华人民共和国成立初期的1950年至1955年间，国内各行各业的人才都十分短缺，土木建筑工程行业亦不例外。父亲在这一时期除承担本职工作外，在社会上任职的工作也十分繁重，曾受聘于10家单位任顾问工程师，4次被大学聘为毕业考试委员或毕业设计评审委员。

1954年下半年，北京市政府原副秘书长兼北京市设计院院长李公侠及副院长沈勃积极争取我父亲和兴业设计部的设计班子加入

1950 年在和平宾馆开工前与杨廷宝（左）合影

到设计院这个集体中去。经过几次商谈，大部分技术人员表示同意，小部分人员选择自谋出路，于是在是年年底，兴业设计部正式并入北京市设计院，作为其第五设计室的基础力量，杨宽麟任院结构总工程师和第五设计室主任，留英归国的陈占祥建筑师任副主任。

六、北京市建筑设计研究院年代（1955—1971 年）

父亲进入北京市建筑设计院（原名北京市设计院）时已经 64 岁，超过了法定的退休年龄。他虽然身体比较健康，但年岁不饶人，他已经迈入老年人行列。进院不久后的 1958 年，设计院便接到一项重要任务，即为迎接国庆十周年，首都将建的“十大工程”中有 8 项分配给本院设计。时间紧迫，质量必须保证。父亲作为设计院两位结构总工程师中的一位，被国庆工程办公室委派为科技委员会主体结构专门委员会委员。他直接领导设计的国庆工程为中国革命军事博物馆和北京工人体育场。在其他几项工程中他担任审核人并参加重要会议。

中国革命军事博物馆工程的建筑面积为 60 557 平方米，高度为 97.47 米；北京工人体育场工程的建筑面积为 87 080 平方米，可容纳观众 12 万人，在当年均为国内数一数二的工程。两项工程如期保质保量地完成，凝聚了包括父亲在内的很多设计人员的心血以及众多工人同志的汗水。

自国庆工程之后，父亲已近 70 岁高龄，体力渐衰，且患高血压等老年疾病。他在设计院的工作重点由领导个别设计项目逐渐转移到业务建设和对年轻设计人员的“传、帮、带”培养方面，使中层设计人员通过不断的实践与总结，逐渐提高技术水平和信心，以经济合理的方式解决各种复杂的结构问题。他向广大结构设计人员传授的要点是如何在保证安全的前提下节省建筑原材料，从而减轻建筑物的质量和降低造价。他十分反对那

1958 年和友人常书鸿、王临乙夫妇在中山公园

种盲目加大建筑材料用量，用肥梁胖柱深基来追求对个人更“保险”的个人主义思想。父亲以这种实际行动来报效祖国。在他的影响下，一大批他的“徒弟”接受了他的学术思想而且继续传播下去。

1964 年父亲和设计院其他几位老总工程师、老总建筑师随沈勃院长调往北京市城市规划管理局，时年 73 岁。

到 1973 年，我母亲从设计院获悉，有关部门正在调查新中国成立后父亲担任圣约翰大学校务委员会主任时，是否继续为学校接受过美国圣公会的经费资助的问题。于是她想起我父亲曾说过，他代表校务委员会给美国圣公会写过一封信，声明从今往后，约大不再接受教会的办学经费。可惜此信的草稿在 1952 年的院系调整时被有关人员拿走了。我母亲想起了当年圣约翰大学的董事长荣毅仁可能知道此事。十分幸运，她不仅找到了荣毅仁本人，而且荣先生对此事的记忆很清楚，就是校方在通知美国圣公会不再接受其办学经费之后，正是荣先生作为有资本的老校友向校方提供了这笔经费。在了解到

中国人民革命军事博物馆旧影

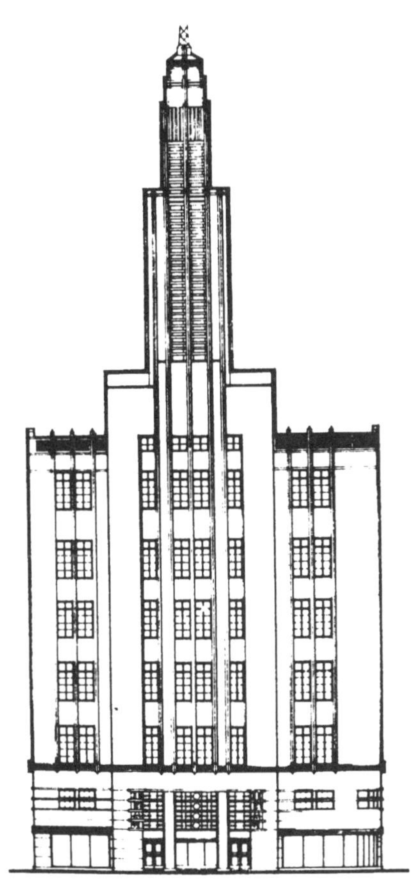

天津中原公司正立面图

新侨饭店旧影

此事对父亲的关系重大后，荣先生马上写了亲笔信，证明事情的原委，而且声明从他所管辖的工厂财务账目中是有据可查的。根据荣老提供的可靠依据，父亲的“历史问题”终于在 1975 年有了组织结论，而且设计院为他主持了移灵仪式，将他的骨灰由普通公墓移至革命公墓，并由设计院党委书记马里克亲自主持了追悼会，着重地为他恢复名誉。对此，我们全家对北京市和设计院的领导表示感谢。

（作者系杨宽麟之子，北京市建筑设计研究院有限公司顾问总工程师）

父亲的人生哲学

/ 杨伟成

一、爱国的精神和节约的信念贯彻在实际行动中

在我父亲一生的 80 年中，有 20 年是在清朝统治下，也是他的国内求学时期(1891—1911 年)；有 38 年是国民党统治下的旧中国(1912—1949 年)；有 22 年是共产党领导下的新中国(1949—1971 年)。

从政治上分析，他属于从旧中国过来的知识分子。在清朝末年，中国的知识分子中“科学救国”口号很有号召力，父亲也是这一口号的一名忠实信徒，相信中国人在学习和掌握了科学知识之后，能够建造自己的铁路、桥梁、高楼、医院、学校等，使中国摆脱贫穷与落后，成为一个富强的国家。在他从美国留学回国时，正值第一次世界大战结束，清政府被推翻后民族资本崛起的大建设时期。他在发挥其技术才能时，和众多中国建筑界的精英一道，联合起来展开夺回由洋人控制的建筑结构设计权利的斗争。在当年的天津和北京，正是我父亲的工作单位基泰工程司及其创建老板关颂声举起了这面争取合法权利的大旗。他们凭各人在国外取得的学位证明，向天津市租界的工部局严正交涉，要求取消外国建筑设计师的特权，要求承认中国建筑设计师的平等地位与权利。这场斗争的胜利极大地鼓舞了全国各大城市的建筑设计师们。我父亲也是其中的一名积极参与者。

在抗日战争期间，父亲和全家居住在上海租界内。他从事的建筑事业陷入全面停滞，家庭生活相当清苦。他和全国绝大多数人民一样，对日本侵略者的反对态度是一贯和明确的。此时期中，他将全部精力投身教育事业，为国家培养建设人才。

1949 年全国面临解放之时，对于国内每个知识分子来说，要在留在大陆抑或离开大陆之间作一选择，也是表明个人政治态度的一个考验。我父亲毫不犹豫地决定留在国内。尽管基泰工程司大老板关颂声及二老板朱彬都明确提出希望我父亲和另一合伙人杨廷宝同去香港成立的办事处继续合作，却被“二杨”同声拒绝。二杨的拒绝实际上表明了他们俩对新中国的政治态度。

中华人民共和国成立前，父亲经历过半殖民地半封建社会，没有学习过社会主义思想，因而在自身已经进入社会主义的初级阶段时，头脑还十分简单，政治水平还相当落后，这方面的表达能力亦很差。可以说，他高超的业务能力与低下的政治表达能力存在很大的差距。

《中国第一代建筑结构工程设计大师——杨宽麟》

虽然如此，他通过学习认识到只有共产主义才可救中国的道理，所以拥护中国共产党、拥护毛主席。党和国家也十分重视与爱护他这样的党外人士，请他担任多届北京市政协委员，直至政协副主席。他感受到政府对他的种种优厚待遇，也感受到生活上的安定，决心用他所掌握的科学知识，为祖国的建设事业添砖加瓦。

父亲在学生时代选择的结构设计专业，伴随他成年后的大半生，既是他的谋生手段，又是他的“至爱”。他没有什么生活上的特别嗜好，钻研结构技术就是他的最大嗜好。吹着口哨、摆弄着他手中的计算尺，就是他最开心的事。

自 1917 年他留学回国开始工作时起，他就在业务实践中体会到当年中国市场上，建筑材料是多么匮乏和昂贵，不用说型钢，就连钢筋、水泥都需要从国外进口。他作为国内现代楼宇建设的第一代结构工程设计者，也是推广钢筋混凝土结构的倡导者，将在结构设计中节约建筑材料当成工程师应负的责任。

本着这种责任感，他在一生的结构设计中，一贯地贯彻“坚固、节约、轻盈”的信念，并且在教学中以及业务实践中，不断地向学生和结构设计工程师们灌输这种理念。他的多年努力没有白费，凡是他所指导过的、热爱本职工作的学生和设计师们，几乎全部接受并推行这种信念。

1953 年，我父亲负责结构设计的北京新侨饭店正在施工中。由于父亲在结构设计中的积极主张既节约了材料，又节省了造价，业主们十分欢迎。由于减小了板梁柱尺寸，相应地节省了建筑中结构所占空间，建筑师们也十分欢迎，愿意和他这样的结构大师一起配合。在一些重要建筑开始方案构思或者初步设计阶段，像杨廷宝、张镈这样的建筑大师，往往会前来找父亲，一起探讨层高、柱网间距、基础处理与埋深等等关键性尺寸，因为他们知道，在民用与工业建筑的结构设计方面，父亲凭他的丰富经验，最有发言权、最不保守、最可靠、最具权威性。正是这种土建方面两个专业间的密切配合，使得父亲曾经负责结构设计的一大

王府井百货大楼旧影

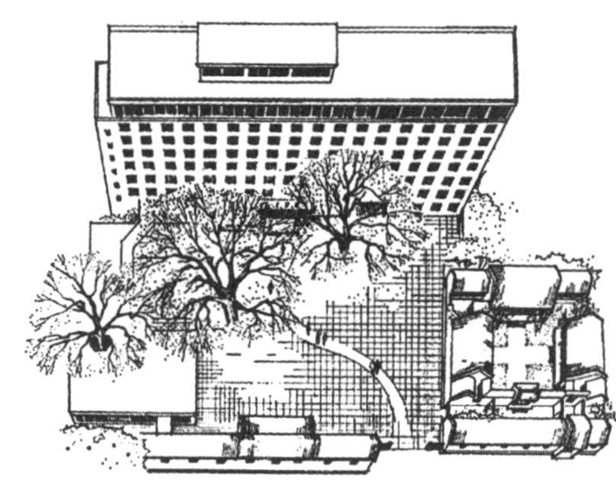

和平宾馆草图

批建筑，建成后都被公认为国内建筑中的精品，如中华人民共和国成立前北方的最高建筑天津中原公司大楼、北京真光电影院（今儿童剧场）、上海大新百货公司（驰名的中百一店）、上海美琪大戏院，中华人民共和国成立后的北京和平宾馆、王府井百货大楼、新侨饭店、北京工人体育场、军事博物馆等等。

中华人民共和国成立初期就提出过的建筑方针是：实用、经济、在可能条件下注意美观。父亲的信念与实践完全符合周总理的教导，在保证安全的条件下力求节约材料，特别是消耗材料最多、埋在地下的基础结构部分。在努力贯彻其理念的过程中，父亲和众多周围的支持者，都在为业主或者国家财政节省了大量资金，而且在建筑界创造了一种节约的风气。

有一类设计师，其实有的就在本工作单位，口头上满是漂亮的大道理，实践中却推行“肥梁、胖柱、深基”，盲目地加大安全系数，置浪费于不顾。这种现象除说明其本人的技术水平不高外，就是由于思想上的过份保守，宁可国家资财的浪费，也不能由于“万一”出现的疏忽，而使本人背上“犯错误”的罪名。说到底，就是为了“保全自己”。

由于父亲一贯的脚踏实地的工作作风和实际成就，他在中国老一代的建筑界同行中享有盛誉，被称为结构权威、泰斗。中华人民共和国成立后，父亲以其高超的业务才能和丰富经验，特别是他的谦逊和不计酬劳的服务态度，赢得了众多政府部门的称赞和敬佩。

二、客观公正地处理结构事故

在父亲 50 多年的业务生涯中，除为新建或改建工程做结构设计以外，还有一类工作，就是审核他人的设计，或者当他人设计的工程在结构上出了问题后负责为事故产生的原因作

1963 年与设计院五室部分成员一起

出分析与鉴定，以及提出修复或善后建议。

父亲 1916 年在美国留学获硕士学位前后，曾有约两年时间在两家设计事务所实习。随后于 1917 年启程回国时，手上还带着设计单位为北京前门邮局大楼设计的一份结构图纸。他作为该单位的雇员被委派担任此份施工图纸的审图人兼工地监工。于是他利用乘坐轮船横渡太平洋的几周时间对施工图认真审核。果然发现设计计算中存在重大错误。他从船上发电报给公司详细汇报后，被授权通知正在施工中的工地马上停工，等待父亲抵达北京后对原施工图进行修改。在整个事件中，由于处理及时，避免了工程财务的重大损失，也在当时的工程界产生了一定的社会影响。

从此以后，父亲经历的结构事故处理事例很多，大部分是在施工中或施工后发现而需要加固或改造的。在鉴定过程中，往往由父亲担任调查组组长，提出一份技术鉴定报告，实事求是地分析产生事故的原因，并提出处理的建议。由于每件结构事故几乎都是由于设计人员或施工人员的过错所造成的，就必然会牵涉一些人或重或轻的责任。作为调查组组长，父亲一贯遵守 2 条原则：一是对事故原因实事求是地分析，二是善后处理的方案尽量省钱，减少经济损失。第一条原则属于职业道德。父亲认为，作为一名工程技术人员，有意识地夸大或缩小事故原因是不可行的。第二条原则既有利于减少业主或国家的损失，又从爱护当事人的角度出发，减小其错误。父亲凭他丰富的实践经验，屡屡提出既大胆又可靠的加固或改造方案来，令人心服口服。

根据我和父亲的学生的记忆，父亲曾经说过经他处理的以下几个结构事故。

1. 20 世纪的 20 年代，北京电车公司停车库事故。此停车库为单层建筑。施工到停车库的顶板该拆除模板时，发现模板如暴破拆除，钢筋混凝土顶板也会坍塌下来，工人们不敢拆了。建筑师和营造厂老板都着了急，求父亲救驾。父亲鉴定后，提出在跨中另加一根次梁的方案而解决了危机。

2. 20 世纪 30 年代，上海龙华水泥厂的浦东码头坍塌事故。该码头建成后在黄浦江涨潮时被江水整体冲垮。父亲鉴定其主要原因是设计人对水下土质状况以及江水水位变化与冲击力度等自然条件了解不够透彻，因而设计的码头桩基深度不够。父亲是水泥厂老板的校友和朋友，与营造厂也熟识，所以从中斡旋，让营造厂重新加大桩基深度，也让业主分担一部分损失而解决问题。

3. 20 世纪 50 年代初，中央重工业部在北京新建某生产车间的吊车梁事故。车间建成后开始试生产时，发现吊车下的钢筋混凝土连续梁出现严重的裂缝。重工业部函请父亲担任事故调查组组长，与其他几位组员协同进行事故鉴定。在检查吊车梁的计算书时，大家发现其假设的荷重条件为吊车活荷重位于桥式吊车梁跨度的中间位置，而在实际运行时，活荷重处于行走状态，既可以位于梁跨的中间位置，也可以位于梁跨的靠近支点位置。十分明显，计算中的假设条件存在原则错误。父亲客观地分析事故原因并提出加固意见。事故鉴定报告得到包括事故责任人在内的全体人员的赞同。

三、天真、乐观、有爱心的性格

父亲的一生中对业务工作方面的事始终是严肃认真的，而对生活方面的事则正好相反，不拘细节，随随便便，无论是吃或穿，他都没有刻意的要求。他性格上的特点是天真、乐观、有爱心。

他虽然童年和少年时代没有一个温暖的家庭，没有多少欢乐可言，但成年后却养成了外向的性格，喜欢与人交往，喜欢交朋友和说笑话。在各种社交场合，他往往是个中心人物，其天真和乐观的精神给亲朋好友或学生们留下深刻的印象。很多在他手下工作的年轻人，结婚时愿请父亲当证婚人，使得婚礼的气氛格外欢快。在工学院当院长时期，如果有人组织节日联欢会的话，父亲常会以滑稽的形象客串一个角色，令人捧腹。本书中有照片为证。

父亲在他的社会关系中有个美誉，叫作“有求必应”。凡是亲戚、朋友、同事或学生，有困难向他求助时，只要不违反原则的，他都会尽心尽力地作出努力。

20 世纪 20 年代，我父母亲结婚后不久，父亲老家的婶娘因不堪叔叔的虐待，独自一人搭乘火车从上海到天津投奔父亲。虽然父亲童年在奶奶家并没有受婶娘多少恩惠，但念她是本家长辈，还是收留她住下，并赡养她约 10 年之久。

我大姨一家 20 世纪 30 年代原住南京，家中有宽绰的住房。1937 年日军占领南京的前夕，举家逃难到上海，没有住所。父亲预计抗战将会持久，便在我家的两层洋房上面增建了第三层，约 90 平方米，给他们一家四口加一保姆居住，从 1938 年起到 1953 年，长达 15 年之久，而且免收房租。

1943 年在上海，我的另一表兄因患气喘，我二姨请求父亲母亲准许他借住我家，因我家位于上海较靠近虹桥的西郊，空气比较新鲜。我父亲慨然同意。1953 年我家搬来北京后，表兄仍住我家，直至 1977 年去世，共有 34 年之久。

太平洋战争爆发后，圣约翰大学工学院的几名印尼华侨留学生没有了经济来源。父亲在知道了他们的困境后积极为他们奔走，要求校方免收他们的学费，以免他们辍学。

在此期间，曾有两位学者来到圣约翰大学工学院求职。一位是从欧洲逃难来到上海的犹太裔结构学教授门德尔克先生，另一位是因战事突发而滞留上海的华裔加拿大籍电气工程教授李郁荣先生。父亲为他们在工学院安排了任教工作，帮他们渡过了几年的难关。

父亲的"有求必应"有时也给自己带来一些烦恼。据母亲回忆，在 20 世纪 20 年代住在天津时期，一位工程师朋友谭真约父亲外出，一同坐在汽车里的时候，突然提出要求父亲为他的什么工程作保。父亲什么都没问就慨然在他递过来的纸上签了名字。没想到，不久后有人找上门来，要向谭真的保人索赔。父亲是哑巴吃黄连，有苦说不出。还好，赔偿的金额父亲那时还能承受，就算是为朋友帮了个大忙。

四、淡泊名利、不爱钱财爱人才

在父亲的一生中，虽然深受同行尊敬，被誉为中国最早的现代楼宇结构专家之一、建筑结构界第一代的泰斗，但他本人一向谦虚，从不追求个人的"名"。至于钱财，他虽在成年之前因奶奶对他的抠门而有缺钱的苦恼，但在自己挣钱后并不重视钱财，生活上过得去即可。他一不储蓄，二不理财，为此也少不了被夫人埋怨。

从 1928 年开始，他被关颂声建筑师聘任为基泰工程司的合伙人。实际上，他是在朱彬（建筑师）和杨廷宝（建筑师）二位被关先生聘入基泰的时候被聘来在结构专业方面独挡一面的台柱。合伙人的排名次序定为：关、朱、杨（廷宝）、杨（宽麟），他名列第四。公司如果年底分红，金额的比例自然与排名次序相对应，而父亲按说还占据着技术方面不可或缺的有利地位，本可为自己说一句话，但据母亲说，父亲从来不说，就此甘当老四了。

每年年底大老板关颂声都会召集一次主要合伙人会议，总结一年的业绩，研究公司面临的重大问题。其实，对于各合伙人，只是每月发放工资，到年底从不分红。财务大权掌握在大老板和二老板朱彬（关的妹夫）的手中，二位"杨"实为两个勤勤恳恳的"绵羊"，只讲付出，不求回报。年复一年都是如此。母亲对此感到不公，有时手头也确有需要，但父亲往往不让她去找朱彬。直至上海解放，朱彬带着公司的财产去香港了，再也不提"二杨"所占的股金了。父亲出于老交情，宁肯自己吃亏，也不肯索要本该属于自己的份额。

在 20 世纪 50 年代，国内社会主义建设亟需人才。很多工程建设单位、大专院校来函或派专人前来邀请父亲担任技术顾问、或毕业生论文评委等职务。对于这类邀请，父亲的工作单位一般不会干涉，当来人找到父亲本人时，他几乎百分之百地接受并按时前往。在那个年代，广大群众都学习毛主席提倡的"为人民服务"的精神，邀请单位也不付报酬，父亲更是不会考虑能否得到任何报酬，而是把去外单位咨询或开会看作为人民服务和自己应尽的义务。从 1949 年直至 1971 年因病去世，他都是这样做的。

他的这种工作作风受到了工作单位以及社会相当广泛的认可与肯定。2005 年，北京王府井百货大楼隆重举行庆祝建成五十周年的大会，大会由北京市人民政府及北京市商业局相关人员主持。会议上宣布“感动王府井十大影响力人物”的名单，杨廷宝和杨宽麟二人的姓名赫然在列。当大会主席请十大影响力人物本人或家属上台光荣地领取纪念品时，我有幸代表他们二位上了台。应该承认，受到业主的如此赞誉，是工程师的最大光荣。

如果说父亲的“至爱”是他所选择的职业的话，他的“次爱”应该就是人才了。旧中国的工程建设人才奇缺，也包括建筑、结构的设计以及施工方面的人才。父亲数十年的亲身经历使他懂得“一花独放不是春，万紫千红才是春”的道理。当他在天津的建筑设计界实践了十多年之后又回到上海和母校时，他感到有机会为培养建筑人才出一分力。

1932 年刚回到圣约翰大学工学院时，他仅受聘教一两门课程。8 年后，随着时局的变化，他当上了工学院院长，责任与权力都大了。除每班学生毕业后求职过程中他会视每人的条件与意愿而进行推荐以外，还会特别重视那时学业成绩突出的佼佼者，视之为“重点培养的对象”。一般他都在征求本人意见后，尽可能地让其留校当助教，或吸收到基泰当助理工程师。就这样，几年间助教和助理工程师增加很多，他也为此感到十分欣慰。有时，高才生愿出国深造，或转系，或另谋高就，父亲必然会尊重本人的选择，绝不勉强。在本书中著文的诸多作者中，绝大部分是他从圣约翰大学工学院提拔起来的学业尖子，也有小部分是从设计院培养锻练出来的业务尖子。从培养和提拔的角度来说，父亲是他们的“伯乐”。

五、原则性问题不妥协

父亲在生活方面很好说话，很随便，但遇到原则性问题，则完全不会妥协，一点面子都不给。我家一位成员当年在圣约翰大学教育系求学，临近毕业时却不知为什么原因而短缺了一个学分。按学校规定，总学分不够就不能毕业。她为了面子，央求借住我家的表哥为她向父亲求情，希望以父亲工学院院长的面子，请文学院院长通融一下，允许她先参加毕业典礼和领取毕业文凭，她保证将继续读一学期，将短缺的学分补上。父亲听到表哥的陈述后拍桌而起，将表哥痛骂一顿。她的打算也只能以彻底破灭而告终。

1952 年年初，当父亲所在兴业公司设计部的第一项工程联合饭店（现在的和平宾馆）施工进行到一半的时候出现状况，使他遇到了一次严峻的考验。这一年的冬季，天气格外寒冷与干燥。根据惯例，北方的露天混凝土工程此时都要停工数月，待天气转暖时复工。该工程中，已经浇灌的混凝土板、梁、柱，经过长时间的暴露，出现了一些细小裂纹，引起业主、设计人员和施工人员的关注。恰巧在此时，国家开展了一场反贪污、反浪费、反官僚主义的“三反”政治运动，北京市的商业系统自然不能幸免。对于联合饭店工程这个当年北京基本建设中的重点项目，就成立了一个专题调查组，重点调查裂纹问题与设计、施工中的有关问题。

我父亲凭经验进行分析，造成裂纹的原因

可能是：1. 环境温湿度造成的混凝土收缩；2. 混凝土施工中的水灰比偏大；3. 筏式基础的沉陷不均。如果是原因 1，对工程的安全没有影响；如果是原因 2，对工程的安全稍有影响，但影响不大；如果是原因 3，则对工程的安全会有较大影响而不容忽视了。

父亲随即请兴业设计部的孙有明和乔柏人二位结构工程师做了实地测量，测量的结果证明该筏式基础的东、中、西端三处的标高基本相同，也就是并不存在沉陷不均的问题。父亲将测量结果和结论交给了有关领导，但是此结论未被调查组的组长所接受。在正常情况下，有结构负责人的测量报告，排除了基础沉陷不均的顾虑，工程本可继续施工了。但是这位调查组组长既拿不出禁止继续施工的理由和依据来，还强调一定要拆除一层楼，否则结构承载力不够。父亲对这位工程师不讲道理、不实事求是、武断地下结论的做法进行了坚决反对和抵制。由于两种意见针锋相对，工程停工数月之久，造成各方不小的损失。后来，周总理为了亚洲及太平洋区域和平会议的召开而关心联合饭店工程，复工之后，它由原设计的地上总高七层增加为八层，被中央改名为“和平宾馆”，至今使用完好，而且被北京市人民政府列为北京市标志性建筑之一。

设计年表

1925 年以前
监督北京前门邮局、北京司法部大楼修建的设计代表，天津大陆银行、北京通县发电厂、永利化学工业公司办公楼、化工厂厂房、天津南开大学建筑、北京电车公司车库、北京大陆银行、中国实业银行
1926—1930
天津南开大学木斋图书馆、京奉铁路沈阳总站、天津中原百货公司、天津基泰大楼、天津中国银行货栈、天津大沽路伦敦教区教堂、天津大陆货栈、沈阳东北大学图书馆、课堂楼、化学楼、体育馆、运动场、清华大学生物馆、气象台、图书馆扩建、宿舍明斋、北京交通银行、沈阳同泽女子中学、北京铁路局天津管事处办公楼、南京中山陵园邵家坡新村合作社
1931—1935
南京紫金山天文台、中央研究院地质研究所、南京中山陵园音乐台、上海大陆银行、上海银行大楼、南京中央医院、南京中央大学图书馆扩建、海州财政部税警团营房工程、河北蔡家花园体育场、南京管理中英庚款办公楼、南京原国民党中央党史史料陈列馆、河南巩县孝义镇石河兵工分厂办公楼、医院、电气厂、浦口硫化铵工厂、成都四川大学建筑、南京外交宾馆、重庆美丰银行、南京原国民党监察委员会、大华大戏院、聚兴诚银行上海分行、上海大新百货公司
1936—1940
南京金陵大学图书馆、中央大学牙科医院、无锡申新纱厂、面粉厂、南京永利化工厂、江南水泥厂、上海龙华水泥厂、黄石华中水泥厂、江阴江防工程、南京寄梅堂、南洋兄弟烟草公司、重庆中央银行办公楼及库房、宿舍、上海中山医院、上海美琪大戏院
1941—1950
上海中南银行库房、住宅等、上海大场飞机场机库、跑道、南京下关火车站、上海美孚公寓、中南区卫生部生物制品厂（武昌）
1951—1955
北京和平宾馆、北京小菜园工商联办公楼、北京新侨饭店、一机部汽车局办公楼、北京石油学院教学楼、八面槽医药商店、北京广和剧场、五道口俱乐部、北京王府井百货商店、北京阜外统一建房、天津大王庄冷库
1956—1960
天津张贵庄冷库、北京外交服务局小型使馆、北京外交公寓、北京工人体育场、北京民族饭店、中国革命军事博物馆
1961—1964
北京西郊冷库、北京西南郊冷库、记者之家

怀念工程界引路人

/ 白德懋

杨宽麟先生是当代我国土木工程界的代表人物之一，素有“南杨北朱”之称，即南方的杨宽麟和北方的朱兆雪。如同建筑工程界的代表人物“南杨北梁”——南京的杨廷宝和北京的梁思成。

1940—1950 年，杨先生在上海圣约翰大学任工学院院长期间，对学院的教学建设、教学方法和人才培养等方面作出了重要的贡献。

我有幸在此期间从文学系转入土木工程系。之后不久，在杨先生的领导和全力支持下，工学院在土木工程系之外增设了建筑工程系（简称建筑系）。我当即意识到这正是志趣所在的专业，于是同时选修了建筑专业的课程。

1947 年在上海圣约翰大学草坪上

我 1945 年毕业取得土木和建筑双学位前，始终在杨宽麟院长（DEAN YOUNG）的关怀，度过了难忘的大学生活。

建筑系成立后，第一届学生只有李德华、李莹和我等 5 名。我们在课余时间经常到杨先生的办公室，听他讲故事，说笑话。他是我们的长辈，但与我们年轻学生相处中都把我们视同友人，始终和蔼可亲，平易近人，经常显得童心未泯，谈吐中不乏风趣、幽默之辞。至今还能回忆起他曾说过：“在婚姻问题上，老夫少妻不失为可取之道，如两者相差十几岁，那么男的去世后，女方还可再嫁给一个比她年轻十几岁的小伙子。如此循环，不会陷于孤单，且能相互照顾。”（大意如此）

为建立建筑系，杨先生邀请了刚从美国哈佛大学设计研究生院学成回来的黄作燊出任系主任，并给予充分的信任和支持，放手让其选择教材、制订教学计划和聘请讲学教师。

为我们这届学生讲课的只有一位专职教师，就是黄作燊本人。由他主讲建筑原理和建筑理论，并指导建筑方案设计。在教学中引进了包豪斯（BAUHAUS）的建筑理念，强调理论联系实际，教育与实践的紧密结合，反对形式主义。

与此同时，着重介绍了格罗比厄斯的“形

式服从功能”、勒·柯布西埃的“住宅是住人的机器”、密斯·冯·台·罗的“少就是多”，以及赖特的“有机建筑”等理论和他们的代表作品。

在兼职教师方面杨宽麟和黄作燊聘请了经格罗比厄斯推荐给杨先生的鲍立克（RICHARD PANLICK）（讲授城市规划和室内设计），匈牙利建筑师海吉克、英国建筑师白兰特，还有陆谦受、陈占祥、钟耀华、ERIC CWMINE、CHESTER MOY 等。

当我大学毕业时，正值抗日战争胜利之日。建筑系毕业生走向工作岗位时，继续得到杨先生的关怀和帮助。毕业后，李莹和我即进入兼职老师白兰特的上海建筑事务所实习。1946 年杨先生向时任福州联合国救济总署福建分署的署长林荣森推荐我进技术科工作。

1947 年救济署结束，他又介绍我给上海德士古公司工程部主任 STOCKER 任助理工程师。中华人民共和国成立后，又被杨先生聘到约大建筑系讲授世界建筑史和建筑制图。

1951 年我和杨先生先后来到北京。之后虽同在一个规划、设计单位，但接触不多了。1969 年“文革”时期，我被只身禁闭在市建院的小院“牛棚”里。有一天小院的大门开着，偶然看到他被押着从外边走过时，他的忧郁眼神引向小院深处。他看不到我，我却看见了他，此情此景，难以忘怀。

想不到从此告别了先辈引路人。先生夫人杨师母健在，长子杨伟成和我同届毕业于约大土木工程系，在市建院又一起工作，2004 年杨师母百岁寿辰时我们曾前往祝寿。

为纪念杨先生诞辰 120 周年，特撰此文，以兹缅怀。

北京新侨饭店

1964 年和设计院的同事们合影（左 3 为杨宽麟、左 6 为张镈、左 10 为顾鹏程）

回忆结构大师杨宽麟先生的几件事

/ 张国霞

前言

北京市建筑设计院的杨伟成总工程师邀请我为他的父亲杨宽麟先生的纪念文章提供一些素材。杨宽麟先生是我最尊敬的恩师之一，为他的纪念文章提供素材是我义不容辞的责任，我唯一的担心是我的记忆力已经开始下降，又缺乏参考资料，提供的素材难免存在错漏，请见谅。

一、1941—1943年圣约翰大学时期

杨宽麟先生是我1941年在上海圣约翰大学土木工程学院求学时认识的，当时他是这个学院的院长和教务长。在杨先生到任之前的教务长是一位名叫埃利（ELY）的美国教授。好像是在珍珠港事件后，杨先生接替了埃利（ELY）的工作。在印象中杨先生当时并不担任讲师，也不是每天都到学校里来，所以我在上学时遇见杨先生的机会并不是很多。

当时与杨先生同时期的老师有刘政寰（测量）、张问清（钢筋混凝土）、王志锴（材料力学）、李寿康（结构力学）和蔡显裕（结构设计）等，其中蔡先生似乎与杨先生关系比较密切，因为蔡先生是刚从美国回来的杨先生的学生，而且又是当时闻名上海的三家最大百货公司之一的大新公司的创办人蔡昌兄弟蔡氏家族的成员。

杨先生当时在上海很有地位和名望，是当时建筑工程界很有名的基泰工程司建筑工程事务所的3个创办人之一，负责该公司的建筑结构设计和工程验收工作，并另外独立开办一家单搞结构设计事务的华启结构事务所（据回忆蔡先生就在华启工作）。我对杨先生最初的印象是他身材魁梧高大，衣着相当简便实用，虽已饱经社会风霜但还保持一定的天真纯洁的有学者风度的人，他既在建筑结构领域有十分丰富的实践经验和深厚的理论基础，又十分平易近人，没有一点虚伪和架子，讲的是一口地道的上海浦东话，而且谈吐十分幽默风趣。他常常喜欢说笑话，也喜欢骑车来往于校园之中，受到广大师生的爱戴。我虽没有听到杨先生亲讲，但流传甚广的是他曾为了便于学生记忆而挪用英文中常用的两个单词，MY（意为“我的”）与IF（意为“如果”）来表达材料力学中梁的分析的一个基本关系式，即：

$$MY=IF \quad 或 \quad F=MY/I$$

其中 M 为梁的弯距，Y 为求应力点离轴心的距离，I 为梁截面环轴心的惯性力距，F 为求应力点垂直于截面的应力。杨先生讲解的这段课程十分简单有趣，充分体现了杨先生的深入浅出与讲究实际的教学方法。

二、1947—1949 年基泰工程司时期

1947 年我从陇海铁路离职回到上海家中，杨先生介绍我进入了上海基泰工程司学习结构设计。我虽在圣约翰大学学了不少结构的基本知识并到陇海铁路工作了四年，但从未做过结构设计和计算，我希望进入基泰学一点这方面的技术，同时也想有机会的话去美国进一步留学进修。我进基泰以后先是在上海做厂房钢屋架的设计工作，一段时间后就往返于南京和上海的基泰工程司负责南京空军新生俱乐部工程的结构施工监工和上海美孚汽油公司公寓工程的打桩监工等工作。

上海基泰的日常管理工作是由基泰工程司的元老之一的朱彬建筑师主持的，但我的工作则是由杨先生直接分配的。记得分配给我的第一项任务是设计一个厂房的屋顶钢架，因我从未做过钢结构的设计，只好复习在学校里学过的知识，查钢结构手册。我感到十分吃力而且学习效果不佳，拖了很长时间才完成任务。记得当时在同一办公室的圣约翰同学有许惟阳、陈宗靖、周承渭与康明慈等，他们虽然班级比我都要低一些，但对结构设计的业务却比我熟练得多，也给了我很多帮助，都是我学习结构设计的好老师。不久以后因南京基泰工程司的需要我就被调去参加南京空军新生俱乐部工程的结构施工的监工工作了。

到南京以后我认识了当时主持南京基泰工程司工作的杨廷宝先生和与他一起工作的许多基泰同事，其中包括郁彦和张宪虞两位以后又在北京永茂设计公司同事的结构工程师。所谓结构监工主要是到现场检测浇灌混凝土的水泥砂石含量，模板距离和所绑扎的钢筋数量、尺寸是否与设计图纸相符。我记得特别清楚的是杨宽麟先生在这项工程完工验收时与我的一次较长的谈话，主要内容是一个结构工程师要对他所设计的结构彻底负责。他非常生动地描述了一个他亲身体验的由他设计的大跨度飞机罩棚钢筋混凝土长梁的拆模过程。他接到施工单位的紧急通知，说拆模时发现混凝土有下垂迹象，要他立即到工地商讨处理办法。他当时虽感到压力很大，但仍冷静校核计算可能发生的合理变形量并带着他力能所及才弄到的、可能需要的高强速凝洋灰赶到现场，在弄清工地实际情况以后决定继续拆模，取得了成功，他讲的这件事给我留下了十分深刻的印象。

从南京回到上海以后我主要负责贝当路附近上海美孚汽油公司公寓（SOCONY APARTMENT）工程打桩的监工工作。这一工作使我看到了当时上海最大的一家专做打桩工程的康益洋行（A. G. CORIC）的近 30 米深的灌注混凝土桩的施工设备和施工方法，同时也使我亲身体验到了上海地下近 30 米深的软土性质。我还在工地遇到了这家公司的负责人科利克先生，并由他介绍了当时国际上在这种软土中打桩的经验，最后由杨先生决定了打桩的贯入度。

1964 年与学生张国霞在北京

这两年在杨先生的直接指导和基泰同事们的帮助下，我对具体结构设计渐渐入门。我看到了南京空军新生俱乐部工程的结构施工，我看到了在上海美孚汽油公司公寓地下软土中进行现场混凝土灌注的施工设备和方法，这些都是我作为一个结构设计专业人员所需要的基本知识，并对我赴美留学的准备工作，特别是对进修专题的选择大有助益。

值得一提的是杨先生一贯重视对学生的培养。陈天佑的班级比我略低，但与我基本同年。他未进入圣约翰大学以前曾在上海的一所英国人办的雷司德学校读书，后来转到圣约翰大学，学习成绩优异，毕业后也在杨先生手下工作。他做的结构计算书、画的结构图纸都十分完美，常常得到杨先生的称赞。不久，杨先生便决定亲自签发推荐信保送他赴美留学深造。

三、中华人民共和国成立初期的和平宾馆工程

和平宾馆是中华人民共和国成立初期（1951—1952 年）在北京由原来基泰工程司的杨廷宝建筑师和杨宽麟结构工程师合作设计的一栋八层楼高的旅馆建筑。据了解杨先生当时在公私合营兴业投资公司的设计部工作，这个工程是当时北京最大的建筑工程。1951 年，工程正在施工中，并因冬季严寒的天气而暂停施工。北京市公营永茂建筑公司对这个工程进行安全质量的检查，这使我获

和平宾馆旧影

得了与杨先生难得与难忘的会见机会。

这里应该说明的是当时我已从美国留学回国，并在北京市公营永茂建筑公司承担建筑地基的钻探工作。只记得在和平宾馆的安全质量检查中，在结构方面有人认为柱子的设计不够安全，但对地基的检查则因当时施工已到四层楼地面，而且使用的是满堂基础，基坑已经回填，光凭设计图纸无法检查地基安全与否，所以北京市公营永茂建筑公司找我通过钻探对地基的安全性进行检查，而没有想到的是钻探以后发现，钻孔部位的基础落在一种类似炉灰杂填土的土上，炉灰杂填土是北京城里经过多年改造挖掉老土以后用炉灰垃圾回填的土。如果属实，这是一种很不适宜作为建筑地基的土，为此我曾通过领导约杨先生在和平宾馆工地会谈。

这是一次在十分危急的情况下十分难忘的会见。杨先生用他极其丰富的实践经验和深厚的理论基础，以非常心平气和与使人信服的冷静态度，首先说明基础是落在一层至少有三米厚的人工白灰焦渣垫层上，不是落在炉灰杂填土上（这种人工白灰焦渣垫层从

天津塘沽碱厂旧影

很小的钻孔里很难与炉灰杂填土相区别）。然后说明这是一个用浮筏基础原理设计的满堂基础，基底埋深很大而且地下水位很低，基底的压力控制在原生土重压力附近或附加压力很小，所以虽然这层人工垫层下可能还有一些炉灰杂填土没有完全挖尽，也只会有很小的沉降，因此，设计十分经济合理且非常安全，符合快速施工要求。现在回想起来，杨先生这次开诚布公和实事求是的分析实际上是给我上了一堂最生动、最实际、最深刻和富有创造性的（指将我国几千年来用于建筑地基的灰土垫层的传统做法创造性地转用于近代高层建筑的地基）关于地基基础的课，使我对他充满了敬佩之情。

气温恢复后不久和平宾馆很快就复工并完工了，多年来它一直是用于接待外宾的一个高级旅馆，至今未发生过地基或结构的问题。值得一提的是杨先生曾多次在和平宾馆的顶层餐厅设宴招待我和我的家人，包括杨先生和我的全家都出席，我们每次都是兴高采烈，亲如家人，尽欢而散，没有任何人再提起上面所说的事。

四、天津塘沽碱厂的高塔工程

天津郊区的塘沽碱厂是杨先生早年为我国著名化工大师侯德榜（曾任化学工业部副部长）先生设计的一座造碱工厂，该工厂具有一定的规模而且一直沿用到中华人民共和国成立初期。塘沽是我国有名的沿海软土地区，由于土质松软，房屋下沉开裂很多，可以想象，在这种软土上兴建厂房的困难是很大的，特别是修建高塔型的建筑。塘沽碱厂的一座高塔就发生了明显的倾斜，威胁到工厂的生产安全。

中华人民共和国成立后不久，杨先生进入北京市公营永茂建筑公司（以后改组为北京市建筑设计院）工作，但我已被调到北京市地质地形勘测处，所以一直没有在同一单位工作，很少有接触的机会。只记得有一次化工部委托我对塘沽碱厂的倾斜高塔进行钻探和沉降观测，委托建研院地基所黄熙龄先生主持用铁块加压，以纠正其倾斜。我和杨先生两人坐火车往返于京津之间，因为时间充分，我们可以毫无拘束，畅所欲言，我对这次谈话的印象特别深刻。他详细介绍了他当初刚从美国回国不久，到塘沽来踏勘和设计这个工厂的情况。当时缺乏在这种软土上建造建筑物的经验，更谈不上什么设计规范。一切都要靠自己从调查研究做起。他当时在设计中采用了打钢板桩围护软土的方法来减少沉降，虽然获得成功，但是这种做法造价很高，同时需要有合适的钢材和施工设备。当时因为没有在这个高塔下打钢板桩，造成高塔发生了明显的倾斜，这件事使他十分担心，也认为这是他的责任，但苦于找不到解决的办法。他非常高兴地看到中华人民共和国成立后成立的许多勘察单位可以进行钻探、试验和沉降观测，还有专门研究处理不良地基的单位编写设计规范。他正是看到当时已经能够解决这个高塔倾斜的问题，他才找侯德榜先生由化工部出面来委托和组织各有关方面来解决这个问题的。现在回想当时在化工部的领导下，与各方面工作人员一起努力，特别是要感谢在黄熙龄先生主持下的铁块加压工作，是一次非常成功的合作项目，圆满地解决了高塔的倾斜问题。

五、“文革”后期的最后告别

杨先生与我的最后告别是在“文革”后期，在杨先生的健康已经出现问题，体力全面衰退，即将进入病危阶段但能独立活动的最后时刻，有一天他带着心爱的原版精装土力学经典著作 *TERZAGHI & PECK: SOIL MECHANICS IN ENGINEERING PRACTICE* 从他在东四南大街干面胡同西石槽的故居骑自行车到位于竹竿巷的我家，将书送了给我。面对杨先生对我的深情厚谊，我除了热泪满眶之外实在无法用言语表达我的感激之情，当我骑自行车送他回家时看到他床边的一长排药物，我才发现他的病情非常严重，这使我感到不安和难过。这次会面是我们两人的最后告别。

结束语

在杨先生漫长的职业生涯中，我所接触到的只是极小的一部分，我写的这些素材一定是非常片面的。幸好已经成立了专题组，多方搜收集素材，统一整理并编写成文，我所提供的素材就此告一段落。

深切怀念我的恩师

/ 程懋堃

前言

我虽然不是圣约翰大学杨先生的直接门生，但一来我们家与杨先生是世交，对于他的为人与他在事业上取得的巨大成就，早已仰慕，再加上我于 1952 年至 1958 年，在先生的教导下工作，学到了先生在设计工作上的宝贵经验与大胆创新的卓越见解，使我在以后工作中，终生受益。

一、兴业公司时期（1952—1954 年）

自 1952 年我从上海基泰建筑工程师事务所转到北京市公私合营兴业投资公司建筑工程设计部工作，至 1954 年底，设计部合并至北京市设计院为第五设计室，是我在杨先生指导下工作的初期阶段。这个设计部，最初由杨廷宝、杨宽麟二位大师共同主持，1952 年以后，廷宝先生离开设计部回到南京。

在这一时期，我主要参加了王府井百货大楼和新侨饭店的设计、绘图工作。我注意到先生工作方法的特点：一是对结构各个环节（包括梁、板、柱、基础等）都亲自掌握，对典型构件都逐个计算。这样，他就心中有数。等我们把施工图做完，最后交到他那里时，他只用很少时间就能审完，因为他对各个典型构件的截面尺寸钢筋用量对我们事先都有交代，因此心中有数，一看就知。另外，我们这些“部下”，都是他挑选出来的，工作都很认真负责。二是先生所定的构件截面尺寸，比我从前在上海事务所学到的，都小很多，要不是他定的，我自己是不敢做的。例如百货大楼，柱网 7.5 米 ×7.5 米，顶层柱截面 300 毫米 ×300 毫米，有些柱子内还要埋入ϕ100 的雨水管，一般结构工程师是不敢这么做的（柱纵筋只有 4ϕ16）。本工程这么做了，用了五十多年，未见问题。这对我以后的工作有很大启发。

新侨饭店工程开工的时候，在东交民巷马路对面的同仁医院也开工新建。二者都是五层左右的框架结构，新侨做的是单独柱基，钢筋很省。同仁医院则是满堂筏板基础，又厚又重。后来我估算一下，前者的钢筋和混凝土用量，大约只有后者的 1/3。材料省了许多，但是安全性能还是很好。新侨饭店建成三年后，杨先生又指导我用轻钢桁架梁，毛竹空心板，将原来的五层楼，增加一层。轻钢桁架梁和毛竹空心板，在当时还没有人用过，是杨先生的创造。

1950 年与和平宾馆工程施工负责人孙葆初

1951 年和兴业公司设计部同仁，左起为马增新、程懋堃、田春茂、乔柏人

后来，在北京市委党校工程中，就用了这种增加楼层的经验，在原设计为五层的砖混结构上，硬是另加了一层楼。

北京天安门广场的西南角，有一栋 20 世纪 20 年代建成的灰色三四层楼，屋顶带一个钟楼。据杨先生告诉我，这是他过去设计的大陆银行大楼，为了节约用钢，梁的箍筋只在两端剪力较大处设置，跨度的中段没有箍筋。从建成至今已有八九十年，毫无问题。再联想到王府井百货大楼的主梁（跨度 7.5 米）在三分之一处有次梁的集中荷载。它的箍筋布置是，梁两端ϕ10@400，主要由弯起钢筋抗剪，中段 2.5 米，仅布置ϕ8@400 箍筋。这样的节省，不仅在现在不可能做到，即使在当时的 20 世纪 50 年代，也没几个人敢做。

他还想出一种减轻混凝土楼板自身质量的方法。那时为了节约脚手架所用木料，他主张从南方运来大批毛竹，用以搭脚手架。他在现浇楼板中放置毛竹，成为圆孔板。由于毛竹两端直径不同，楼板就两头交替放置。后来我在市委党校的几项工程中，应用这种方法，效果很好。

杨先生处处注意节约、敢于创新的设计思想，对我的影响很大。如果说，我今日在技术上能有一点成就的话，先生对我的启发是决定性的。因为我感到，一个人从学校到工作岗位，起始阶段的导师是起决定性作用的，杨先生对于我，正是起了这样的作用。

新中国成立初期，全国的科学技术中心在上海，各种技术人员也以上海为最多。北京定为首都后，开始大规模建设。当时北京有几个工程都出现问题。例如对单层工业厂房的吊车荷载，被假定位于桥式吊车的中间，这样就把吊车梁和柱的荷载，至少少估了一半。还有其他拆不了模板的结构（一拆模楼板就要垮下来）等。事故发生后，由于杨先生德高望重，成立的专家组由先生担任组长。几次检查，都发现是设计错误。和平宾馆工程发现楼板干缩裂缝后，有人认为工程

1952 年北京和平宾馆竣工前摄于其顶层平台上，杨宽麟站在左侧后排，孙有明在右侧后排，蹲着的左起为杨伟成、孙天德、程懋堃，二排右起为巫敬桓、尹溯程、乔柏人、田春茂

1959 年刚建成的北京工人体育场

问题是地基下沉，必须将已建好五层，拆除一层。杨先生通过核算认为原设计并没有问题，后来事实证明，项目不但按原设计建成七层，后又加了一层，一直都在安全使用。

二、北京市设计院时期（1954—1958 年）

兴业公司设计部于 1954 年冬季并入北京市设计院，成立第五设计室。杨先生任院结构总工并兼任五室主任。

我在兴业公司工作时，是 22 岁至 24 岁。年轻贪玩，浑浑噩噩，对于待人接物，一无所知，业余时间也不知看书学习。

我到设计院之后，觉得自己应该有所改变，于是发奋工作，天天加班也不知疲累。杨先生看我有所进步，就注意加以培养。当时学术杂志较少，一本《土木工程学报》偏于理论，不太受欢迎。于是土木工程学会决定出版一本《土木工程》杂志，内容以介绍工程实用知识为主。杂志社聘请杨先生为编委。一开始他带我一同去开会，以后就让我独自去，并让我做审稿工作。我一个 20 多岁的青年，能与茅以升、蔡方荫等前辈一同开会、讨论，增长了许多见识。

当时，常有单位请杨先生去参加工程鉴定等会议，一般他都愿带我去参加。

他对青年人的帮助、培养，是一贯、长期而不图报答的，这方面杨伟成同志的文章中已有描述。我再补充一例。

他有一个学生汤安烈，很优秀，毕业后在上海大昌建筑工程师事务所工作。汤设计了山西榆次的经纬纺织机械厂的大型厂房。当时，工程界人士多半出身于上海、天津等地，对于山西黄土高原的“大孔土”没有经验。这种土，干燥时很坚硬，但遇水就下沉。经纬厂的厂房因此就发生不均匀下沉。汤安烈作为主要设计人，心里着急，积劳成疾，又不愿去医院诊治。杨先生知道后，十分关心，就亲自找了医生，

军事博物馆旧影

通知他去医院，先生自己还亲自在医院门口等候。这种关心、爱护青年的精神，值得我们永远学习。

杨先生勇于创新的精神，给我留下深刻印象。我到兴业设计部以前，他已指导同事田春茂，在市工商联办公楼工程中采用了预制楼板的做法，这在北京市是开创性的做法。

杨先生的学术功底深厚，处理问题迅速果断，游刃有余。记得新侨饭店施工时，有一个双柱联合基础的底板钢筋被弄错了，但混凝土已浇捣完，怎么办？先生亲自验算，画出草图，将这一难题迅速解决。我在旁看了，觉得自己又学会了一招。

他还教给我们，当连续梁跨度不等时，短跨的梁底部纵筋，不能少于简支梁所需者的一半。这一条列入了现在的设计规范。

杨先生的学术地位和社会地位都很高，但他平时待人接物，却非常平易近人。杨先生很喜欢与我们这些学生辈的青年们接触，他谈吐幽默，常讲些笑话，我们都很愿意和他接近。

他生活俭朴，没有抽烟喝酒的嗜好，拿起计算尺计算，画草图，想新的工程做法……似乎是他最大兴趣所在。

星期天在家打桥牌，是他的爱好。我在1954—1957年间，是他家打桥牌的常客。有的人打输了会责怪搭档，但对于我牌叫得不对或出得不好，先生却从来都是心平气和，偶尔也会“复牌”，就是研究一下，当初如果采取另外一种叫法或出牌方法，是否会更好，目的是切磋牌技，以便进一步提高。

杨先生因为设计经验极为丰富，处理各种工程问题极多，可谓见多识广，所以他在设计工作中，常大胆简化设计方法，既便于设计工作，又可大量节约材料。

例如在王府井百货大楼工程中，在四层有一个小礼堂，它的屋顶梁跨度为 15 米。按一般的做法，现浇梁柱节点，应按刚接设计，这样，支承大梁的边柱由于要承担大梁传来的弯矩，截面就需很大。杨先生决定按简支梁设计，即梁端弯矩假定为零，这样边柱的截面只需 350 毫米 ×350 毫米。

我受到杨先生这种理念的启发，在 1955 年设计北京市委党校礼堂的工程中，也采用这种做法。该礼堂跨度为 22 米（在当时算是规模较大的礼堂了），用的是现浇钢筋混凝土桁架，桁架与支承柱的连接，按简支（铰接）计算，柱高 9 米，截面 450 毫米 ×450 毫米，使用至今已 54 年，未发现柱身出现裂缝。这一工程的设计过程中，我也得到了先生的亲自指导。

近年来，我在讲课及著作中，都提倡这种做法，听的人都感到闻所未闻。这使我更加感到杨先生的设计思想之可贵，过了半个多世纪，还是令人感到那么先进。

杨先生很注重工程的施工质量，记得当年的基泰工程司就有专门下工地检查质量的人员。他还鼓励我们，要亲自去工地看看，图纸上画的，与工地上做的是否一样。而且看了才能知道，自己画的是否容易施工，是否脱离实际。

他在 1957 年时，有几次和我谈天，历数他过去所设计过的工程，前文所述大陆银行工程，梁跨中不设箍筋的事，就是在聊天时说起的。他很想再去那些工程所在之地看看。例如上海大新公司（现为南京东路中百一店）在日伪时期，由于物价飞涨，奸商囤积货物，竟把玻璃成箱地堆放在顶层（玻璃是非常重的），以致把大梁的混凝土受压区都压坏了，后来上海大新公司赶紧请他加固大楼，现在（1957 年）多年下来，加固效果如何，想看看……等等。听他谈过去工程上的事，等于上课，而且是学校课堂里永远学不到的。

杨先生在设计中非常注意节约，而且敢于节约，这种精神对于我的事业有很大影响。

记得大约在 1956 年，他的幼子杨斌成在清华大学土木工程专业学习。有一次斌成告诉我，他们有一堂设计课，学生们把自己的作业张贴出来，请校外专家来看。杨先生去了后，就在各个作业图上逐一指出：这种钢筋不要放，那种钢筋应取消……，后来斌成告诉我，同学们说杨先生是专门“抽掉”钢筋的。

现在，有人给我起外号“程大胆”，也有的开发公司老总对人说，要想省钢筋就找程懋堃，其实我是受益于杨先生的言传身教。

杨宽麟生平

1891 年 6 月 1 日	出生于上海市青浦县
1894 年	父亲因病去世
1900 年	母亲因病去世
1902—1909 年	入上海圣约翰书院住校学习，1905 年上海圣约翰书院改名为上海圣约翰大学
1909 年 6 月	毕业于圣约翰大学文学院，获学士学位
1909—1911 年	任圣约翰大学高中部教员
1911 年	申请后获清华学校津贴，加上向亲友借贷，赴美国留学
1911 年 9 月—1915 年 6 月	由美国密歇根大学土木系毕业，获工科学士学位
1914—1915 年	任中国留美同学会中西部分会主席
1915 年 9 月—1916 年 6 月	继续深造一年，获密歇根大学土木系工学硕士学位
1915 年	密歇根及纽约铁路公司分段副工程师
1916—1917 年	俄亥俄钢铁厂工程师
1917 年 6 月	回国并带职解决北京前门邮局设计及施工中出现的技术问题
1918—1920 年	天津北洋大学土木工程系教员
1920 年	与林桂生合伙自办华启工程司
1920 年	兼任启新洋灰公司工程顾问
1920—1927 年	与基泰工程司的建筑师多次配合进行结构设计，逐渐形成搭档关系
1920—1927 年	辅助基泰工程司老板关颂声向天津租界工部局洋人交涉华人设计权，获成功
1925 年	兼任北京电车公司工程顾问
1925 年 4 月	和唐云女士结婚
1926 年 1 月	长女杨华出生
1927 年 8 月	长子杨伟成出生
1928 年	应天津基泰工程司老板关颂声之聘，成为基泰工程司名列第四的合伙人
1928 年	天津实业部登记，工 22 号
1928 年	天津中原公司及天津基泰大楼建成，令基泰工程司名声大振
1929 年 11 月	次女杨斐出生
1931 年 11 月	次子杨志成出生
1932 年	举家搬迁到上海
1932 年	上海市工务局技师登记，土木第 6 号
1932 年 9 月	北平市工务局登记技师
1932 年	与张杏亭合伙，自办上海华启顾问工程师事务所
1932—1941 年	上海圣约翰大学工学院兼职教授
1934 年 7 月	幼子杨斌成出生
1934 年	重庆市工务局建筑技师登记，第 25 号
1935 年	天津市工务局建筑技师登记
1935 年	以“租地造屋”方式建造自家住房（二层），并动员朋友合资建一游泳池，租期 20 年
1935 年	上海大新公司（今上海一百）建成，获社会好评
1937 年	因抗日战争全面爆发，亲戚由南京逃难到上海，将住房由两层加高为三层
1939 年	上海美琪大戏院（建筑师范文照）建成，获社会好评
1940 年	由于圣约翰大学原工学院院长伊理回美国，被委任院长职务
1941 年 12 月—1945 年 8 月	太平洋战争爆发，华启工程司和基泰工程司停业

上海圣约翰大学

1945 年 8 月	第二次世界大战结束后，华启工程司和基泰工程司的设计业务恢复
1947 年 8 月	长子伟成通过政府教育部第二届自费留学考试合格后去美国留学
1947 年 10 月	长女在上海成婚
1949 年 3 月	次女去美国留学
1949 年 5 月	为躲避国民党大兵的拉夫，次子（18 岁）和幼子（15 岁）随长女去香港上中学
1949 年	本人及夫人拒绝随基泰公司老板去香港定居的要求
1949 年 8 月 30 日	圣约翰大学校董会决定成立校务委员会，杨宽麟任主任委员
1950 年	接受北京公私合营兴业投资公司来京组建“建筑工程设计部”的邀请，并推荐杨廷宝为建筑师搭档
1950 年	着手和平宾馆（原名联合饭店）的设计
1950 年	中国建筑师学会登记会员
1950 年	应聘民航局民用设计室技术顾问
1950 年	应聘中央重工业部技术顾问
1950 年 12 月—1951 年 1 月	本人及夫人赴香港探亲
1951 年 1 月	向朱彬提出从基泰公司应付未付的分红金额中支取次子及幼子前去美国留学的船费，遭朱彬拒绝，仅答应给付一人的船费
1951 年 7 月	长子伟成回国，途中经过香港，婉拒朱彬的挽留
1951 年 8 月	长子带幼子乘火车回上海，次子由香港乘船赴美国
1952 年	和平宾馆顺利建成并接待了参加国际会议的外宾，获社会好评
1952 年 7 月	全国院系调整方案下达，圣约翰大学完成撤并工作后不复存在
1953 年 10 月	中国建筑学会第一届理事
1953—1954 年	随着新侨饭店、王府井百货大楼的陆续建成，兴业公司设计部在社会上引起广泛反响
1953—1955 年	应聘武汉长江大桥技术顾问委员
1954 年 12 月	受北京市人民政府的邀请，兴业投资公司建筑工程设计部的大部分职工并入北京市设计院，成为其第五设计室的骨干力量
1954 年 12 月—1964 年 5 月	北京市建筑设计院结构总工程师，兼第五设计室主任
1957 年 2 月	中国建筑学会第二届理事
1962 年	中国土木工程学会第三届理事会常务理事，副理事长
1964 年	北京市第四届政协委员会副主席，第四届全国政协委员
1964 年 5 月—1966 年	北京市城市规划管理局结构总工程师
1970 年	被诊断患肺癌
1971 年 7 月	在北京因病去世，享年 80 岁

原圣约翰大学的建筑工程系，1942—1952（节选）

早在圣约翰大学建筑工程系成立前，圣约翰大学的施肇曾工程学院(Sze School of Engineering)院长杨宽麟教授便已有要在工程学院中设立建筑学专业之意。直到1942年，曾受国际现代建筑的先驱者建筑大师格罗皮厄斯教授(Walter Gropius1883—1969)亲传的黄作燊先生从美国哈佛大学设计研究生院(Graduate School of Design, Harvard University)学成归国，两人志趣相投，这个愿望才得以实现。当时上海为日军所占领下，办学条件十分艰苦，在上述两位先生的积极努力下，建筑工程系总算艰辛地创办起来并由黄作燊任系主任。圣约翰大学建筑工程系是上海第一个设在正式大学中的建筑系。在此之前只有上海美专设有一些关于建筑形式方面的课程，并不是正式的专业。圣约翰大学当时把这个系命名为建筑工程系，可能就是要突出建筑既是艺术又是工程技术的特点。

在师资方面，整个系在成立之初只有一位专职教师，这便是系主任黄作燊。他主讲建筑原理、建筑理论、指导建筑设计并兼教美术课。翌年聘到了德国人鲍立克(Richard Paulick)任教，鲍立克教授城市规划与室内设计。鲍立克曾就读于德国德累斯顿工程高等学院，是格罗皮厄斯在德国的设计事务所骨干，参加了包豪斯(Bauhaus, Dessau)的建校的工作。据说他到圣约翰大学是格罗皮厄斯向杨宽麟介绍的。与鲍立克几乎同时就任的还有画家程及与匈牙利籍建筑师海吉克(Hajek)。程及后来到美国留学并定居，获得美国国家艺术院终身院士的荣誉称号。海吉克教西方建筑史，当时没有教材，他每次上课就在黑板上把建筑史的主要实例或部件画出来，往往在两小时的课程中把黑板画得满满的。在园林方面有我国著名的园林专家程世抚，程先生除了讲园林设计外还讲了许多关于树木与树种方面的内容。1945年抗日战争胜利后又有英籍建筑师白兰特(A.J. Brandt)来教建筑构造。白兰特是黄作燊在英国伦敦建筑协会建筑学院(A.A.School of Architecture London)的同学，他的父亲是当时上海的一名大地产商泰利洋行的老板，可能从小便与房屋构造打交道，他上课时不用看稿便能把构造详图画在黑板上。建筑系还把早期的毕业生李德华、王吉螽、翁致祥等留校当助教。可能由于经费有限，也可能由于可以认同的专职教师不容易找，圣约翰大学建筑系从一开始便建立了一种特殊的，后来证明是十分有益的师资制度，这便是结合系里不同的教学环节，经常请一些有理论修养或实践经验丰富的学者、建筑师来做报告、参加评图、短期或较长期地指导设计或讲学。1949年中华人民共和国成立后，外籍教师纷纷离沪，师资队伍有了很大的改变。一方面是早期留校的助教已成长为系里的教学骨干，同时还吸收了几位刚从国外学成归来的青年教师，如陈业勋、欧天垣、王雪勤、李滢等。王雪勤在出国留学前是中央大学建筑系的毕业生，除了精通建筑外还绘得一手好画。李滢原是圣约翰大学建筑系第一届的毕业生，后到哈佛大学设计研究生院学习，师从格罗皮厄斯，又在另一位大师阿尔托 (Alvar Aalto, 1898—1976) 门下研究建筑设计，任教后在教学中发挥了很大的作用。与此同时还聘到了从比利时归来并曾获比利时皇家大奖的画家周方白来教美术以及自学建筑历史文献成才的陈从周教中国建筑史。此外，毕业后在校外工作了数年的白德懋、樊书培、罗小未、王轸福也回校参加教学。于是形成了一支完整与固定的中国人自己的师资队伍。除了后来少数人（如白德懋、李滢、樊书培）工作有变动之外，其他人都于 1952 年随着圣约翰大学建筑工程系调整到了同济大学。

杨宽麟与黄作燊认为建筑学应文科与工科并重，故在教学计划中安排有相当学时的数、理、化、中国文学、英国文学、画法几何、工程制图、材料力学、结构力学、结构工程、机械工程等。并规定学生必须选修一门经济学课和鼓励学生多选一些人文科学方面的课。关于文科与理科的课，学生可到校内文、理学院专为外系学生开设的课程中选修，工科的课则直接到土木系的班级中学习。他们还主张把学生“放出去”。例如暑假时把学生介绍到需要建筑学知识的地方去做几天或几个星期的工作。1945 年抗战胜利后江南造船厂的修复规划与后来厂房的扩建设计与施工，当时著名的进步剧团“苦干剧团”的演出基地（辣斐剧场）的改建以及演出时的舞美设计、布景搭建等，便有圣约翰大学建筑系的学生参加。此后英国人的业余戏剧社 (Amateur Dramatic Club) 的舞美设计也全由圣约翰大学建筑系的年轻教师担任了。比较正式的“放出去”是 1946—1948 年派出一队高年级学生每星期两个半天到上海市都市计划委员会去参加“大上海都市计划”的工作。此外，派一些低年级学生到都市计划委员会去帮做模型（当时没有专门的模型公司）或到某些单位去帮几天忙是常有的事。学院与系里的领导认为学生接触社会，通过业余工作而认识的人与学到的知识是学校无法给予的。学生对这些安排很感兴趣，虽然大多没有报酬，但乐于参加。

（选自《时代建筑》2004 年第 6 期，作者：罗小未　李德华，两人均为同济大学建筑城规学院教授）

杨锡镠

杨锡镠(1899—1978 年),字右辛,江苏吴江人。祖籍在苏州吴江县(今吴江市)桃源镇。1922 年 6 月毕业于南洋大学土木工程科, 获学士学位,而后在上海东南建筑事务所任工程师。1924 年他与人合办凯泰建筑事务所, 参与建筑设计, 并成为合伙人之一。1929 年, 经范文照和李锦沛的介绍加入中国建筑师学会;并于同年自设杨锡镠建筑事务所, 成为独立开业的建筑师, 后因抗日战争, 关闭了自己的事务所。杨先生于 1949 年前后来到北京, 最初担任联合建筑师工程师事务所的合伙人, 后于 1953 年因"公私合营", 事务所改制后进入北京市城市规划管理局设计院(后北京市建筑设计院)任总建筑师兼三室主任。

中西合璧的建筑大师与建筑媒体人

/ 彭述

1949 年以前的创作概况

杨锡镠从上海南洋大学土木工程科毕业后，于 1923—1925 年以工程师的身份，在上海东南建筑公司任职。主要参与项目有：上海南洋大学体育馆（现上海交大老体育馆），南京东南大学科学馆（原国立中央大学科学馆，现东南大学健雄院）等项目。虽然任职工程师，但历经五四运动，正值西学东渐之时，这两个项目在设计手法上均既体现了西方外来文化的特征，又体现有本土设计现代化的进步，这对意欲从工程师转为建筑师的杨先生来说，必定有着很大的影响。这些影响也必然会反映在他后来的建筑师职业生涯中。1924 年，杨锡镠和黄元吉一起离开东南建筑公司，二人加入凯泰建筑事务所（下称凯泰）。在凯泰事务所里，杨先生设计了古典中式风格的窦乐安路鸿德堂（1927—1928 年，今多伦路鸿德堂）；获得了南京中山陵设计竞赛三等奖，还参与了中国第一份中文版建筑设计合同的签订。经过多年建筑方面的积累，杨先生在这一时期的设计，已经绝不仅仅是形式上的模仿、西方符号植入层面上的了，不论在手法上还是风格上，都更加深入地探讨如何让中国建筑合理地发挥自身的本土特点，进入到现代化演变的进程中。这些尝试，无疑为其在事业上的进一步发展奠定了很好的基础。

1927—1929 年，杨锡镠受同学之邀，离开凯泰建筑事务所，前往广西柳州，到省政府物产展览会筹备处任建筑科科长。这两年间，杨先生参加了广西梧州中山纪念堂设计竞赛，获二等奖。1929—1937 年，杨锡镠迎来了他事业上的第一个高峰。由于结构专业的出身，又加上生性喜爱绘画、设计，在积累了诸多实际项目经验后，杨先生开始自设建筑事务所。

从广西回到上海后，杨先生设立了以自己名字命名的杨锡镠建筑师事务所。在杨锡镠的事务所里，由于杨先生自身具有双重专业背景，建筑和结构两方面均可以亲自操刀，且事务所里集合了各专业人才，所以对项目整体的控制度很高，可以自行完成一套完整的图纸。事务所里的从业人员中有建筑专业的孙秉源、俞锡康、白凤仪、石麟炳、萧鼎华、曹星五；也有结构专业的王进、费霍和特邀人士。

杨锡镠开办事务所做老板，事必躬亲，为人友善亲和。其学徒孙秉源在访谈中提到，“当时做项目，通常是方案图和施工图一起出图，杨先生是主持人，会亲自画一些图，有时也会画一些详图。没有老板的架子，都是自己动手的。”在事务所成立 8 年的时间里，杨先生设计完成的作品功能复杂，风格多样，比较著名的有：西式古典比例的上海中法报台（1930），上海特区法院（1932），现代风格的南京饭店（1933）和“远东第一乐府”百乐门歌舞厅（1933），中式风格的上海商学院（1935），追求自然、田园风格的中式建筑无锡经茹堂（1934，方案），因灾作罢的湖北省政府大楼（1935，未建成）等。杨先生在设计上对不同业主的不同需求，均能处理得十分妥当，在当时社会上获得极大认可，杨先生也因此一时名声大噪，成为当时建筑界颇受欢迎的一位建筑师。这些项目中有很多至今仍在使用，并已列入历史建筑遗产保护名录。

在自设事务所的这段时间里，杨锡镠还兼任了上海私立沪江大学商学院建筑科教师。1930 年，杨先生担任中国工程师学会执行部总务；1932 年登记为上海市工务局技师（建筑）。杨锡镠于 1929 年经范文照、李锦沛介绍加入中国建筑师学会；1934 年，杨先生已是中国建筑师学会书记，担任《中国建筑》杂志发行人、上海《申报》建筑专刊主编；1934—1937 年任中国工程师学会正会员（土木）；1935 年，被中国工程师学会推定为国货建筑材料展览会筹备委员会委员，并任审查委员会委员。

1948 年，杨锡镠复入凯泰建筑师事务所。此时的凯泰已发生了很大变化。当年随着杨锡镠的离开，缪凯伯和黄思强也都先后离开，一直在凯泰任职的黄元吉担任了事务所的主要建筑师兼经理，并于 1947 年和钟铭玉在上海市工务局重新注册了甲等开业资质。复入凯泰的杨锡镠与黄、钟二人一起，成为新凯泰的合伙人。在这段时间里，杨锡镠设计的几个较为著名的项目有：大陆游泳池（1938）、大都会歌舞厅（1935）等，其余的项目多为里弄住宅和一些小铺面设计，由于处在非常时期，工期通常拖得较久，项目做得也较为精致，但毕竟规模较小，保留至今的已经不多。

涉及建筑媒体

20 世纪二三十年代，正是建筑界提倡中西融合、兼容并蓄发展的时候，也是杨锡镠自设事务所，事业发展蒸蒸日上之时。不仅在建筑设计方面，有百乐门宴舞厅这样轰动一时的项目建成，在建筑媒体领域也有涉及。他于 1934 年 9 月 11 日第 87 期，到 1935 年 12 月 24 日，出任了共 155 期《申报 · 建筑专刊》的主编。同时期，为 1932 年 11 月创刊，至 1937 年 4 月共 54 期的《中国建筑》杂志担任发行人。

杨锡镠在任《申报 · 建筑专刊》主编期间，建筑专刊每周出版一期，内容主要刊登国内尤其是上海建筑业界最新的建筑新闻和事实评论，刊载建筑设计、营造工程、地产贸易以及建筑材料等方面的内容。这些内容专业性、学术性强，涉及领域全面广泛。其中以建筑设计、历史、理论和技术为主要题材，有介绍近代著名建筑师撰写的、具有相当高专业水平的文章；也有从物理设备、建筑材料角度撰写的技术介绍型文章；有关于国内外建筑行业动态的时事新闻，当然也包括大量建筑产业类广告。为了增加文章的通俗性，专刊主要刊登大量施工中或已竣工的项目的实景照片、效果图、模型等，和一些语言朴实、内容贴近生活的杂文等，以便广大非学术读者的阅读，普及建筑知识。1935 年《申报》的日发行量已经达到 15.59 万份，仅上海本埠就有 5.6 万份的日发行量，《申报 · 建筑专刊》向社会公众宣传建筑学，在扩大建筑师的社会影响方面作出了很大的贡献。

《中国建筑》杂志是中国建筑师学会出版发行的学会会刊。为提倡学术研究，一方面扩大学会的社会影响力，另一方面普及专业的建筑知识，中国建筑师学会于 1932 年成立了“出版委员会”，并于当年 11 月出版了会刊——《中国建筑》月刊。1929 年，经范文照和李锦沛介绍加入学会的杨锡镠，担任了杂志发行人。至 1937 年 4 月止，会刊共出版发行了 54 期。“为谋求学术之研究计筹办出版事宜，为建筑界整个之进展”，会刊旨在“融合东西建筑学之特长，以发扬中国建筑物固有之色彩”而发行，是一份综合性建筑期刊。会刊从第三卷第二期起，由会员分任各期主编。曾在杨锡镠事务所工作的石麟炳就曾经担任过《中国建筑》杂志的主编。“会刊出版的内容由各个事务所提供稿件，事务所之间相互轮换，出稿的事务所无须出资，由学会杂志负责给他们出版，并提供稿费，杂志收益主要来源是广告费。”从以上对孙秉源先生的访谈中，可以粗略了解《中国建筑》运营的状况。杂志并不以营利为主要目的，更多的是提供给各个事务所和相关人员相互交流的平台，以达到学会推动整个建筑界发展的目的。另外，从杂志的内容来看，不同于《申报 · 建筑专刊》普及建筑知识的设定方向，《中国建筑》的读者群主要集中在专业人士之中，杂志在介绍建筑项目上更体现出了专业研究的性质。不仅出版各种实景照片、效果图等，还收集了大量的施工图详图、局部节点照片等。此外，杂志发表建筑和工程等相关专业的技术型文章，对西方建筑研究的理论性文章等，还有各大院校学生作业赏析等。内容信息量大，专业性强，与同时期的刊物相比，《中国建筑》在形式上更具有现代学术期刊的特征，是今天对中国近代建筑历史进行研究的重要史料。

主张使用国货建筑材料

中国近现代建筑在 20 世纪 30 年代到了快速发展期，不仅学术界思维活跃、各家争鸣，建筑市场更是交易频繁。在国人对外来文化的接受度越来越广泛之时，建筑市场呈现出对外货的依赖性越来越强的特征。为了减少国民经济外债的负担，建筑界发起了对国货建筑材料的讨论，并举办了国货建筑材料展览会。杨锡镠作为中国工程师学会的正式会员（1934—1937 年），被学会于 1935 年推定为展览会筹备委员会委员，并任审查委员会委员。杨先生借《申报 · 建筑专刊》主编身份，于 1934 年 9 月先后在申报上发表文章——《怎样提倡国货建筑材料》，并于 1935 年 10 月 10 日刊登《国产建筑材料展览会筹备经过》的新闻。

文章中，杨锡镠提出当时社会上“打倒外货、提倡国货”这样的口号是“喊者自喊，用者自用”，建筑材料这样的“素来不被普通社会关注的大宗外货”，“在进口商品价格名单上，数目却足以惊人”，但由于专业性强，长久以来没能引起足够重视。杨先生首先对国货作出分类，甲类为原料、人工、资本均为国货；乙类为“外货原料，国人资本”，且需在国内制造。而外国资本和外来原料，虽在国内生产，

1961 年，参与北京工人体育馆设计的部分人员合影，后排左六为杨锡镠

1959 年，下放干部在院球场合影（二排左十为杨锡镠）

《中国建筑》创刊号

1961 年 4 月北京市建筑设计院部分工程技术人员在刚刚落成的北京工人体育馆前合影

却不能包含在内。然后还列举了大量的数字和案例，用实证说明了国产建筑材料的使用状况，有力地唤起了业界人士对国货材料的重视。

1935 年 10 月的国货建筑材料展览会正式举办。展会筹备处由中国工程师学会推选的濮登青任主席，莫衡任副主席，杨锡镠、董大酉等五人任展会筹备委员。展会要求各厂出展的建筑材料应“含有工艺技术之性质，得相互比较观摩，以期精益求精”。同时，中国工程师学会“分函上海市商会、中国建筑师学会、上海市营业场业同工会，及中央研究院工程研究所”各部门委派专家代表，共同组成审查委员会，为参展展品品评优劣，颁发证书。

新中国成立后的创作

20 世纪 50 年代，杨锡镠来到北京继续发展他的建筑事业，和前半段在上海的职业生涯不同，杨先生来到北京后，首先要适应的就是两个大方面的转变。

首先，北京作为首都，建筑建设需要政府出面进行调控，建筑活动受到环境的影响。在新中国成立后到 20 世纪 60 年代，一方面由于在社会主义建设中摸索前进，另一方面，由于复杂的国内、国际环境，国家政策出现了多次周期性的调整。如“学习苏联”，“反浪费运动”（1954），作为当时建筑作品的评判标准的“经济、适用、在可能的条件下主义美观”建筑方针的提出（1955 年）。这一段充满变革的时代，对中国现代建筑发展的影响意义重大。

其次，设计体制发生转变。进入北京后不久，在“公私合营”（1950 年）的政策影响下，杨先生由上海时期自设事务所独立开业的身份，很快转化成国营设计院里集体工作者中的一员。截然不同的设计体制下，导致专业分工、设计管理等各方面的工作方式都发生了巨大的变化。北京市建筑设计研究院原总建筑师、一室主任张镈，在《在我院创作实践中的体会》一文中，就曾将当时的设计指导思想归结为“①为什么人的问题是根本问题，不明；②苏联专家和国内学者的论点分歧，不清；③创作的源泉必须来自生活实际，不懂；④误解‘主人’可以个人意志为转移，不解。”如何应对这些问题，是杨锡镠及当时一批建筑师始终在自己的设计岗位上不懈的努力和摸索着。

再次，城市间地域差异的影响也必然要作为一个因素。在当时的北京，处于国民经济恢复时期，学习苏联和探讨民族形式建筑活动成为了两个主要方向。苏联社会主义设计思想具有强烈的纪念性、象征性、装饰性和明显的复古倾向，在思想上强调社会主义形式，扼杀了构成主义。这使中国现代建筑运动的进程重新回到复古和装饰运动上，并伴随着意识形态的影响。此时，以梁思成先生为代表的一批建筑师在北京开始对民族形式建筑进行深入的探讨。他们强调尝试用中国式的建筑语汇、艺术手法和形象风格，作出适合中华民族艺术爱好的作品。如“大屋顶”等具有民族形式的建筑语汇。在民族形式探讨的后期，出现了更为简约的形式，采用以平屋顶为基本体型，在檐下、门窗洞口或是建筑立面上加入中国传统建筑元素或是装饰图案等等，这些都在杨锡镠后期的建筑作品中有所体现。虽然这些民族形式的手法更多的是停留在对建筑表面形式的探讨上，但在这段时期，不论是建筑师个体还是国营设计院，在建筑理论和建筑新材料、新技术、新风格等各方面的研究工作都做得更为深入，使建筑事业得到了很大的发展。

中华人民共和国成立后，全国经济开始复苏，国家建设事业前景看好。为了寻求更多的机会，当年由于战争被迫关掉事务所的建筑师们纷纷准备开始重建新事业。就在此时，一批上海著名的建筑师决定北上寻找新契机。他们来到首都北京，以合资的方式创办事务所。1951 年，以华盖建筑师事务所赵深为中心，汇聚了一群建筑师、工程师，他们以每人出资几百块钱的方式，联合创办了（上海）联合建筑师工程师事务所。杨锡镠受朋友之邀，也在其中。事务所就设在今西单电报大楼的位置，集合了其他 5 个事务所里的 11 位建筑师、3 位工程师。赵深被推为事务所主任，杨先生任驻京办事处主任。其余从业人员包括：建筑师陈植、黄元吉、张谨、李锦沛、张轩朗、罗邦杰、童寯等和工程师蔡显裕、许照等。有趣的是，（上海）联合建筑师工程师事务所虽名曰上海，实体却设在北京；事务所里的建筑师大多来自上海，但在上海却没有设立分部，且在当时，事务所承接的项目不是很多，多是些部队办公楼，不是很具代表性。

但有一点值得一提。1950 年 6 月 10 日，杨锡镠和赵深两人以联合建筑师工程师事务所建筑师兼合伙人身份，作为顾问代表参与了北京人民英雄纪念碑设计讨论会。与会人员还有都市计划委员会的陈占祥，永茂建筑设计公司的张开济等人。会议主要确定了纪念碑的象征意义、外形形式、碑文主题、夜景照明、外交礼节、游人观览习惯等各方面设计的细节问题。虽然关于这次会议，杨锡镠具体做了哪些发言和发表了哪些观点，我们并未得知，但能够参与到国家核心工程的讨论会中，说明杨先生已经在业界获得了很高的认可。

1952 年 5 月，私人事务所被国有机构收归，最终所有人都被分配到了国有的北京市建筑公司（今北京市建筑设计研究院的前身），杨先生也是其中一员。至此，杨先生开启了他事业上的一段新旅程。

至 1953 年 4 月，北京市建筑公司已经更名为北京市建筑工程局设计院，李公侠兼任首任院长，沈勃任副院长，职工总数已达 410 人，在原有 3 个设计室的基础上，成立了专门从事科研工作的研究科（试验科）。

此时，杨锡镠刚刚到任，职务为第三设计室总建筑师兼室主任。三室的主要项目是文体类项目，这和杨先生擅长体育，喜欢运动的特点相契合。此外，杨先生还担任中国建筑师学会第一至四届理事（1935.10，1957.2，1961.12，1966.3）。1955 年，院务会议决定成立标准设计室，开始民用建筑标准化设计工作，由朱兆雪总工程师任主任，杨先生和张开济总工程师负责住宅和建筑配件的指导工作。杨维迅先生在访谈中也有提到这一点，他回忆当年杨和很多老同志一起参与国家标准化编制的工作，他们的成果汇合起来，最终被华北标办、北京标办所采用。在这段时间，和杨先生同在三室工作的同事有一直跟随杨先生的孙秉源、秦济民、陈蔚、付义通、熊明，做过很多工程、经验丰富的刘开济（天津工商学院）、朱宗彦、许振畅，三室专配结构方面人员有俞锡康。在三室，杨作为总建筑师主要负责的项目有北京太阳宫体育馆（1955 年，今北京体育馆）、中国科学院物理所（1954）、北京陶然亭游泳池（1955）、网球馆（1959）、北京工人体育馆（1961）、北京红领巾湖室外游泳场、北京展览馆剧场加顶改造（1958）、北京市工人俱乐部（1955）、苏联大使馆（1957）、航空学院、北京医学院、朝鲜大使馆、北京半导体厂等等。杨锡镠在此期间内，还曾连任第二、三、四、五届北京市人大代表。

创作末期（1964—1978）：建筑创作的停滞

20 世纪 60 年代中期，建筑的发展进程陷入停滞，杨锡镠从建筑创作逐渐转向了建筑技术研究，进入到建筑事业的末期。

1964 年 5 月，老院长沈勃调入北京市规划局，65 岁的杨锡镠和几个总工跟随老院长一起进入规划局工作。规划局主要负责全市工程的审定和讨论，审核各大设计院做的项目，贯彻规划意图。这些工作比以前范围更广，更宏观。“文革”后，调入规划局的所有老员工又都返回到设计院（当时已更名为北京市建筑设计院）原来的岗位上继续工作，但也不做具体的技术工作了。

1966 年，杨锡镠开始了他在北京市建筑设计院的第二段工作。由于“文革”影响，各室的项目不多，仅有些住宅设计等，而且通常是院里的人直接到建筑公司、工地上画图。据杨锡镠之子杨维迅先生的回忆，杨先生一直到 1978 年于北京离世之前，并未正式退休，但也基本上没再做什么项目了。

杨锡镠创作的再认识

杨锡镠建筑师的设计生涯始于 20 世纪 20 年代，终于 70 年代，经历了国家社会性质上的转折和自身职业环境的变化。这段时间诞生

北京建院 20 世纪 50 年代所建的办公楼

了近现代建筑师这一职业，产生了中国近现代建筑设计思想，在民族形式和现代主义设计转型过程中始终进行着反复的讨论。

1. 两种设计风格的杂糅：民族形式与装饰艺术风格

杨锡镠建筑师的建筑生涯是中国近现代一批职业建筑师经历的典型代表。他前半段在上海的建筑创作，在以民族形式为主要创作手段的各类建筑设计中手法大胆而创新；而在以现代风格为主要创作手段的各类建筑设计中，大量运用装饰艺术风格以体现现代性。民族形式的运用不仅仅是一种出发于民族意识的物质符号或精神象征，更是着眼于将中式古典元素植入，对功能进行呼应，推敲各个构建比例对美观的影响。如大都会舞厅，采用中式八角亭式的建筑风格以探讨为娱乐功能赋予官式建筑上的可能性，打破中式礼制等级森严的建筑秩序，摸索将古典主义的建筑形式服务于以中心为上的集中式现代舞厅功能建筑之中。再如上海商学院，不仅将中式殿堂直接完整地插入建筑之上，还将殿堂的立面作出了适应功能的大胆改动，使得中式元素的植入更具功能意义。另如鸿德堂，与前两个案例的手法不同，是将中式元素植入西式教堂功能的建筑。杨锡镠在设计上并非完全照搬中式梁柱体系，反而运用了与西方古典主义时期柱式体系相呼应的形式，违背了中式建筑建造逻辑清晰的严谨性。在另一类体现现代主义建筑风格的作品中，杨锡镠在创作上更加强调建筑的时代感，大量运用当时风靡于上海的装饰艺术风格的手法，讲究建筑的形体感和象征性。如百乐门歌舞厅，坐落于路口转角的建筑用位于交叉点上高耸的灯塔强调建筑焦点的体量感，从开窗手法到照明的运用都在呼应竖向的线条感，是装饰艺术风格的典型特征。再如南京饭店，在立面设计中将凸出的阳台作为装饰的元素，丰富立面的凹凸关系，层层退后的手法和立面竖向的线条都是装饰艺术风格的表达。

在杨锡镠后半段北京的创作生涯中，受思想潮流的影响，在手法上更多地将民族形式设计运用于大型建筑中，这一时期的建筑创作在设计风格上较为单一，更多是注重功能安排的合理性与建造中的节约性。如同中式牌楼入口的北京体育馆，摒弃了民族形式在其功能发展上的讨论，反而回复到了对装饰意义和象征意义的表达。对视线疏散和比例尺度等问题的研究工作，还使杨锡镠在建筑设计研究方面有所建树。

2. 职业生涯的双重身份：工程师与建筑师

杨锡镠的职业生涯起始于南洋大学土木工科的教育经历，最初是以工程师的身份进入业界的。出于对美学、绘画的爱好，经过建筑设计的自学和研究，他摸索着成为一名职业建筑师。他是中国工程师学会和中国建筑师学会的会员。

双重的身份，让他在自设建筑事务所时便于招募结构设计人员，并可以独立完成建筑与结构两部分的设计工作。在后期的设计院工作中，由于他具有结构专业的基础优势，在大型建筑设计的结构选型方面有着很好的设计构想。如北京展览馆剧场加顶工程，圆形穹顶屋面下用钢结构体系支撑；北京网球馆的双曲屋面采用混凝土材料，同时需考虑采光照明等问题；北京工人体育馆的双层悬索屋顶，不仅对采光照明有设计要求，还对屋顶的荷载、结构等方面进行了相当细致全面的分析研究。虽然在国有大院的设计体系中，各方面专业人员齐全，但杨锡镠的双重专业背景和扎实的功底，使得他可以胜任这些结构设计选型要求很高的项目方案设计，并在国有大院这样人才集中的地方保有一席之地。

3. 不同体制下的设计经历：自由职业建筑师与国有设计院里的总工

从上海来到北京后的杨锡镠，经历了从独立开业的建筑师到成为一名国有设计院总工的转型。20 世纪 50 年代初，在城市发展建设任务繁重的形势下，国家关闭了具有私营性质的设计公司和事务所，将其从业人员统一集中调配到新成立的国有设计院。这些国有设计院从内部按照不同专业类别分配设计任务，并下设各个室、所以及相关的研究部门。和上海时期独立开业不同，在国有设计院里，杨锡镠必须要适应从独立设计转变成以专家为首的集体创作的工作方式。因此在设计院的工作中，杨锡镠多以指导的身份参与各个项目中，把控大的设计方向和对尺度细节的调整，并且参与设计之外的研究工作。

代表作品

百乐门歌舞厅

百乐门歌舞厅（下称百乐门）建成于1933年，由杨锡镠设计，陆根记营造厂承建，业主是商人顾联承。百乐门采用了现代建筑设计手法，造型别致，装饰考究，曾被称为“远东第一乐府”。杨先生在这个项目中叶倾注了很多的心血，正是这个项目将他的事业推向了辉煌。

百乐门位于今天的万航渡路（当的极司非尔路 JESSFIELD ROAD）、愚园路交汇处，地处公共租界边界。百乐门建筑高3层，占地面积930平方米，建筑面积2550平方米。因地价高昂，首层考虑沿街店面出租，沿愚园路二层以上做宾馆客房，客房部分在建筑西边设有单独出入口。沿万航渡路一侧，首层内部设

百乐门歌舞厅现状

置厨房后勤，以供宴舞厅大规模客流使用，二层为舞场，三层为楼座。

规模可变的舞厅设计

在舞厅规模方面，吸取前大华饭店的经验教训：舞厅虽设计得豪华备至，不仅设有舞厅，还设有酒吧间等辅助设施。在舞厅规模方面考虑上，“平日规模宾客满座，到周末人数倍增之时又拥挤不堪；若按周末人数考虑，平日里又显寥落寂寞”。因此在室内布置上，杨先生将动态的宾客规模与静态的室内环境结合考虑，使之相互协调，这成为百乐门在设计上获得成功的关键因素。

现代化的建筑技术

在结构上，舞厅若按当时常规的钢筋混凝土做法，需在楼座下加支柱，且舞厅 20 米的大跨度结构不好处理。考虑到尽少设置支柱，因此采用了当时属先进结构技术的钢结构，由慎昌洋行建筑部工程师冯宝龄担任设计。最终舞厅内部没有一根立柱，这在当时上海众多舞厅中并不多见。

在换气方面，百乐门也采用了当时一流的技术。采用从屋顶上设置送风口，经蒸汽热管逼压使新鲜空气进入舞厅之内，地板四周有吸气口，将浊气排出室外。制冷和采暖的换气设备合二为一，设备采购于国外，每 10 分钟舞厅内空气便可完全更换一次。

百乐门最具特色的照明便是位于建筑转角处的灯塔。舞厅内部装有近 2 万盏可自由调节亮度的电灯，让室内流光溢彩。据说当年灯塔

百乐门歌舞厅沿街立面现状

百乐门歌舞厅旧影

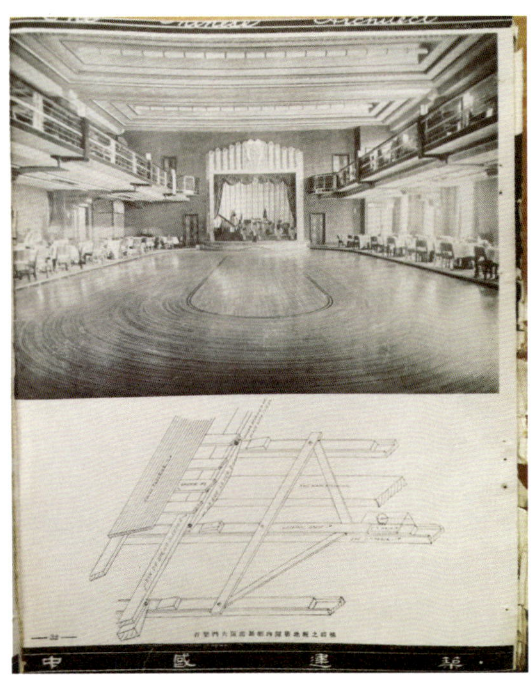

中國建築

民國廿三年一月　　第二卷第一期

百樂門之崛興

—1—

中　國　建　築

《中国建筑》上刊载的百乐门歌舞厅文章

上可以显示出宾客的车牌号，这样就可以让等在外面的车夫提前做好准备，很是先进。还有从英国进口的安全灯 40 盏，即使供电中断，也可指引宾客退出场外。

新潮的建筑材料

在建筑材料考虑上，杨锡镠提倡国有材料的使用。在建材和装饰上，以本国材料为首选，次之为在本国加工的外洋材料，最后不得已情况下才选择进口材料。百乐门宴舞厅项目，选材之上乘，种类之繁多，在杨先生之前所做的项目中并不多见。其中有来自全国不下 10 种国产材料，如百乐门首层的墙垣是用山东特产花岗石砌筑而成的。还有来自美、德、奥、英、捷五国的进口原料，如冷热换气设备、室内陈设器皿等，且多数材料为在上海的首次采用。百乐门中的楼梯扶手均为钢材，设计处理得极为美观精细。

独具匠心的设计艺术——玻璃地板和弹簧地板

百乐门歌舞厅的地面设计也是独具匠心的。舞厅中央地面采用弹簧木地板。杨锡镠本人也喜好跳舞，一方面了解了跳舞者的经验，一方面也有自己的亲身体会，因此，在杨先生在设计弹性地板时，更多的是需要凭借自己的构想和对材料一次次的试验，从而设计出弹性地板。在因钢制弹簧的局限性过多而被否定后，杨先生选择利用杠杆原理，将不均匀的受力传递给由一圆轴支撑的两端悬挑的地板块上，地

百乐门歌舞厅门厅现状

板微微颤动，一方面可以给予舞者反力，一方面可以消减受到的力，弹簧地板一出，随即受到舞者的欢迎，成为百乐门一大特色，也成为百乐门中“在华尚属创见”的又一案例。

装饰艺术风格的设计展现

百乐门歌舞厅在建造时代上，正处于 20 世纪 30 年代装饰艺术风格盛行的时代，这种风格不仅在国际上流行，同时也影响到了国内建筑界。百乐门建筑强调整体竖向线条感，在照明设计方面也尤为突出，主入口上方设置的灯塔就可以看出是装饰艺术特征的典型代表。灯塔在室内并没有很具体的功能，在此处更多的是考虑了建筑的立面和体量效果。顺应地势，建筑沿两条相互交叉的道路汇聚到路口。在路口位置的建筑体量成为重中之重。焦点处立面上，窗的节奏被竖向的线条打破，消隐了层数的概念，转而更强调高度。建筑中间拔高，两端低落，将视觉重点吸引到中间的灯塔上。灯塔又更具有透视的指向性，在体量上逐层收缩，在视线感觉上更加提升了建筑的高度。

北京体育馆沿街立面旧影

北京体育馆

北京体育馆建成于 1955 年 10 月，是我国第一座大型综合室内体育馆，原为中央体委办公地，现为国家队训练基地。体育馆建成时亦称中央体育馆，位于龙潭公园的西北角，场地周边规划集合了田径、球类、跳伞、射击等众多室外项目的运动场地，是北京市为数不多的一块面积较大的体育运动集中地。

北京体育馆项目的业主是国家体育总局，要求体育馆要考虑公共性、国际性，是杨锡镠来到北京后接到的大型项目，杨先生为此非常重视。工程自 1953 年 12 月开始设计，1954 年 10 月至 1955 年 10 月施工完成。体育馆由 3 部分组成。居中为一能容纳六千观众的室内球场；西边是一座能容纳二千观众的室内游泳馆；东边是室内球类等其他体育活动的练习馆。

从方案设计到施工建成，在这一阶段，国家确立了“经济、适用、美观”的建筑方针。通过杨先生在《建筑学报》杂志上发表的《北京体育馆设计介绍》一文可以看出，当时的这个政策对杨先生具有很大的影响。文中不仅对方案本身作出详细的介绍，还对项目建成后在使用中暴露出的缺点进行了大量总结与批评。这些批评主要涉及两方面的原因，一方面是出

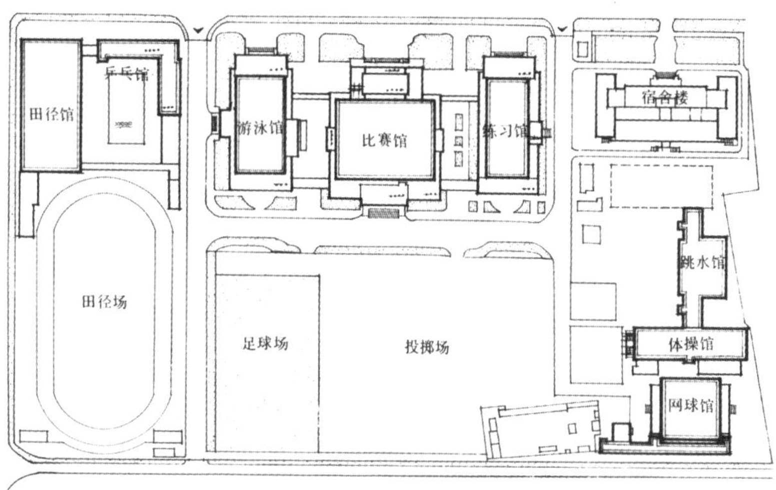

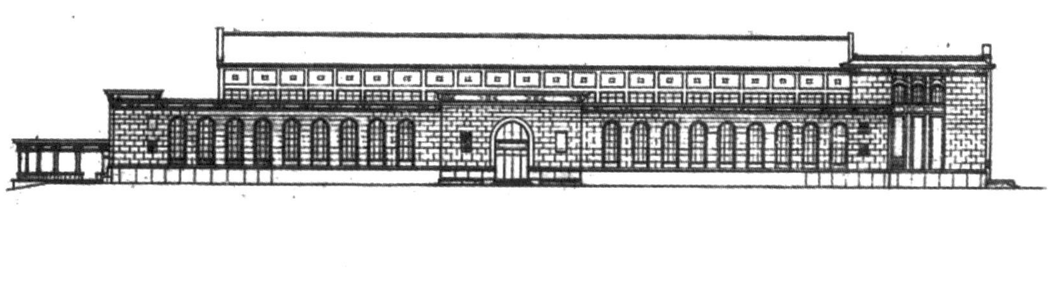

北京体育馆图纸

于对外观形式化的考虑，比如连接 3 个部分的连廊等；另一方面是设计资料和经验的不足，比如入口门厅面积过大等。当时国内的体育建筑设计非常落后，没有行业规范，仅由建筑师凭借经验估算数据，实际建成的项目不多，参考性也不大。虽然在当时，杨锡镠先生对于各方面“浪费”的问题斟酌再三，作出了必要的修改，但从最终的结果来看，不论是从民族形式的角度出发，还是从功能出发，北京体育馆的设计是杨先生在中华人民共和国成立后所做项目中，能够反映杨先生本人设计思想最具参考力的一个案例。

比赛馆北立面主入口的设计，运用了作为中国传统建筑构件的柱子、梁、雀替等装饰元素以及仿古花纹装饰，设计构思来源于古代牌楼。比赛馆有 3 层，立面对称，从左至右分为 3 部分，中间利用立柱、外廊、大面积的拱门等元素的处理，与左右两边形成虚实对应。建筑为平屋顶，中间主体部分屋顶用锯齿形的装饰影射古屋顶瓦当的形象，左右两部分屋顶较低，采用简化了的坡屋顶，檐下有檩条等装饰，手法简洁。中间主体部分在体量和空间上均富有变化。底层用 4 根立柱分开 5 拱券门，立柱于 2 层作为外廊的支柱，围合出灰空间，外廊

北京体育馆体操馆

北京体育馆游泳馆

北京体育馆比赛馆

栏杆扶手均用中式建筑素材，包括栏板、望柱等，顶层退后，为立柱的收头退让出空间，完整地表达了立柱的体积感。在细节的处理上，立柱下粗上细，高大挺拔，由立柱强调了整个立面的透视效果，突出了建筑的国际意义。在整个立面的处理上，立柱虽然只是装饰元素，未有实质的受力关系，但立柱与 1、2 层以及 2 层顶部的屋檐在视觉关系的表达上，完全符合受力关系，并且建筑师将顶层后退，让位于前面的立柱，完整地将这种装饰成的受力关系表达了出来。可以看出建筑师在设计各个装饰元素时，比例拿捏得当，设计思路清晰。用突出传统构件的方式，表达了对民族形式的探求。虽然在当时社会，大众普遍认为这样的模仿“有烦琐凌乱之感”，但值得庆幸的是，正因为这些元素得以保留，能够让我们清楚得看到像杨锡镠这样的老一辈建筑师在当年对民族形式所做的探索的进程。

北京网球馆

北京网球馆建成于1959年，位于北京体育馆基地东南角，是一座单层正方形建筑，是北京市设计的第一座符合国际网球比赛标准的室内网球场。网球馆在设计上需考虑多功能综合性要求，即除了网球训练及比赛使用，亦可作为篮、排球练习比赛场馆。功能的不同导致使用方式上的差异，要求也不尽相同，这就要求建筑师要对各种球类运动的特点做到了如指掌，才可以设计出在各种运动场合下，令运动员和观众都感到十分舒适的场馆环境。

由于在当时网球运动并不十分流行，为其建立的室内场馆则更是绝无仅有，因此设计资料稀缺，参考案例又大都难于进行实地参观，参考性也非常有限。因此在设计上，杨锡镠和他的团队几乎是从最基本的试验研究做起，寻找到最合适的方案。

在结构选型上，为保证结构设计合理，他们还对网球球体运动路线进行了研究。根据球体运动抛物线线形，得出室内空间高度要求最高的地方正是球场正中间的位置，趋向四周要求逐渐降低。在结构的处理上，屋顶采用纵向拱形的结构，中间薄、四周厚。

在座椅安排上，经过资料查证，网球场由于球体小、速度快，一般不在场地两端头设观众席。但由于馆内功能多变，如此设置肯定不便。为顺应不同的变化，设置了从几百座到几千座不等的活动看台。同时为了提高使用效率，网球馆在平时训练时设置两个球场，比赛时改为一个网球场。当平日场内设有两个网球场地时，可容纳400个座席；若赛时改为一个球场，

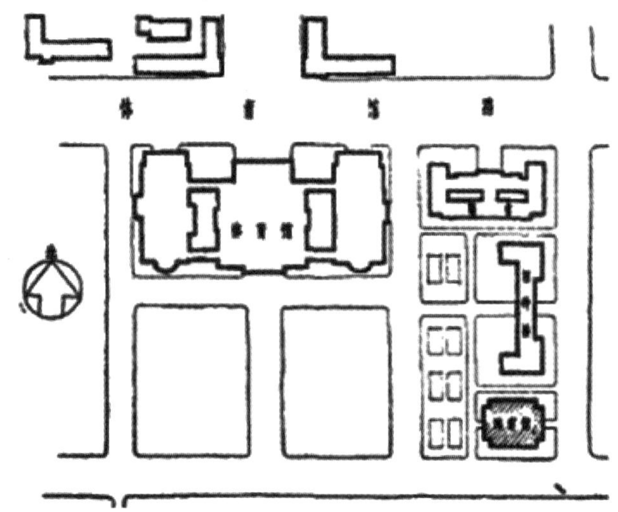

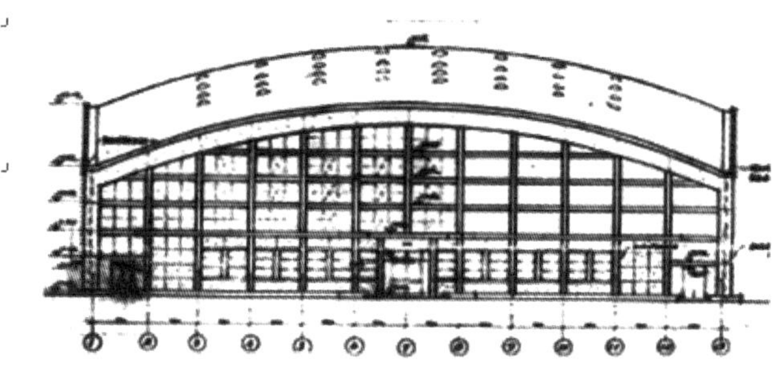

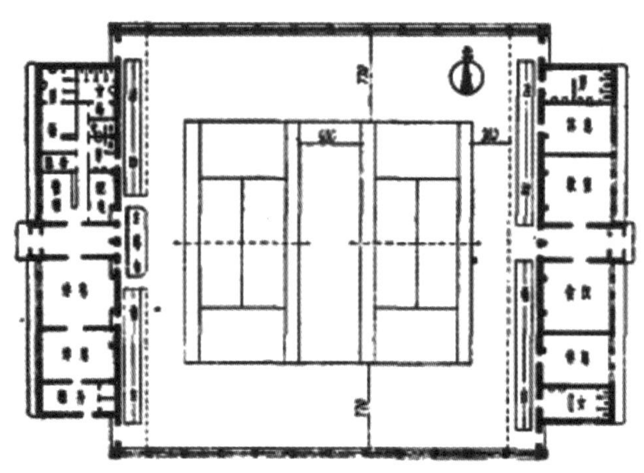

网球馆图纸

则两边可容纳 2000 人；若进行篮、排球比赛，四周均可设置看台，可扩大到容纳 3000 人左右。如此设计，对网球馆的利用率有了很大的提高。

在采光要求上，由于场地上球类运动项目多为双方对抗性项目，运动方式较为统一。因此在采光的设计上，考虑屋顶开侧面天窗获得自然采光，在端头光线减弱以免眩光。屋顶纵向拱形的结构正好满足了这一要求，为自然采光创造了良好条件。人工照明方面采用在屋顶安装照明灯的方式，因此形成了屋顶上的一个个凸起，具有一定的装饰效果。

值得一提的是，北京网球馆的屋顶采用整体现浇的钢筋混凝土双曲扁壳形式，跨度 42 米 ×42 米，比北京火车站中央大厅屋顶跨度还长 7 米，是当时我国跨度较大的壳体结构。

网球馆手绘效果图

北京工人体育馆

北京工人体育馆设计始于 1957 年，建成于 1961 年。工人体育馆为圆形，屋顶采用悬索结构，建成后举办了第 26 届世界乒乓球锦标赛。在方案阶段，北京院组织了方案设计评比。起初杨锡镠提出的是一个类似苏联展览馆的钢结构方案。由于当时国家的钢材有限，建筑跨度又很大，钢结构不论是做屋架还是拱顶，想要做到在钢材上节省资源，又保证建筑上获得最好的使用很难，与熊明提出的悬索结构方案相比未能满足要求，最终没能被选用实现。熊明的方案的最初构想来自 1958 年比利时世博会美国馆。该馆是一个透明的圆形建筑，直径 104 米，柱高 22 米，屋顶采用圆形双层悬索结构。熊明将这一圆形悬索结构的展览建筑构想放在了跨度接近 100 米的体育馆建筑中，作为当时的青年建筑师，这一做法可谓很大胆的创新做法。圆形的体育馆在中国尚属首例，并且在体育建筑中采用大跨度的悬索结构，在当时也是非常先进的技术。此方案一经提出，便获得大家的认可，也得到了杨锡镠和结构总工程师朱兆雪的赞成。虽然方案是熊明先生提出的，但他也指出，在整个过程中，“杨先生对各种运动的体育规范，各种空间、尺寸、高低，各种设备的规则标准，他都了解的比较多。在工人体育馆的设计上，杨先生给我了很多的指导，包括他成功的和失败的经验”。

在屋顶结构设计上，室外要考虑承担雨雪风和地震等等自然力的影响，室内还要有保温、照明、音响和空调等器材的拖挂要求。所以需要结构方面重新进行设计和计算。最终采用的是双层悬索，中间有个 11 米高的钢桶，上下两层悬索承受拉力，可以做到稳定而坚固。

在工人体育馆的视线设计上，杨锡镠对这类建筑的视线研究进行过很深入的探讨，提供了很多宝贵的经验。视线包括两方面，视觉质量和视线。视觉质量包括方向，如长形的场地，侧面的视觉质量最好，但若采用透明栏板，端头的位置就可以观看运动员上篮、扣篮等动作，也可以安排座位。视觉质量还包括一个视距，即距离的远近。视线则主要强调两点，一点是无障碍，后面人的视线要能越过前面人的头顶;第二点是半无障碍，即座位错位排列。但此类适合影剧院，不适合场地活动范围大的球类运动。篮球、足球场这类座位应设计为全无障碍。

在看台设计方面，层高的设计也经过了同样的思考。虽然这方面资料目前很难查到，但在访谈中，熊明先生关于这一点说得却很详细。

北京工人体育馆顶部构造

北京工人体育馆入口局部

“他阐明了怎么选用视觉差，就是指后一个人的视线与前一个人的头顶的高差。计算公式不一定是他创造的，但他运用得很熟练。他还有一套简单的算法，方便选择视线、高差、设计的视点，甚至还编辑成表册，调整座位高低等等的曲线，一下就可以查到。”看台层过高会让人觉得不安全，层高小又会遮挡视线。前面看台较缓和时，台阶之间距离不大；后面较陡时，需在台阶之间设置踏步。“看台每个台阶之间的进深和高差、放多少个踏步，杨先生都计算得非常细致、全面、透彻。”当时国内也没有规范，杨先生仅凭借一些相关资料，自己研究出的一套速算方法和表格，可以直接套用各个参数。“直到现在，北京所有的体育建筑，都是用的是他这一套方法。”这个表格现在没有了，但是这套算法，很多时候都还在用。

杨锡镠生平

1899 年	出生于苏州吴江县（今吴江市）桃源镇
1922 年	毕业于南洋大学土木工科
1923 年—1925 年	上海东南建筑事务所任工程师
1924 年—1927 年	与缪凯伯、黄思强合办凯泰建筑事务所
1927 年—1929 年	于广西梧州出任省政府物产展览会筹备处建筑科长
1928 年 1 月	上海特别市工务局登记
1929 年	回到上海　经范文照、李锦沛介绍加入中国建筑师学会
1929 年—1937 年	自设（上海）杨锡镠建筑事务所，从业人员有建筑专业：孙秉源、俞锡康、白凤仪、石麟炳、萧鼎华、曹星五；结构专业：王进、费霍兼任（上海）沪江大学商学院建筑科教师
1930 年	任中国工程师学会执行部总务
1930 年 10 月	实业部登记 1932 上海市工务局登记技师（建筑）
1934 年	任中国建筑学会书记　任《中国建筑》杂志发行人　任《申报·建筑专刊》主编
1934 年 1 月	发表《弹簧跳舞地板之构造》，《中国建筑》，2 卷 1 期
1934 年 9 月	发表《怎样提倡国货建筑材料》，《申报》，1934 年 9 月 11 日、18 日
1934 年—1937 年	中国工程师学会正会员（土木）
1935 年	由中国工程师学会推定为国货建筑材料展览会筹备委员会委员，并任审查委员会委员
1937 年	杨锡镠建筑师事务所关闭
1946 年 10 月 5 日	中国建筑师学会候补理事（上海）
1947 年 5 月	南京市工务局建筑师申请开业登记
1948 年	复入（上海）凯泰建筑师事务所（1947 年，注册甲等开业资质，合伙人：黄元吉、钟铭玉）
1949 年	上海市建筑技师公会会员
1950 年	中国建筑师学会登记会员、理事，担任中国建筑师学会第 1—4 届理事（1953.10，1957.2，1961.12，1966.3）

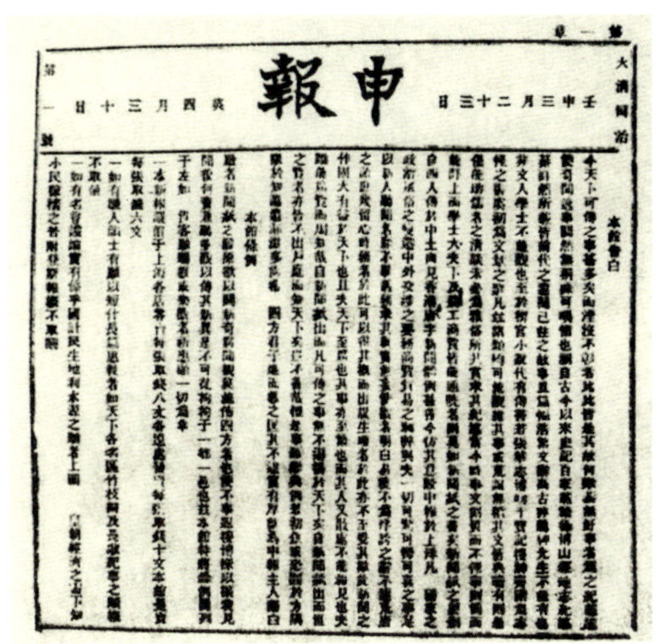
申報

本館告白

本館條例

《申报》创刊号（1872 年 4 月 30 日）

1951 年 9 月—1952 年 5 月	任（上海）联合建筑师工程师事务所建筑师，参与了北京人民英雄纪念碑设计讨论会（1950.6.10）
1952 年 5 月	北京市城市规划管理局设计院（后北京市建筑设计研究院）任总建筑师兼三室主任
1955 年	进入北京市建筑设计研究院标准设计室，进行住宅建筑配件标准设计研究
1955 年 4 月 1 日	发表《北京体育馆设计介绍》，《建筑学报》，1955 年第 3 期
1957 年	发表《北京陶然亭游泳池设计介绍》，《建筑学报》，1957 年第 9 期
1961 年	发表《北京网球馆的设计》，《建筑学报》，1961 年第 4 期
1964 年 5 月	调入北京市规划局北京市人大代表
1966 年	调回北京市建筑设计院
1978 年	于北京去世

北京市建筑设计研究院孙秉源访谈录

采访时间

2001 年 5 月 25 日

采访人

彭述

受访人

孙秉源

我大约在初高中年纪时在私塾读书，后来上海浦西那边有了夜大，就到夜大读书。夜大是两年制的，晚上六点到九点上课，白天都在事务所里工作，边读书，边工作。那时读沪江大学是在进入杨锡镠事务所以后的事情，之前也没学过建筑学，是经人介绍去的事务所，我 1929 年时已经在杨锡镠的事务所里了。杨锡镠先生是 1928 年开办的事务所，所以几乎是他刚一开业我就去他事务所里工作了。

事务所成立后，杨锡镠先生最大的工程就是百乐门歌舞厅，但也不是他一开始就有的，要到 1934 年左右了。还有一个是南京饭店，在上海的山西路，还有一个临时法院，在浙江路，这几个都是比较大的工程。商学院后来在淞沪抗战时期被毁了。商学院大概在 1935 年左右完成，事务所 1937 年抗战开始就关闭了。

百乐门歌舞厅现在是上海市文物保护单位，它旁边是个旅馆，L 形，转角的地方是圆的，有个塔伸出来，底下是商业。这个就是杨锡镠设计的最有名的一个建筑。

建筑一共有 3 层楼，2 层楼是弹簧地板，长方形的舞池，3 层楼是一圈廊子的，看得到 2 层的舞池，进楼的地方全退台，挑出一块半圆的，实际上是圆形的，一半挑出，一半是在里面的玻璃地板，一寸厚，大概 2.5 厘米，是磨砂面的，隐约看到下面，底下有灯，架空的部分是钢结构，就在上面跳舞。就是二层是弹簧地板，三层是玻璃地板，都可以跳舞。

杨锡镠事务所里的建筑师除了我以外有余锡康，还有萧鼎华，他是东北大学毕业的，后来到北京实习，然后就到了杨的事务所，在中华人民共和国成立前夕去了台湾。还有石文炳、曹星五。这几个人在事务所里是做建筑的。结构这边，有一个特邀的，是杨姐姐的儿子，也就是杨先生的外甥，叫费霍，毕业于苏州工专，他们是一家人。还有一个叫王进，是复旦大学土木系毕业的，学结构的。水电专业的没有，在招标时有专门的水电行承包。我们建筑图纸里不涉及，厨房厕所位置布置好，摆什么东西我们就不管了，由水电行的人员去配。基本上每个事务所都没有水电的，有时候建筑事务所连结构也没有。

杨锡镠的工程我是自始至终全部参与了的。他是主持人，方案和施工图通常混在一起，他也画一些，不过很少，他也出详图，没有老板的架子，自己能动手的，他事必躬亲的。当时都是用铅笔的，不上墨线（INK）。上墨一般讲要用蜡布，就是在麻布上面上一层蜡，画在上面，那就比较讲究了。铅笔的图也可以代替蓝图。我们用的是两种硫酸纸，一种是 DETAIL PAPER，一种是 TRACING PAPER。TRACING PAPER 就是描图纸，很薄很软，DETAIL PAPER 是用来画大样详图的，不是很光，有点毛，毛了反而好画，画得很清楚。没有什么上墨的，上墨的少，上墨的时候也很讲究的，不是像现在线条画出头用刀片刮掉就行的。

杨先生还做过《中国建筑》的发行人，是中国建筑学会的，不过那个我不参与，我刚讲过一个石麟炳，他是建筑学会里委任给杨锡镠办这个杂志，然后杨先生找到了石麟炳。石麟炳也是东北大学（毕业的），他和萧鼎华是同学，两人一起到上海编辑中国建设表。杨先生也不算是兼职做杂志，他那时是建筑学会里的正书记，相当于现在的秘书长。也不能算是负责人，主要都是范文照、赵深他们第一代建筑师，我们都没参加学会，没有这些活动，这都是他们学会的任务。关于 1934 年还做过《申报》的建筑专刊主编这事我不知道。他就编辑《中国建筑》月刊，每个事务所提供稿件，轮到哪个事务所，哪个事务所出稿，他们给出版，提供稿费，事务所不用出钱，杂志收益主要来源是广告费。

决定来北京是中华人民共和国成立后，那时私塾学生没有活儿干了。原来有很多公司到上海来招聘，招聘一些技术人才，后来都没有招私塾学生的了。有几个建筑师像赵深、陈植、庄俊、黄元吉想找出路，到北京来，合伙开事务所，叫联合建筑师事务所。就在长安街电报大楼那边，现在大概也没有了。上海有名气的几个建筑师都来了，每个人出了几百块钱，是合资的方式。杨锡镠也出了，他是联合建筑师事务所驻京办事处的主任，在上海并没有分部，都是上海建筑师到北京开的事务所，包括赵琛、陈植、童寯、黄元吉，还有张谨、李锦沛，没有范文照。

当时事务所就在现在电报大楼位置附近的一个小屋里，叫联合事务所。他们成立的时候，我是在华东建筑事务公司，就是现在的华东院，在九江路，现在还是在那。那时我工作以后分到汉口，在汉阳沙场搞设计，一班人来了七八个人。杨先生知道我在汉口，就给我写了封信，叫我过去，后来我结束了汉口的任务，回到上海就辞职了，来到北京。联合事务所在做部队的一个任务，在西郊八宝山那边，复兴门外大街的一个办公楼，当时挺忙的。在北京院还有一批元老比我早，1949 年有一批，我要稍微晚一点。我进了北京院就一直到现在。

我 5 月份就去了北京建院，杨先生比我晚一点，到 7 月份还是 9 月份才到的。他在东北沈阳有一个项目，是个科研楼，是联合事务所接的。他工作完成了，然后北京建院就把人员全部留下了，也把家属接了过来。在联合事务所，从 1949 年到 1952 年也没有什么代表性的作品，搞的部队办公楼，就是 2、3 层的。

中华人民共和国成立后，杨锡镠在北京建

院做了工人体育馆和虎坊桥工人俱乐部，这个做的挺好。20 世纪 50 年代左右做的，还有北京体育馆，这个工程是我主持的。工程很大，北边有游泳馆，南边有练习馆，当中是体育馆。施工的人不多，体型很大，钢结构，钢构架。工人体育馆，也叫乒乓球馆。就是圆的那个，中间是悬索的，也是我主持的，用的是杨先生的方案。当时我们尝试着做方的、长方的，他坚持用圆形的，适合功能要求。跨度好像是 100 米，当时在世界上也是最大的。用的是双层悬索结构。上边拉，两边拉，一个圆心拉。我是主持，杨是主任，熊明是设计人。杨先生做方案，我做主持人，熊明是设计人，他在我组里，我是组长。杨是室主任，也是总工，当时没有总工这种叫法，是后来才有的。我们一共有 4 个组，我是 3 组的组长。我是正组长，傅义通是我的副组长。在杨锡镠还没来的时候他和华揽洪在搞儿童医院。当时我是就组长了，画图的人也有一个班子。付义通也在帮我，他很能干的。我是杨的学生，一直以来，他是比较注重培养我的。

比较大型的还是北京体育馆。杨先生在上海解放前做的工程都很时尚，真正经典的东西很少。到了北京以后，做了些经典的东西，但不是烦琐的。那个时候，我们讲经典是指中国的传统（相比于西洋式），是中国的东西，形似。到了北京正好赶上民族形式，中国的民族形式是最好的。北京体育馆讨论方案的时候，开始没通过，陈占祥也参加了，他认为这个方案好，他就一直支持，最后就通过了。北京体育馆包括 3 个馆，练习馆、游泳馆、比赛馆。原来是两个馆，游泳馆、比赛馆，后来加的练习馆。没有大的特点，就是外形上看是一体的，但是里面是分开的，中间是用廊子连接起来的。四面看起来是一样的，实际结构上三个是独立的。它的入口在后面，就是贵宾区、入口、休息厅。这个地方有两个廊子是假的，不连通，另外两个连通。假的处理就是为了体型的需要，在内部不是很匀称。这是北面，南面有行政办公什么的。做方案的时候，杨做了平面场地布置，其他的没有。比赛馆里的结构做了大的三角拱铰接，中间是一个活性连接，跨度 76 米，结构工程师是虞家锡。现在这个体育馆还是叫北京体育馆，在天坛边上没变，就在天坛东门大街。

当时设计很复杂，会碰到很多问题。比如说游泳馆跳水池，有 3 米、6 米，水深多少啊，这些问题都是有规定的，是技术问题。没有规范，就是有一本国外的书：*TIME STANDARD*，一本美国出的书，建筑师手册，就是参考资料。我们国内还没有标准，就是后来有了建筑设计资料集，*GRAPHIC STANDARD*，在上海办公室里就有了。这两本标准，*GRAPHIC STANDARD* 完全是构造方面的，完全是图，没有文字，构造详图。*TIME STANDARD* 是设计的规范和标准，有些文字的东西。都是美国出的。国内的资料集是林乐义编的，编了很多年，编了三本。那是最早的一批我们的资料集，做北京体育馆的时候，我们还没有呢。

除了北京体育馆和工人体育馆，杨先生在北京最早的还有一个航空学院的项目。是个保密的项目，要经过专业审核的。红领巾公园的项目我不知道。还有一个先农坛体育场。先农坛体育场是没顶的。现在还在。还有一个在先农坛体育场西边，陶然亭游泳池，那个很简单，原来有个体育场，是个改建（项目）。功能上就是更衣室、门房管理什么的。没有什么多的

2010年探访百岁老人孙秉源（左三），左二为杨锡镠之子杨维迅

东西。那个游泳池很大的。好几个池子，露天的。东边的一个室外游泳池。中华人民共和国成立后做了很多体育场建筑。还有北医一个行政楼，公共卫生楼，杨是总工，但是没有主持。航院的那个是杨主持的。“八大学院”，航院是他负责，他是主任。航院那个区域里有很多楼都差不多。很多考虑的不全面，一个平面一个锅炉房，太散了，应该是集中的，没有一个中心锅炉房。但航院那个楼梯蛮有意思的，檐口比较平，楼顶做的缓坡，在下面看不出来，像是平屋顶，入口一圈斗拱，我看到当时做图的时候是1955年4月，后来又出了一个修改图，就把那圈斗拱去掉了。北京体育馆体型上没变，南门的大台阶本来是花岗石的，后来为了省钱，做成了假的人造石的。

大约在1972年前后，当时的书记希望杨先生退休。一般来说总工是不退休的。杨先生这个人比较老实，经领导一说就写了申请，第二天就退休了。开始时还不在乎，后来知道一些同龄总建筑师尚未退休，心里便有些难受。

我本人本应于1984年退休，后经返聘，一直工作到20世纪90年代初才正式退休。老一批北京院的总工还都是很实在的，很令人怀念。

（孙秉源，江苏镇江人，1911年出生，1936年毕业于上海沪江大学城中区商学院建筑科专业，1952年进入北京市建筑设计院任建筑组长。后于北京建院科技处退休。杨锡镠的设计助手，参与了20世纪30年代上海百乐门舞厅以及北京建院的项目，包括苏联大使馆、中国戏曲学院、儿童医院等。）

北京市建筑设计研究院熊明访谈录

采访时间

2001 年 5 月 10 日

采访人

彭述

受访人

熊明

我是 1957 年清华研究生毕业以后进入北京建院的，过来以后我的第一个组长就是秦济民，第二位就是孙秉源。我做的第一个项目就是工人体育馆。杨先生是总建筑师，同时又是院里技术委员会的成员，所以对那个方案杨先生也是提了意见的。人民大会堂三层观众席的视线设计，以及它的参数，都是杨先生指导设计的。

杨先生个人一是钻研问题很深，二是待人很谦和。平常生活上与他交往让人感觉很轻松，他围棋下得也很好。杨先生学结构出身，但他自己喜欢建筑，在建筑的科学技术方面就比别的建筑师研究得多，因为他的理工学得比较好。在北京，提倡学习苏联，民族主义的形式，北京体育馆就是一个例子。现在也还有很多人强调“民族的就是世界的”。其实不尽然，固然要有传统，从中吸收好的东西。但是如果不是时尚的，现代人就喜欢，不是世界的，外国人也看不懂，他们的喜欢只是一种猎奇。只有看得懂，他才会真正地欣赏。我反对所谓的“越是中国的，越是世界的”，不能这么说。应该吸取优秀的传统，取其精华，去其糟粕，同时要和时代相符，有时代精神。我是很欣赏原创的，创新是很重要的。科学技术尚且如此，艺术更是原创的。但是当时的条件不提倡原创。另外，技术是促使建筑发展的最活跃的因素，所以建筑师一定要掌握最新的技术，不用每样都亲自去做，但是原理要清楚，信息要及时掌握。

杨先生对各种运动的体育规范，各种空间、尺寸、高低，各种设备的规则标准，他都了解得比较多。刚提到的视线包括两个，一个是视觉质量，一个是视线。

视觉质量包括方向，比如长形的场地，在侧面的方向视觉质量最好，但自从透明栏板出现了以后，有的人就喜欢在端头的位置，看运动员上篮、扣篮等等。视觉质量还包括一个视距，视觉的距离，距离的远近。另一方面视线主要强调两个，一个是无障碍，后面的人视线要能越过前面人的头顶；另一个是半无障碍，座位错位排列，每排座位与前后座位错开半个位置。这个适合电影院，但是对球类运动就不行了。运动员在场地上活动范围大，当跑到端头时，错开座位的脑袋仍然会挡住视线。座椅篮球、足球场这类的座位最好是全无障碍。所以杨先生对这类建筑的视线设计的研究还是很深入的。他阐明了怎么选用视觉差，指的就是后一个人的视线与前一个人的头顶的高差就是视觉差。这些公式不一定是他创造的，但他运用得很熟练。告诉人们怎么选择这个视线、高差、设计的视点，他还有一套简单的算法，甚至于编辑成表册，一下就可以查到。怎么调整这个曲线，这曲线又和座位的高低有关系。座位太高的话，坐在后面的人会觉得不安全，太低又会遮挡视线。而且，在前面看台较缓和的时候，大台阶之间距离不大，到后面很陡的时候，每一个大台阶之间就要设置踏步，看台每个大台阶之间的进深和高差、放多少个踏步，杨先生都算得非常细致、全面、透彻。当时国内也没有规范，他可能凭借一些相关资料，自己搞了一套速算的办法、表格，如何选择各个参数，这一套他都运用得特别熟练。一直到现在，北京所有的体育建筑，都是用的是他这一套办法。这个表格现在没有了，但是这套算的方法，简单的公式，很多书上都有。

疏散也是杨先生研究得比较深的。疏散的时间、宽度，每一个人需要疏散的尺寸，包括楼梯的坡度，这些参数他都研究得很全面。那个时候没有现在的规范，但是很多参数计算很简单，计算的原则就是来去一样，就是指来了多少人，都能及时地走出去，由此来决定过道的宽度。从看台里每一排出来的人都到过道里，集中了三四排，人就多了，要做到来去一样。所有出口，包括安全门的出口，大门的出口，从各方面汇集来的不论多少条人流，做到出去刚刚合适，否则就会浪费或者是不够。过去消防局规定的是每 100 人 1 米，没有时间的概念。一米的距离走一个人太宽，走两个人太窄。所以后来改成了每 100 人 1.2 米，一个人 60 厘米，这个当然是合适了。但是杨先生研究得更细，他说一个人 55 厘米就够了。剧场的座位 45 厘米到 55 厘米，最小的 45 厘米，就是条件很差的电影馆，比较舒服合适的就是 55 厘米。

既然座位 55 厘米合适，疏散也就可以，后来就用 55 厘米计算。有一些 1.2 米，有的甚至是 1.3 米，1.5 米，1.8 米，都是随意定的。所以他规定都是 55 厘米进位，要么是 1.1 米，1.65 米。

杨先生到北京来做了很多项目，最开始的时候是北京体育馆，是一个很重要的项目。它中间是一个篮球比赛馆，东边是练习馆，西边是游泳馆，这个项目的主要助手也是孙秉源。在那个时候，这个是北京第一个这么大规模的室内游泳馆。而且它的外表，由于那时候提倡民族的形式，别人做很多的大屋顶，它也算是一种别出心裁，做了一个中国式的牌楼形式，像石牌楼一样。

杨先生那时候是总建筑师，就是指导，也就是总负责了。

另一种类型的就是剧场。苏联展览馆剧场是苏联专家设计的，但原来是露天的，杨先生给加了一个顶。构思造型是杨先生的，但是改造时结构作的，还有就是视线、座位的调整，还有舞台口的设计。舞台设计原来比较简单，就是演演歌舞，后来要演话剧，就要求有布景。所以对舞台里面的吊杆、垂幕、灯光等都有要求。露天的声响只要喇叭声音足够大就行了，变成室内混响时间就不能太长，这些都有专门的声学专家计算，但是参数什么的都是杨先生控制。

第三个类型就是学校。当时的中小学设计，由于建设速度很快，所以不能多做新的设计。就由我们院承担了这个标准设计，就是现在的典型设计，可以重复使用的。这样，中小学都是由他指导的，大学设计的很多，像地质学院、矿业学院、中国科技大学、化工学院等等，都是在三室做的。北航、北医也都是。当时比较获得赞赏的，就是地质学院、中国科技大学和化工学院这三个。首先，在功能上要满足不同的需要。科技大学有各种不同的实验室，化工学院有化学实验一类的房间也有通风排气要求；地质学院的立面做得也非常好，当时都得到了大家的赞赏。这些都是在杨先生的指导下做的，地质大学的主要助手是付义通，科技大学和化工学院的助手是朱宗彦。

我记得几个杨先生做过的项目，有一个科学院的图书馆，北京半导体厂，可能是全国，但至少是北京第一个生产半导体元件的。还帮我做过工人体育馆。北京工人体育馆，在之前是要做一个 3000 人体育馆，都在工人体育场西北角做好基础了。基础完成以后，容国团拿了世界冠军，国际乒联决定要在北京举行第 26 届世乒赛，所以领导才决定要做个大一点的。地基后来也就没用，直接埋上了，现在还有，要建还可以建，就在体育场大门西北角。现在是一个足球练习场。杨先生做了原来这个，新的这个杨先生具体没怎么做，因为方案是我做的，施工图是孙秉源帮我的，杨先生就是审查审查方案和图纸。关于视线计算方面，计算方法是世界通用的。但是杨先生做出了一套速算方法。就是在方案阶段，可以很快考虑出来大致合适不合适。等方案定了，在进行具体设计计算的时候，将数字带入他总结出的这套公式，误差就不会太大，可以控制在 50 厘米以内。关于疏散也有一些。过去规范上规定每 100 人 160 厘米，可是到了 1 万人的场所，这个就太宽了。这个也不是消防部门定的，也没有太大根据。当时杨先生就指出，60 厘米是一个人的尺寸，但除了 150 公斤（千克）以上很胖的人以外，一般人都超不过 50 厘米。所以他定的 55 厘米。还有以前的楼梯，都是按 1.2 米、1.8 米那么算，2 股人流或 3 股人流，那么他的楼梯就按 1.1 米、1.65 米这么算。还有一个最关键的，就叫作“来去相等”的原则，几股人流汇聚一起，走廊的宽度，如果宽了就浪费，窄了就会堵塞，这个观念应该是杨先生第一次明确提出的。因为他这个总结很简练，所以设计起来就清楚了。席位宽做 45 厘米，有点窄了，55 厘米的宽度显然是宽了，一般座位宽 50 厘米比较合适。但是一万人的体育馆，人太多了，每个座位宽度多 5 厘米，总数上就会差出很多来，这样跨度就更大，结构就更难做了。所以就做了宽度 45 厘米，这也是杨先生提出的。但是前面几排是宽度 50 厘米的，比较舒服一些。体育馆和剧场不一样，体育馆都是木头座椅和靠背，如果要是像剧场都是软座，那还要大一些，最好做到座椅宽度 55 厘米。

（熊明，江西省丰城人，1931 年出生。1957 年清华大学建筑系研究生毕业，1957 年 10 月至今在北京市建筑设计研究院工作，1990—1994 年任北京市建筑设计研究院院长，1990 年获“全国工程勘察设计大师”称号。）

北京市建筑设计研究院杨维迅访谈录

采访时间

2001 年 4 月 28 日

采访人

彭述

受访人

杨维迅

彭述：杨先生毕业于南洋大学土木科，后来还接受过别的建筑方面的专业训练吗？

杨：就是后来的上海交大，没有再受过别的专科教育。他学的是结构方面的，但他本人对建筑和绘画比较喜欢。

彭述：孙秉源先生也提到了这点。后来在 1927—1929 年期间，他又去了广西，在那边做了什么？

杨：具体记不得了。我知道他在三几年的时候去过西沙群岛，和政府的海洋考察团一起，没有项目，可能是在那边有规划意向，去看看选址，考察评估一类的。

彭述：中华人民共和国成立前回到北京后，杨先生和一些建筑师合办了一个联合建筑师事务所，关于这个事务所，您能介绍一下吗？

杨：在联合建筑师事务所里，有两个老板，他是其中一个老板。这个事务所相当于是凯泰建筑事务所的一个分所。当时北京已经解放了，他就是在 1949 年开国大典前过来的，这边有人邀请他过来办个分所，具体是谁我不清楚了。所以他们两个一起办了这个分所，位置就在现在西单电报大楼那里，以前是个两层高的小楼，我还去过。

彭述：那他后来又怎么调入了市规划局，而后又回到北京院？

杨：原来老北京设计院的院长叫沈勃，他升任规划局局长了，然后把这几个老总工就带过去了。1964 年时父亲已经 65 岁了，到了规划局，就比在北京院的时候业务扩大了，负责全市的工程的审定和讨论了。原来只管本院的事、三室的事，现在就是各人设计院做的北京项目规划问题都要到规划局去审核的。相当是做一个贯彻整个规划意图的审查的一个事情了。后来又回到北京院，当时跟出去的人又都回来了，他也回到三室，回来以后就不做具体技术工作了。那时候也没有什么项目了，大家都不画图了。前三门是南边那片高层，住宅什么的，“文革”时期北京院的项目，都是院里的人直接到建筑公司、工地上画图。我父亲那时候都没有参加这些项目。

彭述：后来杨先生是哪年退休的呢?

杨：应该说一直没让他退休，我 1968 年离开家，1973 年回的北京，我走的时候他还没有退休，这五年间什么时候退休的我也不清楚，家里只有我的父母。平时也很少说工作的事情，我觉得他比较好的时期在 1957 年以前。之后就不行了，给他的工作就比较少了。1957 年以前的项目，像北京体育馆，就是现在国家体委那一大片，还有红领巾湖、工人体育馆都是那时候做的。

彭述：我也想问一下，杨先生从上海来到北京，之前没有做过体育建筑，并不是很擅长，后来是怎么做的这么好呢?

杨：父亲本人很擅长体育，喜欢运动。年轻的时候打棒球，后来打网球。做到这些项目的时候也要查阅很多资料，体育方面的设计要求等等。他唯一的遗憾就是没有出过国，没出去留学，也没出去考察。

彭述：对，这也是杨先生在建筑界与很多其他著名建筑师不一样的地方。另外一方面，就是杨先生当过市人大代表，他有过什么提案吗?

杨：这个我就不清楚了，不过每次开人大会回来就会拿很多资料，从 1956 年开始，那几年每年十一游行他都会被邀请上观礼台，从东城区人大到市人大，他都去过。这方面你可以查一下东城区或是北京市地方志什么的，也许会有。我家原来就在美术馆那住，正好拆了房子盖了美术馆。所以说，他办公的地方建了电报大楼，住的地方建了美术馆。

彭述：那北京工人体育馆呢?

杨锡镠与儿子杨维迅合影（摄于 20 世纪 70 年代）

杨：老先生参加了北京体育馆和北京工人体育馆的设计工作，这个孙秉源先生应该最清楚。熊明是工程主持人，但是当时把关的都是老先生，作为室主任也是要在图纸上签字的。当时这个圆形的方案是我父亲首次提出来的（关于此点在熊明的访谈中有更为详细的解释，详见熊明访谈），结构是新的形式，像一个自行车的轮子，中间一个轴，旁边一个箍，然后用吊索连接。结构方面是他们所的结构主设计师虞加锡设计的。

彭述：另外您刚提到了除了体育项目还做了一些剧场项目，都有哪些呢?

杨：北展剧场改造，天桥剧场，就是北京第一个可以上演芭蕾舞的剧场，舞蹈学院都在那一侧。现在应该还是那个样子，就是里面的设备更新了。这是他们做的。

彭述：工人俱乐部是他做的吗?

杨：虎坊桥的那个工人俱乐部，听说过，好像是他们做的，我不是很确定。

彭述：还有一个中科院物理所。

杨：对。中科院大院里有一个凝聚态楼，我在里面做电气的项目，拿出原来的老图纸，看到的是我父亲的签字，所以我也跟彭老师说过这个事。现在也还在，就是中关村白颐路东侧，北四环南侧，是个圆柱形的，两个半圆错开的形状，颜色偏红。中科院凝聚态实验楼，建筑应该是北京院刘力大师的方案，还获了北京市的奖。

彭述：杨先生在里面做了什么?

杨：以前那些方方正正豆腐块的楼，红砖的那种，都是他们做的，主要是一些实验室，要求比较多，设计起来比较麻烦。整个中科院里楼群、附属建筑都是他们做的。大院整体的规划就是北京院三室的图。这些图纸可以到城建档案馆里去查，北京院都做了缩微移交出去了。

彭述：最后再问一下，关于杨先生当年在设计上，他都有哪些研究?

杨：他主要研究过视线。就是剧场和体育场里都要考虑到座位视线的安排等等，像是排距和排高对视线的影响，人的平均坐高是多少要经过社会调查的。还有学校课桌椅，不同年级学生的身高和讲台、黑板的高度分析，也有很多，他也做了大量的学校建筑，所以在视线上下了很多功夫。后来都形成了院里面的技术措施，并且文字的东西留下来。院里面自己出版的技术手册，上面有很多视线分析的成果。我父亲总结出了一套经验公式，就发在上面。这也得查以前的老资料了。他当时的手稿很多，算的数太多了，稿纸也是一摞摞的，修正他的经验公式，花了大量精力。可惜这些手稿现在也都散失了，而且他本人喜欢用铅笔，时间长了，就都看不清了。

彭述：学校项目都做了哪些呢?

杨：他也做了不少中小学建筑。当时作为室主任，已经不再具体地画图了，但是一些技术关键点，就要拿出自己的见解。当时没有计算机，就要自己通过大量的研究计算工作，加上经验判断，最后得证出最合适的方案，这样才能说服人家改图。水平的教室和有斜坡的舞台，不同的环境，视线分析的结果是截然不同的。现在就是不知道这些成果都在哪里，或者是纳入到哪些技术规范里了。

（原文为《从私营事务所到国营大院建筑师的转型——杨锡镠建筑师建筑创作的历史研究》，作者彭述。本文系作者在同济大学建筑与城市规划学院硕士学位论文。本书在编辑过程中对原文有所删节、改动，作者看到此书后请与编辑部联系。）

顾鹏程

顾鹏程

顾鹏程（1899—2000 年），浙江海盐人，中学时在天津南开中学读书，后考入同济大学，1925 年同济大学土木工程系毕业。1926 年任上海同济建筑公司土木工程师，1932 年在上海市工务局技师开业登记，后在上海自办顾鹏程工程公司（建筑事务所），1950 年出任永茂建筑公司设计部总工程师。

对顾鹏程总建筑师的点滴回忆

/ 本书编委会 整理

顾鹏程先生作为早期到永茂公司工作的员工，舍掉了自己在上海的舒适生活和已有的房产，毅然投入到新中国的怀抱。他曾说过，共产党比国民党好得多，他想以一种新的思想融入新中国的建设之中。他到永茂公司后，先后将张开济、俞庆康等一大批专业技术人员招募到永茂公司，使永茂公司的设计力量和技术实力得到了进一步的充实和提高，为之后的北京市建筑设计研究院充实和积累人才，打下了非常坚实的人才基础。

时任永茂公司总经理的李公侠时常请当时的几位老总吃饭，大家边吃边聊，李公侠认真听取各位专家对公司未来发展的建议和良策；顾鹏程先生也借此机会发表自己的观点或看法，为永茂公司及之后的北京市建筑设计院的发展贡献出自己的聪明才智。顾鹏程先生长期从事建筑材料的研究，特别是在建筑防水材料的应用、创新和人造大理石材料的研究方面，作出了极为重要的贡献。当年建设北京展览馆时，他经常深入工地，了解施工状况，特别关注建筑材料中各种原材料的配比如何。北京饭店东楼建设时，他已是 70 多岁的老人，但他依然深入工地现场，了解防水材料的应有情况。

2019 年 8 月，借顾鹏程总女儿顾君良与丈夫回京探亲之机，编委会一行采访了他们，尽管顾君良和她先生对往事的回忆并不完整，甚至他们不能清晰地回忆起顾鹏程总工程师在上海乃至到北京建院后具体做了哪些工程（或配合了哪些工程），但是从他们的言谈话语中使编委会一行能够感到顾总虽然是从旧中国走来的知识分子，但是他的敬业、他的为人、他对祖国的热爱、对家人的爱戴都颇有令他们子女回味之处。如他们回忆到，顾鹏程老总在上海开办事务所期间，努力为业主着想，在条件允许的情况下，尽量满足甲方提出的要求。同时顾总尽管看上去温文尔雅，但他坚守自己的处事原则，绝不赚取不义之财。说到此，他女儿顾君良流露出敬佩与自豪之感。她还特别提到，当年在上海从事工程防水材料的营销，作为工程师顾鹏程不是简单地进行防水材料的营销，而是为甲方考虑如何采用更合理的防水设计方案。他的这种做法，无论对有什么样背景的客户，都是一视同仁，表现出顾鹏程总的为商品德。

新中国成立后，顾鹏程引进了后来成为全国著名设计大师的张开济外，顾总还介绍了结构总工程师郁彦及俞庆康等人，到北京建院的前身永茂公司工作，为北京建院注入了新鲜血

1962 年 5 月捡查垂杨柳建筑防水工程

液。据顾鹏程的女婿介绍，他除了在建筑防水上特别有造诣外，还对人造大理石有深入的研究，尤其能够在工程上作出恰当的应用。建筑防水是建筑产品质量的重要保障，关系到建筑自身的使用寿命，一个出色的防水工程师，在一般人的心目中往往抵不过设计大师，但在北京建院“八大总”的行列中，顾鹏程总却起着非常重要的作用，难以数清他为 20 世纪 50 年代至 70 年代北京院多少个重要项目做过防水方案上的设计与新材料的推荐。据顾君良女士回忆，她的父亲顾鹏程老总对待家人、对待子女都有很好，他从不训斥孩子，他以身作则谦逊待人，对事积极争取，用默默无闻的努力去做出不平凡的成就。他的这种美德，不仅教育了他的孩子们，还影响着在北京建院与他共事的同辈乃至青年后学。

曾任北京建院第九设计所所长的叶兆曾跟随顾鹏程工作多年，特为纪念顾鹏程总工程师撰写回忆文章，以下是他的缅述。

（本文系本书编委会根据对顾君良夫妇采访录音整理，李沉、苗淼 / 执笔）

在上海工作的顾鹏程（20 世纪 40 年代）

顾鹏程在上海的建筑事务所办公室（20 世纪 40 年代）

叶兆曾与顾鹏程（左 2）合影

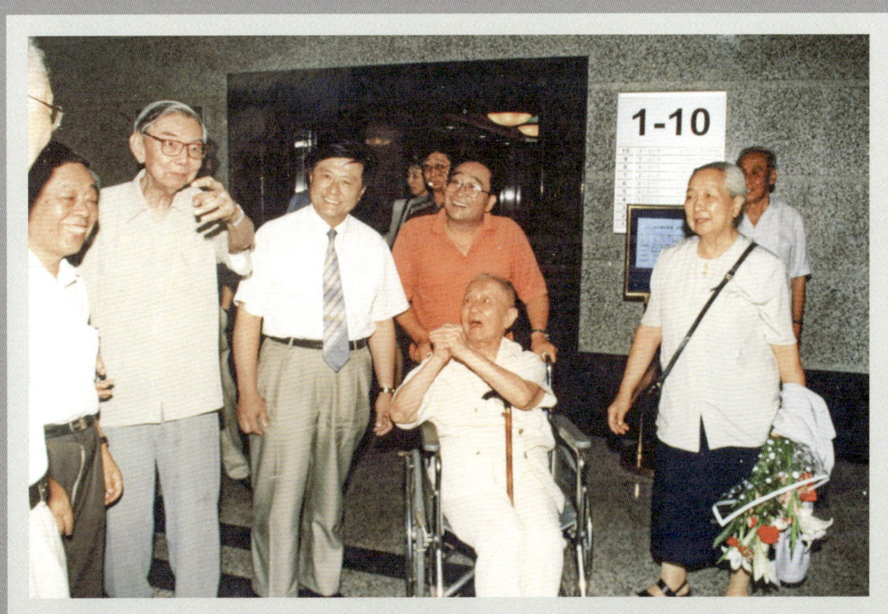

北京市建筑设计研究院顾鹏程百年诞辰纪念活动（1999 年摄）

跟顾总学徒

/ 叶兆曾

心目中的顾总

顾鹏程总工程师是上海人，生于 19 世纪末的 1899 年，2000 年离世，享年一百零一岁。他家境殷实，父亲是大染料商，他自幼受到良好教育，早年就读同济大学，毕业后在上海四川中路开办鹏程建筑师事务所。上海解放后他把小有名气的私家花园上缴国家，受到当地政府奖励。他年轻时酷爱驾车、爬山、骑马等运动，注意养生，无不良嗜好，心态平和，或许是他长寿的原因。

北京解放后百废待兴，建筑业蓬勃发展，极缺设计人才，经市府李公侠秘书长聘请，和钟森局长牵线，顾总关闭了事务所率队北上，此部人士进入设计院如张开济等，大多成为设计院骨干，为首都建筑设计发展作出贡献。顾总进京参加首都建设是诚心实意坚定不移的，携妻带女举家北迁克服饮食气候身体不适，无怨无悔为防水事业拼博终生。

诚心带徒传承创新

20 世纪 60 年代初，院领导为培养人才，传承老一辈总工程师绝技，由“八大总”挑选年轻人跟师学徒。我跟顾总学徒，和我支援水库建设有关。

北京是缺水城市，1958 年跟随全民大办水利浪潮，规划修建十三陵、密云、怀柔、平谷房山水库等，采用人海战术，遍地开花，技术力量十分缺乏。市委领导决定由建院抽调技术人员，包括周治良、张德沛、马明益等中年人及鲍铁梅、徐荫培、寿光等我们一邦小青年，三十多名技术人员组成团队，五月份先到达十三陵水库，大坝落成蓄水后，十月份奔赴密云水库。密云水库是座黏土砂石坝，河床有四十多米砂砾复盖层，为截断库水从坝下渗走，必须沿粘土坝下复盖层中建造抗渗墙，即要防渗又要有柔性，材料弹性模数要适中。水库任命我出任混凝土试验室主任，抽调张兆基，寿光等人组建小团队攻克难关，在清华大学张光斗教授指导下，选择各种材料组合，多种掺料混凝土，经过数百次试验，最终选用掺合黏土，完成黏土混凝土配合比设计，用钻机钻 80 厘米直经孔，灌注黏土混凝土，椿椿咬紧，形成防渗墙。水库蓄水运行后，坝体下游农民反映，水位下降，打水困难了，张光斗教授认为，挡水墙已取得预期效果，让我写出“黏土混凝土”总结。

1975 年全家于长城合影

20 世纪 50 年代全家在乃子府（灯市口区）合影

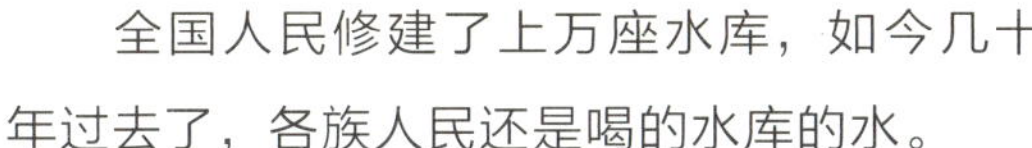

全国人民修建了上万座水库，如今几十年过去了，各族人民还是喝的水库的水。

一次偶然机会和沈院长谈到有关建筑防水事宜，我汇报在水库研究防水混凝土的经历，经沈勃院长推荐，顾总看了我写的总结，认为我对防水技术肯于钻研，热爱这个专业，这在当时设计人员中难能可贵，最终挑选我跟他学徒，我时年 25 岁。夏初一个傍晚，我提着二两花茶登门拜师，师娘却给我做了面筋丸子和杨州炒饭，聊到很晚，已过去几十年了，寒酸的拜师场景未能忘怀。

全身心投入防水专业坚守奉献

防水设计是建筑专业的薄弱项目，也是院里不被重视的专业，甚至遭到冷眼、嘲讽，有人给顾总起外号“玛蹄脂”，他听到只一笑了之，说埋头做好自己就对了。20 世纪 60 年代初，大量房屋漏水，成了建筑业的大难题。顾总在业内率先提出，防水工程是一项系统工程，只有靠“一盘棋”才能奏效，使大家耳目一新。内容包括：设计、材料、施工、工程维护等，各个环节缺一不可。

在设计环节中，要求抓紧标准大样图编制，因为要求每个设计人员都能精通防水技术和理论不现实；在决定设计方案时，要因地制宜，树立防排结合指导思想，如屋面采用架空层，大量水由上层排走；地下室防水，也可结合水位和地质条件，选择架空层，也可沿地下室周围设置花管排水等，以减少地下室水压。第九综合医院设计人接受顾总建议，采用防排结合方案，沿地下室外墙周边埋设排水花管，集中到排水井抽走，取得较好防水效果和经济效益。

20 世纪六七十年代，柔性防水卷材油毡，大多是采用纸胎，这种油毡易老化和腐蚀，人大会堂宴会厅屋面，顾总建议阮志大选用耐腐蚀石棉油毡，由于要用喷灯粘贴，造价高又有一定危险，施工单位反对，顾总各方游说，还是坚持下来。

为提高屋面和地下室防水质量和耐久性，

顾总积极推荐刚性防水混凝土方案；防水工程选用的材料是保障防水工程质量的关键，其中防水缝料更是屋面变形缝和地下室沉降缝的必不可或缺的材料，大概是借鉴德国叫法“玛蹄脂”，让我和建工局徐仁祥总工及建工所、材料所等部门，共同研发。所有规定试验项目完成后,我和汪安华二人,装一麻袋防水卷材和“玛蹄脂”等，到经顾总老友介绍的中科院植物研究所做老化试验，我们二人三个月住在试验所，日夜兼程，取得完整数据。

关于施工问题，顾总在业内提出建立防水专业队的构想，他花很大精力找建工局徐仁祥总工，在一建公司找有经验师傅组编试点专业队，亲自讲课培训，提出专业队和一般施工队的区别就二个字“严”和“细”，特别要关注屋面的小建筑和臭气管雨水口等细部，一定做好，对施工操作提出防水工程只能是“万无一失”，因为千里长堤溃于蚁穴。

顾总还亲自主持院防水专业会，并配合建工部，建筑协会开办技术讲座技术交流，推动全国防水专业水平。

他身体力行、亲力亲为，到工程现场测试。屋面排水要选择暴雨时到现场，他查看天气预报，迎着暴风雨爬到屋顶测量。人民大会堂宴会厅五千平方米屋顶，他在瓢泼大雨时上屋顶，防雷网上火球连连,场景十分恐怖,我劝他下去，但他衣服湿透仍坚持测完。工人体育馆围廊刚性屋面试验“玛蹄脂”缝料，酷热天气，他不顾高龄，挤公交奔赴现场。

1965 年邢台发生地震，人民大会堂建筑结构和部分建筑部件受损，屋面及外檐琉璃部件大面积裂缝，市政府赵鹏飞在现场亲自督导修复，院领导派我和王钟仁、李国胜等各专业技术人员参加，我和建工局徐仁祥总工协作，屋顶琉璃花瓣采用钢筋网外包并大量采用顾总倡导研制的“玛蹄脂”，对琉璃部件修复发挥了重要作用。

勉励学生大胆进取创新

顾总对我的培养和勉励让我刻骨铭心。1963 年由建工部等主持召开全国防水专业大会，会议确定由我院做主旨演讲，会前我已按顾总要求把讲稿及挂图准备妥当，当天他突然说咽痛不能讲话，让我代替，真是用心良苦。回京后，沈院长见我第一句话就问，“我院技术水平排第几？听说了，你们给院争了光”。

经过调研，我逐步认识到工程防水与光辐射造成的老化、温湿结构变形以及保温层受蒸汽分压力产生的膨胀变形，都会造成防水层起鼓破裂等。我写了关于《防水工程与建筑物理》探讨文章，阮志大认为有新意，推荐给清华王炜钰教授，很快清华建筑系送来防水讲座邀请函，阮志大交给我。我认为理应顾总去讲，他却说人家邀请的是你，你的观点我不一定认同，你要抓住机会，一定能做好。会议厅门口张贴布告“主讲人叶兆曾工程师”，而我只是小技术员，我的助手是张国庆，二个毛头小伙，面对教授、讲师，心虚胆战，两节课中间休息时，老师把我围起来，对防水专业的浓厚兴趣和提问，平等探讨让我完全放松了，应老师要求我还介绍了德苏等国外的防水信息。

张光凯是高我两班的男一中学友，我俩都酷爱运动唱歌，都梦想就读清华建筑系，而他的梦实现了，我的梦却因家境经济窘迫破灭。讲完课当晚，顾总约我去同和居吃馄饨烤馒头，他说今天意义非常，你的清华梦没实现，今天却给清华教授讲课，“自信”是人的一生之本，这一席话让我对人生观、价值观和奋斗目标有了根本转变。讲课中我举例王府井老人民日报社，多层楼房屋顶女儿墙被屋面水磨石推出 3 厘米，拉裂防水层漏水，有的老师就带学生到现场考察，师生都觉得深入实际，教学有了新的气息。

屋面地下室漏水影响居民生活，北京日报和晚报约稿。正赶雨季，顾总提出文章框架，让我日夜兼程撰稿，北京日报他决意不署名，晚报勉强签名“愚公”，称谓十分贴切。顾总秉性温和谦卑，大智若愚，平易近人，从不争名夺利，不管是高工还是技术员，有事求教，总是耐心解答。由于科研需要，抽空我就和顾总、雍正华学德语，在建筑译丛等发表多篇苏德防水等专业译作。

爱党爱国谦卑低调德艺双馨

20 世纪 90 年代初我和老伴请顾总夫妇到北京早期的广东菜馆“东方明珠”吃油浸生鱼，这是他最爱吃的菜，他心情十分激动，摘下眼镜擦泪水，连说正宗正宗。后来他跟张开济说，小叶现在做了这么大的“官”，还没忘了我，这就足够了。

顾总过世后老伴没有养老金，靠低保和少量房租维生，顾总去世前托付我和我老伴，帮助照看他的夫人。多少年来，逢年过节我们二位风雨无阻看望老人，在白石桥传为佳话。20 世纪七八十年代兴起出国热，顾总两个女儿去了美国，一个死在美国，一个经济拮据，不能常回来。顾总老伴半夜呕吐，她打来电话，我们夫妇陪同，我们的女儿开车带着去急诊。有一天顾总老伴摔倒，躺地三天无人知晓，幸好物业报警，挽回生命。孩子出国，留下孤寡老人，已是残酷的社会问题！顾总过世多年，骨灰仍供放家中，他的老伴年世已高，我一再建议，落土为安，院退休办安排车辆并由小商陪同，在八宝山买了双穴，此时此刻没有他的子女在场，我抱着顾总的骨灰盒迈向墓地，双腿沉重，心痛凄凉，泪水不知不觉往下滴，总算我如愿以偿。

跟顾总学徒和共事，前后十来年，教诲颇深，学防水，学德文，而学做人更让我终生受益，是我良师益友。

沈勃院长在顾总百岁寿辰时，挥笔画了一幅墨竹并提字，表彰一个普通低调的老知织分子，爱党爱国为建院人才建设和首都发展作出了突出贡献。

（作者叶兆曾曾任北京市建筑设计研究院第五所所长。本文于 2019 年 9 月完成）

朱兆雪

朱兆雪

朱兆雪（1900—1965 年），江苏常熟人，震旦大学肄业。1923 年获法国巴黎大学理科数理硕士学位，后在比利时国立岗城大学皇家工程师研究院学习，出任水陆建筑工程师。1926 年回国，曾任京汉铁路工务处工程师，北平大学艺术学院建筑系讲师及教授等职。1938 年任北平大学工学院建筑工程系主任。曾自营北平大中建筑师事务所。1949 年后任北京市公营建筑公司经理后兼任总工程师，北京市建筑设计院（今北京市建筑设计研究院）及北京市规划局主任总工程师。1961 年 9 月任北京工业大学副校长，1964 年 8 月任北京工业大学校长。

人民大会堂的结构总师

/ 林娜 整理

朱兆雪，生于1900年，幼时读书勤奋，成绩优异，1917年考入震旦大学。1919年11月赴法国留学，1923年毕业于巴黎大学理学院，获数理硕士学位。后又留学比利时，在国立省城大学皇家工程师研究院攻读土木工程专业，1926年毕业后回国。1930年8月起，先后任北平大学建筑系教授、中法大学理学院教授、北平大学土木建筑系教授、北平师范大学数学系教授、北洋大学北平部建筑学院主任、北平大学工学院建筑系主任。中华人民共和国成立后，先后任中国建筑学会常务理事、北京大学工学院建筑工程系主任、北京师范大学数学系教授、北京建筑公司经理兼总工程师、北京建筑设计院及北京市规划局主任总工程师、北京工业大学校长和教授等职。

北京城市规划中的独到见解

中华人民共和国成立70年来，北京更新了多个版本的城市总体规划，从最初“摊大饼”式的城市布局，逐渐向“两轴、两带、多中心”发展。2017年9月29日，《北京城市总体规划（2016年—2035年）》公布，

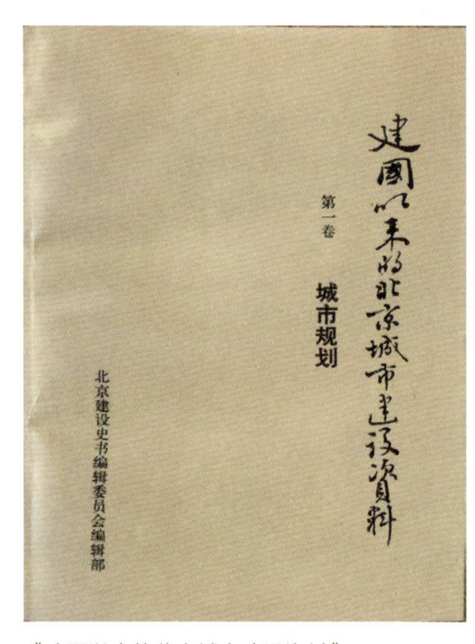

《建国以来的北京城市建设资料》

明确提出北京的战略定位是全国政治中心、文化中心、国际交往中心、科技创新中心，北京城市的规划发展建设要履行为中央党政军领导机关工作服务，为国家国际交往服务，为科技和教育发展服务，为改善人民群众生活服务的基本职责。着眼打造以首都为核心的世界级城市群，完善城市体系，在北京市域范围内形成“一核一主一副、两轴多点一区”的城市空间结构，着力改变单中心集聚的发展模式，构建北京新的城市发展格局。

1949年新中国成立以后第一次北京市总

体规划（1950—1957）决定了“单中心”的发展模式。1949年5月，北京市政府成立了北京市都市计划委员会，着手研究首都的城市规划。当时不仅邀集了知名国内专家参加规划工作，市政府还邀请了前苏联专家工作组来北京协助研究北京的城市规划与建设问题。梁思成先生与陈占祥先生合写了《关于中央人民政府行政中心区位置的建议》，这就是后来的“梁陈方案”。其内容主要包含三个方面：一是必须早日决定行政中心区的理由；二是需要发展西城郊，建立新行政中心区的理由；三是发展西城郊行政中心区可逐步实施程序，以配合目前财政状况，比拆改旧区更为经济合理。前苏联专家则建议将行政中心建在东起东单、西至府右街南侧的区域及天安门广场。朱兆雪和赵冬日的方案建议，将行政中心建在建国门、长安街与前三门大街之间的地带以及午门至灵境胡同一线以南，其中包括中南海、北新华门至天安门广场周围范围的中心地带。

三个方案的共同点是大家都认为北京不仅是中国的行政中心，还应是文化的、科学的、艺术的城市。城市规模问题上，大家都认为随着政治、经济、文化、工业、交通的发展，北京城市人口将会急剧增加。在城市布局上，都采用了放射、环状路系统由中心向城外发展的方式。但是，专家们对北京行政中心区位置的设置问题产生了严重的分歧，大多数专家主张将行政中心区设在旧城区，但也有一些国内专家主张将行政中心放在月坛至公主坟之间地段，理由是在旧城建设政府中心区，一方面旧城系统布局完整，难以插入庞大的工作中心区，另一方面用地不允许，大量拆迁不适合当时的情况。当时大家基本倾向于前者的主张，就是把行政中心放在旧城区。

最终在三个方案中，由于“梁陈方案”需动用的资金太大，前苏联专家方案没考虑长远，而朱、赵方案因为规划了内城中心风景最好的地区，规模不大，易于实现，又有许多宫廷建筑可以利用，因此最终得以入选。在这个方案的基础上，北京市城市总体规划第一稿，即《改建和扩建北京市规划草案要点》公布。1957年，总体规划进一步完善。这一规划以旧城为中心向四郊发展，在交通路线和空间分布上，基本规划出了一环、二环、三环和四环。

严谨且高水平的结构工程设计

20世纪50年代，朱兆雪先后负责和主持了全国政协礼堂、北京人民大会堂、北京清河毛纺厂等重大建筑项目的结构设计，是一位非常杰出的结构工程师。

1954年春，全国政协礼堂进入筹备建设阶段，建设政协礼堂小组召开第一次会议，北京市建筑设计院、北京市建筑工程局、北京市电业局、中央广播事业局等负责同志参加了会议。会议决定了全国政协礼堂由北京市建筑设计院总工程师朱兆雪、赵冬日负责设计，北京市建筑工程局第一工程公司负责施工。考虑到礼堂建成后除政协使用外，中央和国家机关还会有一些重要活动会在这里举行，在设计方面要有翻译室和翻译装置。

人民大会堂为中华人民共和国成立10周年首都“十大建筑”之一，完全由中国工程

1961 年 12 月，中国建筑学会第三届代表大会主席团合影，朱兆雪位于前排左二

技术人员自行设计、施工，1958 年 10 月动工，1959 年 9 月建成，仅仅用了 10 个多月的时间就建设完成。人民大会堂集中了当时全国各地的建筑材料，建筑工人加班进行建设，创造了中国建筑史上的一大创举。这项重大工程由周总理亲自抓，负责人民大会堂工程结构的主任总工程师是北京市建筑设计研究院的朱兆雪，李瑞骅在钢结构方面负责设计、制造、安装。这项工程不仅重大还充满挑战，在当时环境下，既不容许有丝毫浪费，又必须确保质量，计算书也必须公开审查。

在工程的要求方面，要有高度的艺术性和优秀的质量，结构设计不仅要确保主体结构的安全，还要配合建筑的高度美观要求。在方案获得周总理批准后，赵冬日立即组织规划局技术室凌信伟、朱家湘、陶宗震三人补图。10 月 20 日前后，送审图和补图被先后送到北京市建筑设计院。北京市建筑设计院党委决定由张镈总建筑师负责人民大会堂的建筑设计与施工图纸制作，朱兆雪总工程师负责人民大会堂的结构技术设计与施工图纸制作。人民大会堂的建设工程从此全面展开。

在工期方面，全部工程要在十个月内建造完成，朱兆雪等人的结构设计施工图纸在各专业设计施工图纸中打前锋，在设计中各专业齐头并进，专业设计矛盾边进行边解决，设计施工图纸中途不断有修改，修改后仍需按照施工进度计划完成，因此设计工作极度紧张。按照传统的工作方法，像这样复杂的结构，在建筑定案后，要经过初步设计技术设计和施工图设计等几个阶段，传统的工作方法无论如何不能满足施工要求。经过朱兆雪等人的讨论和研究，统一了设计资料，制作了许多专为本工程使用的图表，确定了一系列简化计算和绘图工作的方法。这样，既将工作效率成倍的提高，做到了快速设计，又统一了设计步骤，易于为工作人员所掌握，便于互审和校对，保证了工程质量。

人民大会堂屋顶是否上人的问题，使得朱兆雪等人食不甘味、夜不能寐。由于 60 米跨度的屋顶包括钢屋架和大型屋面板，屋顶上五层防水油毡和保温层等一系列材料，自重太大降低了安全系数。朱兆雪向人民大会堂管理局领导反映了这个情况，经讨论决定每平方米加 400 公斤的活荷载，也就是把屋顶当成楼面来设计，这样安全性就足够高了。人民大会堂竣工后，周总理在福建厅召开庆功大会，宴请参加“国庆十大工程”的主要负责人，作为“十大工程”之首，人民大会堂三个设计代表人北京市建筑设计院的朱兆雪总工程师、铁道部的汪菊潜副部长和作为建工部代表的李瑞骅受邀上台接受祝贺。

朱兆雪在住宅实验性研究中，有自己的见解，在他的《右安门实验性住宅的结果》一文中，涉及对住宅形式、朝向、前后廊、经济等问题的思考，最终指出：“在城市规划中，我们现在还是习惯于采用各种相互矛盾的标准及惯例，而没有能批判地考察其实际效果。如果有谁来问我在一个 10 万人的城市中多层与低层的百分比究竟是多少？我只能回答我不知道。因为要给出一个答案就必须详细地了解这个城市的历史、发展、传统；它的未来发展的功能基础是什么，可以用什么样廉价的建筑材料，只有进行了调查研究以后，才能得出答案。在考虑居民的社会福利的同时，应该考虑到经济问题，城市规划工作者的艰巨重大的任务不仅仅是机械的执行上级的指示，必须在了解居民的真正需要的基础上，做出每一个城市的具体设计方案。”（摘自《建筑学报》1957 年 11 期）

结构师撰文《从新建筑看新中国》

1964 年 9 月 18 日《人民日报》上，朱兆雪发表了《从新建筑看新中国》一文，从新中国成立以来建筑的发展，看中国的发展，看建筑行业的发展。文章缘起于新中国的 15 岁生日，朱兆雪看着新中国的发展，感慨万千。

“作为一名建筑设计工程师，每当我经过天安门广场仰望群伟壮丽的人民大会堂和历史博物馆的时候，每当我漫步在城区的新住宅区、林立的新工业区的时候，我的心往往兴奋得无法平静，我爱从一群一簇的建筑中看新中国的发展，也往往情不自禁地由此回忆起许多往事。”

1926 年，朱兆雪带着法国巴黎大学数学和比利时岗城大学土木工程系的毕业文凭从海外来到北京，原以为有了这两张文凭回到经济落后的祖国后，一定会受到政府当局的重用，生活自然不成问题。哪里知道等待他的却是失业，在偌大一个北京，他好长时间找不到工作，没办法只好托人介绍到一家家馆当教师，教几个孩子读书。一个偶然的机会，朱兆雪得识中法大学的一位建筑师，经他介绍，才得到中法大学数学系教书。他在回忆文章中写道：

“我是学土木工程的，我多么希望能用自己的学识为祖国多设计一些建筑物！可是在腐败的旧中国哪有多少建筑可以供你设计的！就说北京吧，北京号称是旧中国的文化名城，可那时盖得起房子的就三种人：首先是外国人，他们用在我国掠夺来的钱财，在东交民巷地区盖起漂亮的房屋；一种是资本家；再有就是学校扩建校舍。所有的建筑加在一起每年大约 1 万平方米，更荒唐的是，当时反动政府和资本家要建好一点的房子，大部分都要专程去请天津洋行的外国人来设计。是因为我们国家没有这方面的人才？不是。而是他们根本不相信自己的国家工程师的能力，那时，中国人学建筑而能挂牌开业的很少，大多只能给外国人当助手，有的只能在洋行里当个描图员。其实，天津洋行的那些外国人，都是些反动政府建筑京汉、京奉等几条铁路时从外国请来的监工。根本不怎么懂建筑，他们设计的建筑物，不但造价高，结构也不合理，我看在眼里，心里愤愤不平，为什么自己盖房子非要找外国人设计，中国人难道真的不如外国人？我决心利用业余时间从事建筑设计，和外国人只追求高额利润，不讲究经济实用的设计较量个长短。可是，尽管我把业余时间都煞费苦心地用来研究设计，尽管我愿意用最大力量设计出一些经济实用美观的建筑，却没有人愿意找我。”

在后来的大华电影院设计中，由于外国建筑师设计的方案超出预算一倍之多，甲方不是很满意，才找到朱兆雪进行设计。朱兆雪的设计比外国建筑师的造价低很多，从此越来越多的人请他来做设计。东安市场旁边的金盛银行、青年艺术剧院前身的美琪电影院，中山公园的唐花坞等，但算一算在新中国成立前，设计数量并不多，且规模都不大。

1949 年初真是平地一声春雷，北京解放了，朱兆雪提到，他万万没有想到北京刚解放不久人民政府就把设计一座自动化面粉厂的大型粉楼任务交给了他，一位市领导人亲自审查设计图纸、计算成本。在和这位市领导人的接触中，朱兆雪第一次听到“为人民服务”这个字眼，第一次体会到为人民服务的精神。

随后，朱兆雪接着又接受了第一机床厂第一厂房、清河制呢厂、友谊医院、中直俱乐部、北京市委大楼等建筑的设计任务。在这些建筑中，让人终身不能忘怀的是人民大会堂了。人民大会堂的设计要求是只用十个月的时间，建筑一座有一个能容纳万人大礼堂和一个能容 5000 人的宴会厅等完整的建筑群，这样大的建筑，我走过几个国家都没见到过。世界上几个著名的大建筑如罗马教堂建筑了 56 年，日本医院到了 11 年工程都不如人民大会堂大。在这样伟大的工程面前，朱兆雪说他第一次感到自己的才能和智慧多么平庸。可是在党的领导下，在成千上万工人同志和技术人员的齐心努力下，一座 17 万多平方米的人民大会堂，果然只用了十个多月的时间建成了。难怪当时一些外国记者参观了大会场之后惊叹：“奇迹，真是奇迹！”而朱兆雪也越来越体会到，只有中国共产党才能把中国领导好，才能把中国建设成一个繁荣富强的国家，他决心投身到工人阶级的先锋队里去为社会主义建设贡献出自己的全部力量。

适逢新中国 15 岁生日，纵观北京建筑设计的蓬勃、高速发展，回首自己经历的建筑事业发展，朱兆雪不禁感慨万千，在文章特别写道：

“如今，新中国才 15 周岁，15 年来，

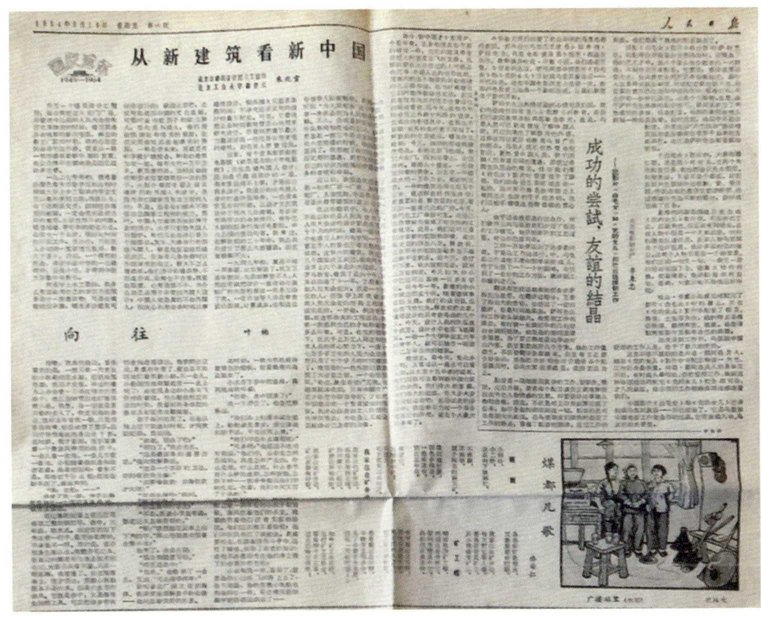
从新建筑看新中国

成功的尝试，友谊的结晶

向往

朱兆雪在 1964 年 9 月 18 日《人民日报》上撰文“从新建筑看新中国”

正像祖国其他地方的建设一样，北京的建筑事业以惊人的速度在飞跃发展。凡中华人民共和国成立前在北京出国的人可能还会记得美国人造的协和医院，用退回的庚子赔款的尾数修建的北京图书馆，在当时都会以它们的雄伟轰动过北京；东郊民巷租界地区的房子也会以他的精致著称，而今天，这些当年除故宫之外鹤立鸡群的建筑在成批的新建筑中是那么得不显眼，城外的变化更不用说了，中华人民共和国成立前的北京城郊哪有什么建筑，今天，四郊的新建筑鳞次栉比，东到北京飞机场，南到大红门，西到石景山，北到清河。周围几十里地一片欣欣向荣的景象，旧北京一年建筑大约 1 万平方米，现在的北京一年的建筑达四五百万平方米，超过中华人民共和国成立前四五百倍，更重要的是中华人民共和国成立前的北京看不到一座现代化的厂房。今天，现代化厂工厂举目可见。北京已由消费城市变成了综合性的工业城市。此外，我们还可以看到许多新的医院和学校，耸立在北京的四面八方。中华人民共和国成立前，北京所有的医院加起来也不超过 2000 张病床，而今天诊疗所不算就大医院而言，就有上万张病床。而今天的，大中小学已经可以容纳 100 多万学生，只今年一年新建的中小学就达四五十所，随着建筑事业的发展，我们的设计队伍也在飞快壮大。中华人民共和国成立前的北京懂得设计的只有数得出的几个人，今天设计人员的队伍成千成万，设计水平也在飞速提高，一般一位大学毕业五六年的青年人就可以独当一面设计 2 万平方米的建筑。”

深厚功底筑就《图解力学》专著

力学作为工程界和教育界的重要学科之一，力学类书籍（包括应用类著作、学术类著作、通俗读物和教科书）在当时也得到了一定的发展，影响比较大的力学类教科书也随着当时教育制度的完善而逐渐发展起来。朱兆雪在 1939 年出版的《图解力学》受到了力学研究者的高度评价。《图解力学》包括六章内容：力之图解法；固体之平衡；平面杆架体；棱形固体之内力；图解积分法；连续力。在第一张力之图解法中，特别侧重分析了平面力向量和多边形与索多边形。在第二章固体之平衡中，平衡条件和反力的指定法成为重点内容。平面杆架总体论和内力求法是第三章的核心内容。此外，还特别将积分法以图解的形式进行探讨，在连续力的章节中，不平行连续力系和平行连续力系都被着重分析说明。

力学的发展离不开力学书籍，书籍是力

20 世纪 60 年代，朱兆雪与教职员工合影

1961 年 9 月，朱兆雪在北京工业大学校园

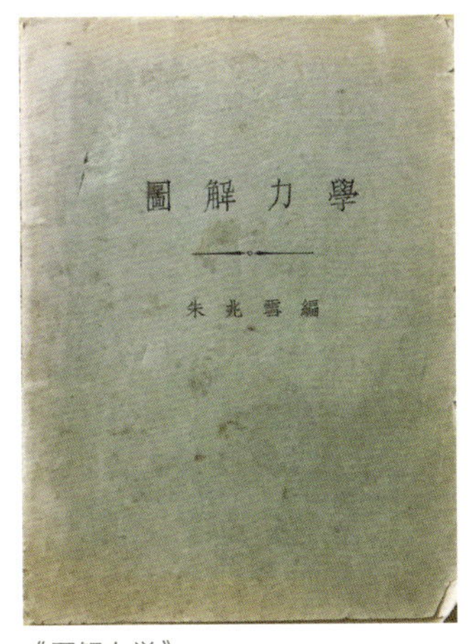

《图解力学》

《材料耐力学》

学理论发挥功用的桥梁，是全面提高效率与质量的关键因素，而力学书籍也是力学教育发展的根基所在。《图解力学》一书在之后的力学教育发展的过程，发挥了重要的作用。

结束语

1965 年 5 月 30 日朱兆雪在北京病逝，这个经历了新中国成立前后巨大变化的结构大师，在自己的职业生涯中，用自己的一腔热忱为中国建筑事业发展做出了重要的贡献。特别是在北京 20 世纪 50 年代十大建筑工程设计施工中，他运用所学的知识，为工程如期、高质量完成起到了推动性作用。在他的文章中，特别提到：

“想过去，看今天，变化多大啊，人常说从一滴水可以看太阳。从北京 15 年来的建筑，我们同样可以看到新中国前进的步伐，我们伟大的首都，我们伟大的祖国，你大步大步地向前迈进吧，在你迈进的步伐中，我能够起到一颗革命螺丝钉的作用，就是个人最大的幸福了。”

足见，这位一直在工程领域和教育领域努力奋斗的结构大师，对中国建筑事业发展充满热情，对未来建筑行业发展无比期待。

代表作品

北京中山公园唐花坞（与汪申合作）

唐花坞建于1915年，1936年原址重建。“唐”与“煻”通，为用火烘焙之意，坞指水边建筑，唐花坞即临水的花卉温室。重建后的唐花坞为钢筋混凝土结构，孔雀绿琉璃瓦檐，盝顶，中间为重檐八方亭形式，建筑面积417.5平方米。整个建筑古朴、庄重、典雅，是常年展陈名优精品花卉的地方。朱兆雪在个人著述中曾提及参与了该项目的结构设计工作。

唐花坞

人民大会堂剖面图及全国政协礼堂剖面图

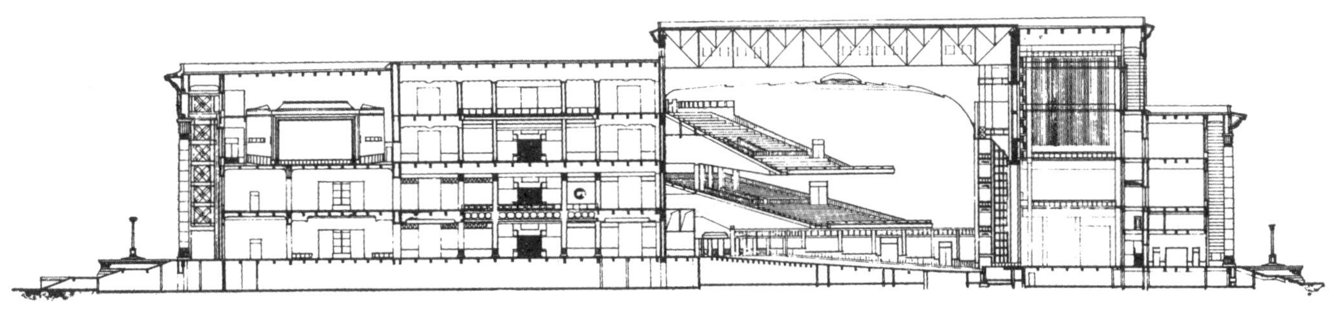

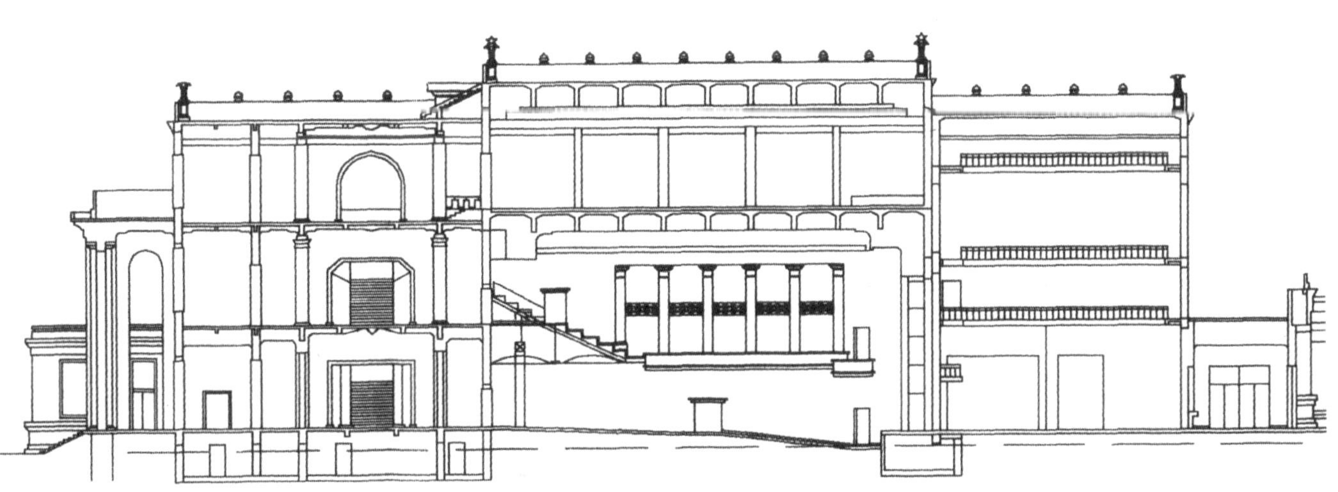

朱兆雪、赵冬日
对首都建设计划的意见（节选）

一、北京市的规模

北京，中华人民共和国的首都，已形成市区面积不超过一百平方千米，但现有人口却已超过了两百万。随着首都政治、经济、文化、工业、交通的发展，必将引起人口急剧增加。为了配合新形势的需要，势必开辟更多新的地区，势必扩展首都的规模。但这一扩展应该是有计划的，有相当限制的。苏联社会主义建设的经验是在大城市中力求避免集中过多的人口，各地工业建设应予以平衡的分布，1931 年 7 月联共党中央会议讨论改建莫斯科问题时，坚决地否定了在城市人口的数量上赶上并超过资本主义国家的口号，而使这一口号仅适用于工业的发展。在改建莫斯科的总计划中，对莫斯科人口的增加加以限制。这一宝贵的建设经验是值得我们学习的。我们可以预见，首都北京的工业将超速发展，人口将急剧地增加，市区面积有扩展的需要，自然可想而知。因此，为了适应发展的需要，谨拟定首都发展的规模，人口增加限制在四百万，地区扩展总面积，按每人占土地面积一百五十平方米计算，约六百平方千米。我们以为这是合理的。

二、土地使用分区计划

城市的分区，正同社会的分工一样，唯有合理的计划分区，才能使一切人力物力财力发挥其最大的效率。北京应该是全国政治、经济、文化、工业、交通的中心，全国精神文明和物质文明的焦点。为完成这一重大的任务，我们必须合理地计划分区，然后才能开始建设。

北京旧城是我国千年保存下来的财富与艺术的宝藏，它具有无比雄壮的规模与近代文明设施，具备了作为中华人民共和国首都的基础条件，自应用以建设首都的中心，这是合理而又经济的打算；是保存并发挥中华民族特有文物价值，顺应自然发展的趋势。虽旧城内现有人口过密，但是这一问题会因经济发展，无业与转业人口迁出就业而自然解决；同时因人口减少，拆掉老旧房屋，改建行政房屋自无问题，并且有足够的面积；同时更可使旧城免于衰落而向繁荣。至其他各区则环设在旧城四周，以与市中心取得紧密联系，并避免了不必要的交通通过城区，危害文物古都的安静。

……

三、中心区与东西郊中心区（略）

四、交通问题

北京，这座古城，具有以北京为中心的交通系统，今天伴随着社会的发展，首都的交通系统势必要更进一步地科学地计划与建设。（一）（二）（三）略

（四）以故宫为中心的皇城建筑，隔绝了北京的东西交通，民国以后，虽开辟了通天安门广场至东西长安街与景山前大街过金鳌玉蛛桥的道路为东西主要干道，但皇城以南（故宫以南）的东西交通仍旧阻隔，妨碍了人民交通，是近几十年来未能解决的严重问题。

为解决此旧皇城南部东西交通问题，计划开辟东起南池子，经故宫前东西阙门，过南长街，通中南海，达府右街的道路，是解决东西交通阻隔的唯一的彻底的办法，是经济而又合理的办法，并且不损害文物风景与北京体形。因为：

(1) 有故宫前太庙与中山公园间的一段现有林荫路可资利用；

(2) 通过南海与中海之间的一段，虽然需要拆毁东八所，西八所的建筑，但这些建筑并无艺术与使用价值；且有北海与什刹海，北海与中海间所开道路的先例，说明了并无丝毫影响文物环境与壮美形体，却使广大人民获得无可形容的便利；

(3) 是旧城的核心环路，可使行政中心区的通行更加便利。

（选自北京建设史书编辑委员会编辑部《建国以来的北京城市建设资料（第一卷 · 城市规划）》，1987 年 6 月）

张镈

张镈

张镈（1911—1999 年），生于广州，字叔农，山东省无棣县人。1934 年毕业于中央大学建筑系，后在北平、天津、南京、重庆、广州等地和香港基泰工程司从事建筑设计工作。1940—1946 年兼任天津工商学院建筑系教授。1951 年 4 月从香港回京任北京市建筑设计院总建筑师，兼任清华大学建筑系研究生导师等职。1990 年被评为首批全国工程勘察设计大师，完成百余项工程设计。中华人民共和国成立后代表作有新侨饭店、北京友谊宾馆、北京饭店东楼、人民大会堂、民族文化宫、北京民族饭店等。张镈先后在口述传记中讲述了其建筑创作生涯。1994 年出版《我的建筑创作道路》，2011 年出版《我的建筑创作道路》（增订版）及《回到故乡—建筑师张镈回忆录》。

他令我终身难忘

/ 金磊

我写张镈，可能不是最合适人选，但我愿为之。

结识张镈大师且有机会走近他，可能缘自1994年前后，我参加了北京建图书院筹备《张镈，我的建筑创作道路》图书首发暨他从事建筑创作六十周年庆祝活动。该仪式在他设计的北京友谊宾馆举行，那场活动院内外业界专家来了几百人，这代表了建筑界对这位德高望重的大师的敬意。在此会上，张镈竟向我提及那套中轴线测绘图玻璃底版，会后他就将它们送我保管了。出于研读他的书，出于从杨永生编审那对张镈总的了解，我更格外关注着他！如果说，在科技处的时候因审图工作，经常约请到张镈总，那么1996年我出任院研究所所长后，与他的交往“加密”，使我有了太多的学习机会，也了解到他不平凡的人生。

有感于张镈的非凡贡献，我在2011年组织《建筑创作》杂志社将《张镈，我的建筑创作道路》一书重新修订出版，此举得到杨永生编审的大力支持。我以为，张镈乃“八大总”的典型代表，后来在2011年杨永生策划"建筑名师系列"自传丛书时，他竟然希望我写《张镈传》一书。但这部著作我至今未完成。经过梳理发现，自1997年至今，我默默地以不同视角写过关于张镈大师的各类纪念文字二十余篇。今年乃他老人家辞世20周年，《五十年代八大总》一书的出版，相信他在天堂中会感到欣慰的。

一、缘于UIA北京会场外的特别一幕

2019年是新中国成立70周年，今年恰逢1999年国际建筑师协会（UIA）世界建筑师大会在北京召开20周年，也是张镈大师（1911—1999年）辞世20周年。从20世纪40年代张镈大师主持7.8千米的北京中轴线建筑测绘到1999年辞世，他为北京城的建设贡献将近60载。尽管这些年我不停地记录、归纳且思考，但每每在长安街行走，每每途经人民大会堂，那抵达现场的感触，那深入魂灵“故事”之顿悟，令我不能不将与张镈大师接触的所闻、所见之事介绍出来，作为对张镈大师的纪念。这些事不仅仅串起新中国70年北京建院的建筑记忆，更可由这些故事酿出情感与信心。

20世纪50年代“国庆十大工程”之首的人民大会堂，到2019年9月建成已60载，它每年迎来“两会”及国家一系列重要会议。

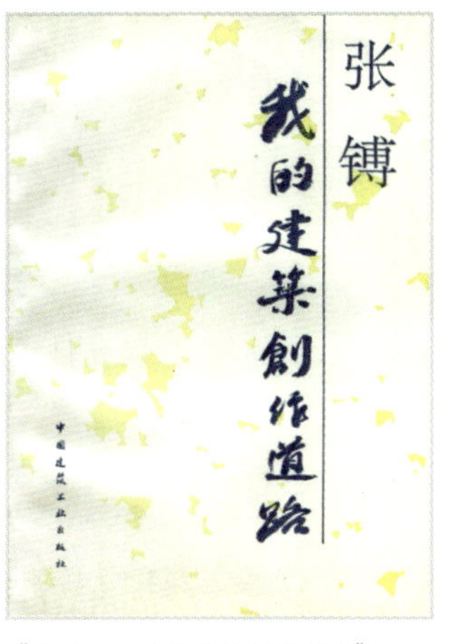

《张镈——我的建筑创作道路》

《张镈——我的建筑创作道路》增订版

《回到故乡——建筑师张镈回忆录》

令我们难忘的是 1999 年 6 月 23 日世界建筑界的重要时刻。这一天上午 9 时，在这里召开了约 7 000 人参加的有建筑界的奥林匹克之称的国际建筑师协会第 20 届世界建筑师大会，会上发布了指引全球建筑界 21 世纪方向的《北京宪章》。也许占一定数量的中外建筑师并不知晓这宏伟殿堂的设计出自何人？更不知会议召开时他的设计者，全国工程勘察设计大师张镈已重病在身，他的生命距终点只有一周时间。那一天我并未按常规与中外建筑师欢聚，而与几位同事，在上午 9 时，准时推开了张镈总建筑师同仁医院住院部的房门。当时目的很朴素，要在这一天陪伴张镈大师，使他不感到孤单，听他再讲述中国建筑的过去与现在。当我将他的“人民大会堂”与“民族文化宫”两个项目分别获得的“中国 20 世纪建筑艺术奖”的奖杯呈现给他时，张总很激动。他连连表示一个建筑师之所以作品受到表彰，贵在他得到社会认同，建筑师要敢于突出设计个性，加强艺术修养，唯有这种以社会责任当先的心态，才可使作品艺术魅力得到永恒。那天同去看望张镈大师的《建筑创作》杂志社团队有：金磊、李沉、左东明、傅兴。我们与张镈大师反复交流，听他老人家的嘱托，尽管医护人员反复要求我们离开，但我们还是努力待了一个多小时。这是在特殊之所，心有痛伤且充满感怀的相见，我难以忘怀他那渴望重返设计岗位的眼神。现在想起来我依然牢记张镈大师深情道出的话语嘱托：

“我由衷地感到过去的中国建筑师的辉煌成就已得到证明，21 世纪应出现更多辉煌的中国建筑作品。我特别有两点希望：其一，我已专门谈了作为中国建筑师应该具备的若干修养；其二，我以为中国 20 世纪 50 年代的城市建设事业是有组织、有领导、有计划的前无古人的创举，是应理直气壮正确宣传的。”

这一天，张镈又对我提到他于 1999 年 5 月在病榻上撰写的一篇长达 8000 字的《论建

1999 年 6 月 23 日，作者（右）到医院看望张镈

筑师从事创作的十点修养》，后来我细查，这“十点”其实是九个问题，即 1. 端正立场、观点、方法，讲究时间、条件、地点；2. 尊重历史唯物主义，运用辩证唯物主义；3. 熟悉历史，古为今用，洋为中用，推陈出新；4. 学习现代技术科学，避免机械唯物主义；5. 传统比例尺度相关，大式小式依据则例；6. 统一各专业间矛盾，靠过硬的基本功及技巧；7. 遵从“经济性”并精打细算，重视面积、定额、指标；8. 学习城乡规划设计，深入城市分区；9. 倾听群众不同意见，领会领导者意图等。

当然，那一天我记不清是怀着什么心情离开了同仁医院住院楼，这则记忆我始终没有忘却。2019 年在《中国 20 世纪建筑遗产大典（北京卷）》北京人民广播电台“城市广播”介绍中，我讲述了它。

二、他是“国庆十大工程”的功勋级人物

2018 年在编撰包含第一批和第二批中国 20 世纪建筑遗产作品北京项目的《中国 20 世纪建筑遗产大典（北京卷）》时，发现全国 198 项作品中，北京占到 50 项，而在所有有贡献的建筑师中张镈一人共囊括了 6 个项目。张镈是谁？张镈曾用“曲折的学历”讲述自己丰富的学习生涯：3 岁读方块字、5 岁随表兄读私塾、9 岁到 12 岁请老秀才教四书五经，同时接受“填鸭式”英文学习。中学后，在他大哥张锐（梁思成清华校友）启发介绍下，选择了建筑专业。3 位毕业于美国宾夕法尼亚大学建筑系的前辈梁思成、童寯、陈植教授建筑课，林徽因任美术课程老师。东北沦陷后，1932 年转入南京中央大学建筑系，直到 1934 年毕业被基泰工程司选中，开始了在该事务所长达 17 载的设计生涯（1934 年 7 月 1 日—1951 年 3 月 26 日）。为何提及张镈？因为在中外建筑师心目中他有经典作品屹立，甚至成为教科书，所以他不该被淹没于记忆的长河中，可当下的城市公众谁人知晓建筑师，确需要我们大家为北京城市建设的“大书”作出“导读”。忆张镈的贡献应先从长安街这条显赫大街入手，其变迁可称作中国当代建筑发展的纪念碑，在张镈大师入选中国 20 世纪建筑遗产 6 个项目中，除北京友谊宾馆、北京自然博物馆外，人民大会堂（与赵冬日合作）、民族文化宫、北京民族饭店、北京饭店（东楼）都是

1957 年天安门广场规划，设计院同事与外国专家合影（前排右三张镈）

张镈与赵冬日（左一）、周永源（左二）在会议中交流

1999 年世界建筑师大会在北京举行，图为大会开幕式会场

民族文化宫内景

长安街建筑的“范例”和地标。

在张镈著《我的建筑创作道路》（1994年版）中，列出他1951年至1991年主持指导的在京的55个项目，专有一章记述“人民大会堂修建始末”，这里不仅有他投身人民大会堂设计竞赛的体会，还有他受命主持、喜忧交集的心情。1958年10月16日，北京市建筑设计院党委书记李正冠，当面交予张镈中共中央和中共北京市委批准的人民大会堂中选方案草图，任命张镈为总建筑师，朱兆雪为总工程师。

在回望300天建设历程中，张镈反复回忆领导感佩至深的倾听诸多专家意见的一系列正确决策：其一，提出“适用、坚固、经济、美观”的建筑设计指导思想。今天人民大会堂使用60年，很适用；它经受了唐山大地震的

民族文化宫外观

考验，很坚固；经济上，它的各分项总额未超标；美观上，它不仅具备了端庄的形象，平易近人的天际线，东西宽 336 米与 500 米的天安门广场空间是黄金分割，其平均高度 31.2 米，低于天安门城楼 33.2 米，在艺术风格上，糅合中西传统建筑艺术，产生了既非“中而古”，也非“西而古”的效果，很耐看；其二，从实际出发，要求大而有当。大会堂的平面序列，吸取中国传统手法，在中轴线上，贯穿着一系列厅室，既雍容大雅，也气象万千。主入口通过列柱、高廊等到中央大厅，再到万人大礼堂。对于 5000 人宴会厅，周总理指示，应在同层、同厅，不可隔开，使较远坐席的客人，不能有敬陪末席之感，要形成济济一堂的氛围；其三，广场规划要兼顾周围环境。为此张镈研究了广场的性质规模与用途，对比了纪念碑及建设中的革命与历史博物馆，又研究了天安门与紫禁城的重门宫殿虚实融为一体之效果，从而成就了人民大会堂不墨守成规的设计；其四，警惕小孩放大，体现尺度宜人。张镈曾说，他的恩师梁思成曾向周总理表示，人民大会堂尺度过大如“小孩放大”不协调，总理听后十分警惕，并嘱咐大家要细究尺度，特别在空间比例上服从人的意识，做到物为人用。现在大礼堂中满天星斗的设想既示意了高天，也适应了人工采光与通风的均匀分布，这是周总理的指示，这让张镈等一批设计师找到脱离迷津的途径。周总理曾在看了几个方案后接见建筑师时说：人民大会堂大厅是议国家大事之地，要庄严且明朗，不可按歌舞剧院形式处理。“人站在地上，并不觉得天有多高；站在海边，也不觉得水有多远。‘落霞与孤鹜齐飞’之诗是对水连天、天连水环境的描写，应给我们一种启发。”总理的水天一色的启迪，不仅让建筑师们听入了迷，更对设计产生了诗意内涵新颖创作的联想；其五，总理身教言传，踱步确定台阶坡道。在台阶与楼梯的分析与示范上，如东大门是代表们主要出入口，要走上 5 米高度，每步按 0.135 米高，0.35 米深设计，共 36 步，分三组到达柱廊下，这使代表们上下较轻便，总理为此来回上下踱步多次。那时他已 61 岁，仍坚持亲自实验才做决定；再如西大门是主席团入口，总理指导建筑师要考虑坡道平缓度，要充分给出适于轮椅者使用的条件；其六，总理点名选材很专业，成为建筑师的榜样。如重要的部位选定艾叶青大理石作柱廊材料，以东北红大理石为柱础，汉白玉做柱头。为省工时、省费用，人大会堂的外墙采用“革历博”的预制剁斧的“面材”，即是在钢筋混凝土胎子表面上抹上假石材料，在现场场地上剁斧，然后用钢钩与墙内外的钢筋网板焊死，最后填充浇注水泥砂浆，此方案在总理支持下成功采用。据张镈回忆，人民大会堂工程在全国人民支持下如期完成，国务院特举行盛大庆功宴，总理特邀他到第一桌主宾席上，对他更对全国千千万万的建设者举杯祝贺“我给你打个五分满分”。

作为“国庆十大工程”的民族文化宫的建筑艺术价值也非同小可，其建筑设计是张镈的另一力作，其影响力早已走出“国门”。中共中央将民族文化宫的建设地点选在西单与复兴门之间，当时的任务是尽快拿出一套民族文化宫的设计方案交上级审查，设计任务落到北京市建筑设计院张镈总建筑师身上。国家民委一开始的想法是给民族文化宫设计一个能体现出民族特色的大屋顶，设计人员担心设计大屋顶的民族文化宫有“浪费”之嫌，都不敢按照此

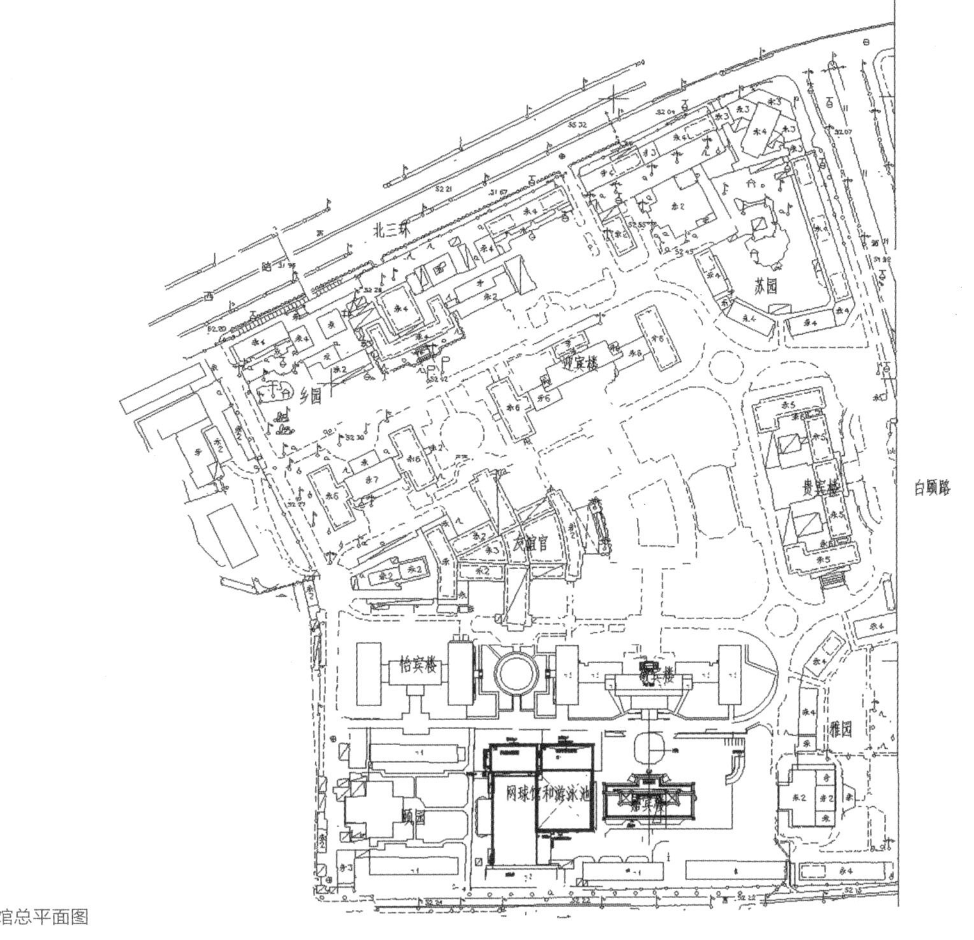

友谊宾馆总平面图

方案去设计。最初提出的设计方案也很局促，建筑面积只有 7000 多平方米（现为 3 万平方米）。经过大约 16 个方案比选后，基本确定了中间为高层塔式建筑，两翼对称，平面呈“山”字形，集亭台楼阁塔于一体的设计方案。民族文化宫从 1958 年开工到 1959 年 8 月竣工至今的 60 年历程，不仅成为 20 世纪 50 年代北京“国庆十大工程”的标志性建筑之一，还以其浓郁的民族艺术风格，阐释着中国的民族政策，反映了中国平等、团结、互助、和谐的民族关系。民族文化宫主楼 13 层，高 68 米。墙面嵌白色釉砖，飞檐楼顶冠以孔雀蓝玻璃瓦，建筑造型别致，显得挺拔秀丽，成为令人赞叹不已的传统文化艺术珍品。它曾被英国出版的《世界建筑史》列为新中国第一宫；1994 年在北京“我喜爱的民族风格建筑”评选活动中，荣列 50 座中选建筑之榜首。“国庆十大工程”中，北京民族饭店也是张镈大师的力作。

三、传统与现代的交织是张镈一直求索的目标

北京友谊宾馆是20世纪50年代用于接待苏联专家的招待所，一期工程1953年建成，1956年整体建成，是一座全对称，具有浓郁古典风格的园林建筑群。它是新中国成立后北京“元老”级的建筑，且至今仍属中国当代传统庭园建筑创作的“极品”。它以贵宾楼与友谊宫为轴线，南北“工”字形配楼呈严格对称布局，屋顶吻兽设计为和平鸽状，象征和平愿望。北京友谊宾馆也是张镈大师的力作。

今日看上去仍无比精彩的北京友谊宾馆，但也许更多的年轻人还不知在它的设计建造中经历了怎样的风风雨雨。张镈曾回忆说，1955年初主体结构到顶，加工的琉璃瓦件已到工地时，《人民日报》对这个工程重点做了评论。张镈大师对此也分析认为，建筑师有想为人民创造喜闻乐见之建筑以增加爱国主义热情的良好动机，但要有了解工人群众的思想感情，否则是不会有好效果的。他还表示，对宾馆设计的评论，确实提醒建筑师不要为追求形式而牺牲实用。

事实上对大屋顶的质疑全国各个历史文化名城一直在持续。如另一入选第三批中国20世纪建筑遗产的“北京图书馆新馆”项目，自1975年启动方案设计，从最初的114个方案到最后的“五老方案”(戴念慈、杨廷宝、张镈、吴良镛、董远强)，当时就有一系列针对“五老方案”的大屋顶方案的反对之声，但来自专家和观众对方案论证之声是“搞不搞民族形式很重要，不是可有可无，因为中国人乐于接受，对世界建筑也有贡献……国家图书馆应反映民族风格及民族文化特点，不可与现代西方建筑雷同。”现在建成的北图新馆方案，在专家评介中，好评71条，差评只有3条。

北京饭店东楼也是由张镈大师设计的，人们从设计中感悟到的不仅有建筑师的技艺，还有张镈对党中央的一片深情。北京饭店的中楼

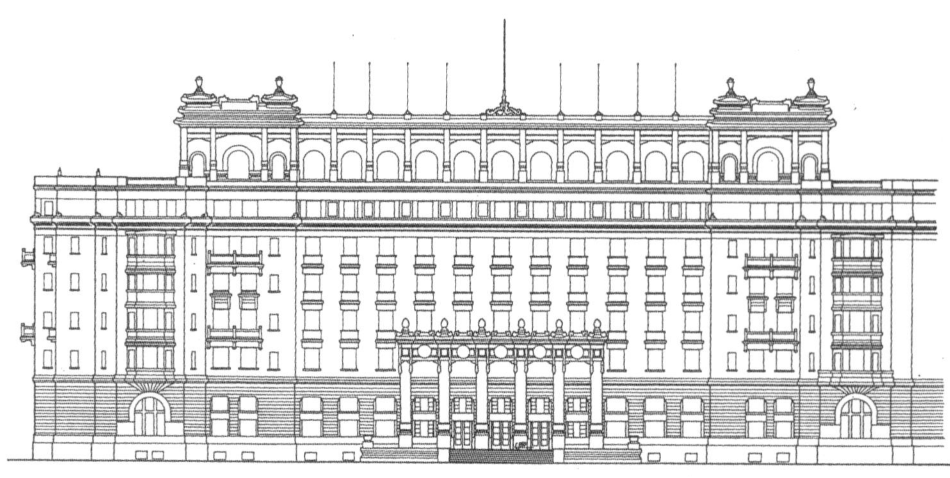

北京饭店西楼正立面图

中央大学建筑系同学合影（1934 年）。后排左起：曾子泉、唐璞、林宣、王虹、朱栋、张镈。前排左起张家德、吴若瑾、于均祥、张玉泉、费康

参加中日建筑师会见时的张镈总（前右）和赵冬日总（前左）（1997 年）和建院同事

张镈（右二）、杜仙洲（右三）与专家交流

1997 年在张镈家中，左起：张镈、金磊、王时煦

建于20世纪20年代，在其西边为1954年建成的北京饭店西楼。如今，在长安街台基厂路口向西望去，除北京饭店贵宾楼外，最显气势的是宏伟的北京饭店东楼。张镈曾逐一描述过他的设计始终贯彻“一是实践观点，二是群众观点，三是全面观点”的方针。他认为，建筑艺术风格是时代背景的见证。在一段300米面宽的地域上，改扩建新东楼的困难，一是1919年前初建成的老东楼的四层砖木结构属标准的半殖民地式洋楼；二是1922年后改建的中楼，带有“洛可可”风格；三是戴念慈先生设计的西楼，1954年建成，设计风格受前苏联专家的影响。张镈十分赞赏戴念慈作品的成就，他曾说：“我看过戴总亲手用水彩画的透视图，红色透明、淡雅达到了与长安街上的‘红墙’连成一片的效果，成为天安门城楼东端的结束点，十分成功。虽然有人认为它琐碎，我则认为用普通材料、粗犷的横线条、丰富的轮廓线，以取得传统建筑艺术神韵来说，戴总的设计是个创造性作品。他既不受苏联建筑艺术影响，也不失国际式的赞誉，在建筑艺术处理上不愧为一代名师”。

北京饭店扩建东楼的方案设计时，张镈正抱病，他带领数名年轻建筑师共提出了20个方案，周总理唯独对20号方案流露出欣赏目光，他要求北京八大饭店的相关领导对这20号方案具体推敲，定案后作出模型。工程很快于1973年春季动工，且以一周一层的速度增高。国庆节前后，工程已到13层，一位工程师问张镈新东楼什么朝向的房间好，并自问自答，“晴霁天，凭窗眺望，向西的朝向好，因为远可见西山逶迤，近可将故宫尽收眼底”。

四、他堪称北京历史文化名城的建筑“守望者”

张镈系我国第二代著名建筑设计大师，自1934年加入当时全国最著名、最大规模的基泰工程司设计机构至1999年7月1日辞世共计65载，一直被业界奉为最有创新思想且设计技法高超的大师，这其中为北京城市建设进行建筑创作整整50年。20世纪70年代在周总理举荐下，这位两广总督张鸣岐（1875—1945年）之子，成为第四届全国人大代表。忆及张镈对北京城市建筑的贡献，不仅有如上已载入史册的20世纪建筑遗产项目，还有鲜为人知的贡献。20世纪90年代初，张镈大师将两盒共计300余张印有北京中轴线测绘图的玻璃底版交给我保留，它促使我不能不了解到这些玻璃底板背后的故事。1994年2月张镈著《我的建筑创作道路》一书出版，其中有一节专门介绍他在基泰工程司时如何接受任务的经历，讲述他1941年1月至1948年12月出任华北基泰主持人所做工作。今天看来，张镈为北京历史文化名城保护，为北京中轴线14处遗产点整体“申遗”，是做出了非凡贡献的，此举应让更多的公众知晓。话还要说到，张镈的恩师梁思成的导师朱启钤（1872—1964年），朱启钤，光绪举人，建筑史学家，民国初曾任北洋政府交通总长等职，1929年创办中国营造学社，为中国传统建筑遗产保护及20世纪北京城市建设做出了一系列奠基性工作。北京从南到北（永定门到钟鼓楼）7.8千米中轴线，是北京这座历史文化名城的象征，它被誉为“都市计划的无比杰作”，更有“世界城市建设史上的奇迹”之称，重要的是人们也许并不知，围绕“中轴线”的保护确有一段被历史尘封了近八十载的往事。这是朱启钤组织策划、张镈执行的北京“二战”期间建筑界保护中轴线遗产的壮举。张镈曾专门记叙过他率领天津工商学院（其工学院在新中国成立后并入天津大学）建筑系师生测绘中轴线建筑的历程。

张镈回忆道：“朱老对我说，从历史上看，历代宫室难逃 500 年一次大劫之灾。传统木结构经不起火焚、雷击，圆明园的石结构也逃不过兵火之灾。他十分珍惜明清两代保存下来的文物，认为这是传统建筑的瑰宝，要及时精确实测以留下真迹……建议以基泰事务所名义与之签订承揽测绘故宫中轴线古建筑的合同。”于是张镈的基泰工程司承包了故宫中轴线及其外围的文物实测工作，如左祖、右社、天坛、先农坛等。中轴线测绘工作，北起钟鼓楼，南抵永定门，重点是紫禁城内的主要建筑。张镈 1991 年写给故乡山东无棣县政协的回忆录中说，“测绘人员百分之九十是我在天津工商学院教书时的学生。我们的工作地点就设在天安门后端门前的西朝房中。为了保存真迹，图纸选用厚的橡皮纸，每张尺寸为 42 英寸 ×60 英寸（相当于 1.07 米 ×1.53 米），因此在比例尺上至少为 1 ： 100，某些细部为 1 ： 50 或 1 ： 20。师生们的工作都十分认真，测绘时攀登高点不畏危险。把每一构建都作详测，甚至连玉台台阶、栏杆也是步步实测。此项工作自 1941 年 6 月开始至 1944 年秋结束，张镈时年才 30 多岁，与大家一起到瓦面屋脊处亲手测量，不时钻入木架内部去观察细部，并照相留下真迹，这种实践培养了师生爱惜祖国文物之心，也对中国传统建筑构造和外形风格有了更深的认识，此举乃开中国建筑实测之先河。这次实测是故宫自明朝建成后 500 多年来

紫禁城角楼测绘图

图典沉浮六十年

今年初，一部名为《北京中轴线建筑实测图典》的书，由北京市建筑设计研究院《建筑创作》杂志社主编并由机械工业出版社出版。作为一名普通的北京市民，您可能不会知道，这部图典的诞生，竟会是在它面世的六十年前，更不会想到当年精心策划这次测绘工作的中国营造学社社长著名人士朱启钤先生，为保护古都北京的良苦用心，以及具体承担此项任务的建筑大师张镈先生为此承受了半个多世纪的误解之尘。今天，回首古都的沧桑巨变，人们才开始逐渐认识到这部图典的分量，它的每一页里，都蕴含了爱国知识分子为呵护中华民族文化瑰宝而洒下的汗水和泪滴……

喜读图典

这部图典绘制的主持者张镈先生（1911-1999）是我国著名建筑设计大师、北京市建筑设计研究院总建筑师、人民大会堂的设计者。

古建筑测绘与文

一次记录和保存明清紫禁城宫殿资料的重要活动

北京日报中对于《北京中轴线建筑实测图典》出版的系列报道

《北京中轴线建筑实测图典》

最大规模的一次工程测绘，这件事也是中国古建史上的“大事件”。2020 年，故宫将迎来 600 年，故宫博物院原院长单霁翔反复倡导，要将壮美的紫禁城献给下一个 600 年，这话语道出了文化遗产保护观，不仅有使故宫博物院文物“活”起来的策略与措施，更有让紫禁城建筑更加壮美的思考。

2005 年元月，在故宫博物院建院 80 周年前夕，由马国馨院士主编（本人任副主编及策划）的《北京中轴线建筑实测图典》出版（机械工业出版社　2005 年 1 月），对于张镈率师生于 60 年前的建筑遗产保护之壮举，傅熹年院士说：“由于它的重大历史、文化价值和唯一性及不可再生性，要求我们一定要绝对地、完整地、忠实地保存其原状，使其蕴含的历史和文化信息能持续保存下去。保存工作除不断地进行原状维护、维修使之延年益寿、老当益壮外，通过测绘，精密地记录其全貌和特色时期的现状也应是重要内容之一……这套图绘制精密、数据完整，远远超过目前古建筑测绘图的精度”；马国馨院士评价：“这批测绘图纸是故宫研究的重要史料……这项工程远非一般修缮工程可比，特别在特殊历史情况下，能进行科学测绘记录可谓一件奇事……从 1944 年测绘完毕至今已 60 年，从中央研究院 1934 年拨款准备出专集也已过去 70 年，如今这批珍贵的图纸和资料终于付梓问世，也可告慰为中国建筑筚路蓝缕的诸前辈”；《建筑创作》杂志社在 2004 年访谈天津大学冯建逵教授时，他说：“……张镈先生的绘画水平很高，但他平时很少画……有时看到同学们的画面太呆板，就拿起画笔只‘唰唰’几笔就给同学们的画稿加上了大树和绿草……这次实测是故宫自明朝建成后 500 多年来最大规模的一次工程测绘，这件事也是中国古建史上的一次壮举”；笔者在那本书的编后记中说：“……紫禁城作为有传统活力的、最特殊的、最珍贵的艺术杰作在空间上的卓越风格在今天给人更多的感受。如果说梁思成先生是最早把我们古代建筑和外国古典建筑并列引入建筑设计教学体系是一个创举，那么我们所编撰出版的这部《北京中轴线建筑实测图典》就是对梁思成先生、张镈先生等老一辈建筑家的不能忘却的纪念”。

五、张镈留给业界怎样的职业思想与建筑精神

张镈是带着辛亥革命的余温呱呱落地的，以张镈大师为代表的为新中国建设做出贡献的老一辈建筑师为坐标，不仅可回眸百年中国建筑，更可感悟到一代大师身影下的道道踪迹，尽管它们有深有浅，有高有低，但汇聚起来就是中国建筑师成长的经典标杆。在新中国成立70周年到来之际，将张镈大师作为“八大总”编入书中，不仅要纪念，更为了发现其作品与思想的传承与创新之处，其中有作品的公众审美认同，也有值得建筑界学习的人格光辉与匠人精神。

一个时代有一个时代的思想、道德和处世准则，不管怎么变，人类社会与文化总是要进步的。建筑是人类社会的精神与物质的财富，是建筑师对社会、对时代、对城市的塑造与思考，更是建筑师对生活解读、反思的提炼与概括。当下，不论建筑师如何贴心并服务社会，创作被视为崇高，建筑师也因其作品的影响力而受敬重，反映城市化方向，符合人类共同信守的审美与需求标准已成为建筑师职业的必需。《张镈：我的建筑创作道路》一书中列出的新中国成立后张镈主持并指导设计的55个项目，我想今日看来虽未必都是传世之作，尽管设计创意之初并不一定有那么多伟大抱负，也未必以匡扶天下为己任，但我们不能不承认，他的相当一批作品代表了那个时代的建筑主流。因此，完全可以说，伟大的建筑师也是伟大的思想者，那些体现在他的建筑作品中的先知先觉思想的内核是时代精神的内核。走近张镈，就要学习他、读懂他，因为现实中尽管高校开设近现代及当代建筑史课程，但对梁思成、刘敦桢、杨廷宝等建筑前辈感兴趣的人并不多，甚至有相当一批已经大三、大四的学生竟然不知道张镈大师与人民大会堂、北京民族文化宫、北京友谊宾馆、北京饭店东楼建筑的关系。

对张镈大师虔诚学习与研究的发现表明，传播张镈设计精神确有现实的建筑与城市文化意义，这不仅是因为在他身上兼有作品、思想与人格的力量外，他更道出了一位大师的成功之路。如果说张镈大师的可贵处是闪现了难能的生命体验，那么我们从他身上能真切地感受到人生世事的领悟，独特的生命意向奠基的人格光辉；如果说张镈大师闪现持久的作品魅力有公众的审美情趣，那我们更可看到他设计关注民生是他一种内驱力，是深怀强烈社会责任感的建筑师，即使自身困顿，也能从中获得观察公众需求的视角，遍尝苦滋味，创作出新境界。亲历是真实的、亲历是可信的、亲历是感性的、亲历又是珍贵而无法复制的。他始终保持内心的自由和独立人格，不墨守成规，不迷信古人、洋人和权威，不随风赶潮流追时髦，保持对中国建筑的挚爱和对真理追求的执着。在中国第一代建筑师中，杨廷宝一直是张镈授业解惑的榜样，而他本人同刘敦桢、童寯、梁思成诸先生一起展开中西文化交融下的中国建筑之探索，奠定了中国近现代建筑教育的基础。

任何学者都没办法超越他自身所处生存环境的制约，这就需要他要有生存智慧与技巧。如他坚持创作与学术相长的渗透，拓展了作为知名建筑师的空间；他不丧失作为职业建筑师可贵的良知，在变数如此大的多个时代，坚守住了建筑设计与学术发展中的恒定东西。1999 年 7 月张镈辞世，7 月 7 日北京建筑设计研究院在八宝山革命公墓举行追悼仪式，许多建筑师用不同的撰文方式表达了缅述之情，这里选取其中十位北京建院人的文字，以表达他们对张镈大师的悼念之情。

马国馨（中国工程院院士　全国工程勘察设计大师）在回忆张镈大师的贡献时赋诗一首：

总师建院五十年，
吃蜇长智肺腑言。
师承杨梁研古例，
博采中西创今篇。
“民族”挺立成伟业，
“人大”巍峨聚英贤。
一代名师乘鹤去，
长留念记在人间。

真正和张总有所接触要到 1970 年建国门外修建国际俱乐部等外事工程的时候，现在看来这些工程的规模都不算大，可在当时已经是“大工程”了。老总们当时都还没有正常工作，但张镈和张开济两位老总都为俱乐部工程提出过具体指导意见。在一次讨论其总体布置时，对主入口的位置我们倾向于放在东侧，张镈总主张放在南侧朝长安街，当时为此讨论到夜里很晚，接着我按张总的意思连夜绘制了一张炭笔粉彩的透视图，第二天张总看到后可能觉得比他想象的效果要好，还着实称赞鼓励了一番。

以后随着张总正常恢复工作和 1974 年我担任六室副主任以后，工作上接触和请教的机会也逐渐多了起来。当时为了准备西二环干道的建设，专门成立了一个由黄晶、凌信伟、肖济元、徐国伟和我参加的规划研究小组，对全国一些大城市主要干道和规划进行调研分析，想从中总结出一些可借鉴的经验教训，其间张总多次给予指导，他十分注意道路红线宽度和沿街建筑高度间的比例关系，并多次用设计院前的礼士路为例来说明这一问题。后来我们去南方上海、广州等地调研时，院里考虑张总因“文革”期间长期没有外出，所以让我们在上海、广州两地陪同张总参观，并照顾一下他的生活起居，这使我们有了一段朝夕相处的机会。

记得我们第一站是到上海。那时出差住宿都要靠介绍信，我们一去就给安排在建工局的招待所，周围环境噪声很厉害，我们年轻还好对付，张总就有点委屈了。第二天一早我就跑到上海民用院找陈植老想办法，那时陈植老是民用院的老总，在我印象里是一个和蔼可亲而又十分机智幽默的老头，我闯到那里和陈老一讲，他说那怎么行，咱们赶紧想办法。我急中生智想起张总那时已是全国人大代表了，陈老说那我们去市革委会试一试。当时民用院和市革委会很近，陈老领着我从市革委会南面一个小门走进去，一面走一面寓意双关地对我讲：办这种事咱们得走后门。后来在市里开了一封信，把张总安排进了外滩的和平饭店，才算松了一口气。

何玉如（全国工程勘察设计大师　时任北京市建筑设计研究院首席总建筑师）在回忆与

张镈总最后一次面谈时说：听说张镈老总病重住院，于是忙完世界建筑师大会之后，就匆匆赶往医院。他闻讯后，早早坐在轮椅里等候。见了面，我忙不迭地致歉，表示由于事务缠身，这次从2月住院以来，一直未能前来看望。

张老总是我院第一代的总建筑师。他在这个岗位上整整耕耘了60多年，直到1996年，我上任总建筑师后的第五年，他才离职退休。此后，我仍不时地向他汇报院里的重大事项，有疑难的技术问题也向他请教。他总是有求必应，谆谆告诫，甚至有时还亲自勾画一些草图。所以这几年来一直是由我负责与张老总联络。

记得上次见面，还是在半年前。要过春节了，我去他家里慰问，我汇报了国家大剧院设计竞赛的前前后后，以及现在进展的情况，当时他虽有病变但仍精神矍铄谈笑自若，还不时地发感慨，并一再支持我们继续努力，丝毫看不出有病的迹象。不曾想，这次见面，虽然面色依然红润，精神还算清爽，但由于胸腔开始积水，他只能听我讲在人大会堂召开的世界建筑师大会的情景，只能边听边微笑着点头，心里千般话语，却难以倾诉。但是，他的头脑依然清晰，心里非常明白。我跟他说，非常感谢去年底为我的作品选撰写了序言，还特意在一张白纸上认认真真地签上了大名。遗憾的是排版时被出版社把签名纸弄丢了，我不忍心在张老总病重时来打扰，只好在他每次给我写的信中，挑选了一款最为精美的签字，复制上去。他听了笑笑，同时点了点头，表示得到了他的首肯。

我还谈到人民大会堂的外墙面改为石材，现在东南西北四个立面都已整修完毕，效果很好，保持了原貌，而且显得更为庄重。他欣慰地笑了。人大会堂是他毕生最大的杰作，也是中国建筑史上的不朽之作。如此政治性极强的建筑，其外墙理应用花岗石，但令人遗憾的是当时由于工期过紧，而改为预制剁斧假石。为了将来有条件时改回真石，他特意在“钢筋混凝土柱外砌了24墙砖空位，为改换挂砌真石面材留有余地”。40年来，这一直是张老总的一块心病，现在终于在庆祝中华人民共和国成立50周年前夕，得以如愿。为此，他曾多次坐着轮椅去人民大会堂商讨改建之事，并亲自选定石材。

刘力（全国工程勘察设计大师　北京市建筑设计研究院总建筑师）：张镈大师离开我们去了，遗体告别时，见到了张总那熟悉的面孔和安详的表情，就像仍在思索，仍在对后辈建筑师谆谆教诲……

1963年我大学刚毕业到设计院时，就在张总的领导下参加西单路口（现在西单文化广场后面）高层商业建筑的全国建筑方案竞赛。那时我初入院门，张总来到我们办公室看图时，见到张总对民族传统建筑文化的无比珍爱，如数家珍地对北京城市各种数据的清晰背诵，在方格网上做平面图的技巧，对当时的我，除了聆听只有向上仰视，佩服得五体投地了。而今西单路口以西单文化广场为中心的建筑群即将在50年“大庆”时建成，他们能否成为首都一组成功的片段而奉献给首都人民，真想听一听张总的高见，然而这已经不可能了。在纪念一代宗师，建筑泰斗张镈的时候，我想到了如何继承和发扬他半个世纪辛勤探索建筑的民族化及现代化所做的杰出贡献，我想到了接力棒。

张镈与外国专家一起工作

《我的建筑创作道路》出版座谈会上，时任北京市常务副市长的张百发（右）向张镈祝贺

院技术室专家合影，前排左起为吕光大、胡庆昌、张浩、张镈、张开济、赵冬日、白德懋

胡越（全国工程勘察设计大师　现为北京市建筑设计研究院有限公司总建筑师）：记得1995年的冬天，在现在国家大剧院的位置上准备盖人大常委会办公楼，方案组的几个主创人员到张总家去征求意见，当时我也在场。在张总家里，我们向他介绍了方案的情况并听取了张总的意见。谈话的具体内容已经记不清了，但有一件事令我终生难忘。张总谈起人民大会堂各处的比例和尺寸，如数家珍，滔滔不绝。每一个数字，包括小数点后的数字都记得非常精确。一个八十多岁的老人有如此非凡的记忆力，不能不令人叹服。这些数字不仅仅反映了张总超人的记忆力，同时也反映了张总执着的敬业精神和高深的专业素养。张总所处的那个时代，环境没有现在宽松，条件没有现在好，但仍然创作出如此非凡的作品，反映了那个时代的最高水平。相比之下，现在的建筑师应该端正心态，放下浮躁，不为名利所扰，真正去实现一个建筑师的价值。

徐健（时任北京市建筑设计研究院主任建筑师）：一个偶然的机会，能够当面聆听大师的教诲，却不曾想大师是这般平易近人。87岁高龄的他，思路敏捷，出语惊人，对往事，对未来，有着精辟的见解。当时我正进行有关中国古建筑的专题研究，拿出草拟的提纲请张总指教，在张总面前奢谈古建似有班门弄斧之嫌，没想到，张总认真看了提纲，给了我极大的鼓舞。张总说，这个专题研究有新意、有突破，相信会取得很好的成果。那一天，大师很健谈，谈到建筑设计中许多方面的问题，言语之间表达了老一辈建筑师对建筑事业的不懈追求及对年轻建筑师寄予的厚望。

走出大师的寓所，我感慨良多，大师的思想、修养和作品之丰富，涉及面之广，是我们普通人所无法相比的。这无论对建筑界还是对社会都是一笔宝贵的财富。不料，这次访问是我跟大师见的最后一面。

魏大中（时任北京市建筑设计研究院总建筑师）：与张镈总第一次接触是在1974年做北京图书馆方案时，后来在做长富宫、天桥开发区规划时又多次得到他的指导。张总拥有良好的艺术修养和专业功底，在对建筑处理和空间、尺度、大小的把握上十分清楚，对于建筑的经济性和技术的可行性考虑周到，从不感情用事。他取得这样的成就，除了个人的天分，与他认真细致的工作态度也是分不开的。他做工程首先是为国家政策服务，而不是个人扬名。张总勤于动手，每次方案讨论后，第二天他就送来勾画的草图，都是具有针对性，可实施的。张总对于继承发扬民族传统的建筑风格有很突出的贡献，代表了一种探索方向。他在五十年代做的一些建筑，如民族宫、友谊宾馆，将古典形式与现代的功能完美结合，不仅经得住时间的考验，现在看也是很难超越的。

朱小地（现为北京市建筑设计研究院有限公司总建筑师）：我对张总的认识主要来源于他的作品，从中可以领略到一代大师的风范。中国建筑师的地位不是很高，其中一个原因就是缺乏大师级的人物。张先生的作品体现出他对大型建筑的整体把握能力，从平面、立面、细部的处理上都很得体。整体性把握的能力是中国建筑师最缺乏的，这里建筑师的感觉很重要，而张总对这方面极具功力，他对建筑各层次关系的把握、对细部的处理，用笔非常恰当，细致入微。

作为大师，在建筑史上要占据一定的地位。张总是将中国民族建筑现代化的第一人，成就突出。他的一些作品如民族宫、友谊宾馆，是中国现代建筑的典型范例。对中国建筑的发展方向进行探讨时，能感觉到张镈大师在这方面的实践已经达到一个巅峰。

改革开放以后，很多建筑都追求民族特色，特别是北京的一些建筑，但很多都不成功。其中原因，一方面是现代建筑师对古建筑缺乏了解；另一方面是没有处理好细部，对古建筑如何简化，如何用现代的符号去诠释民族形式理解不深；还有就是对规模差异的理解，民族形式适合小体量，而现代建筑体量较大，结合不好。所以张总的整体设计思路和深厚的基本功都是很值得年轻建筑师学习的。

周治良（时任北京市建筑设计研究院副院长）：说到张镈先生，我有许多感慨。他的为人，他的敬业精神，都是我们学习的榜样。特别是以下几个方面：

1. 张镈先生是非常爱国的。他有着极高的民族气节和爱国精神。解放初期，张镈先生在香港工作。那时国家百废待兴，急需各方面人才。张镈先生怀着一颗爱国之心，舍弃香港的优越生活条件，义无反顾地回到祖国来报效人民。

2 张镈先生非常平易近人。他是技术权威，并且对古建筑有着深刻的研究。但他从不盛气凌人，别人对某项设计或提出意见或提出建议，他总是虚心听取别人的意见。他能够汲取时代中最好的、对自己最有益的知识，随时充实提高自己。正是因为这样，他才能永远跟上时代的步伐，走在时代的前列。我认为，中国建筑师要想创造中国的好建筑，首先一定要认真学习、研究中国古代建筑技术与艺术，然后再学习西方先进技术。只有如此才能创造出中国当代的优秀建筑作品。周恩来总理曾说过，古今中外，一切皆为我用，不认真学习祖国优秀的传统技法，而只是天天喊着要继承发扬，这是空谈。

余军（时任北京市建筑设计研究院主任建筑师）：张镈先生 1934 年毕业于南京中央大学建筑系，中央大学是我的母校东南大学的前身。故此张先生即是我的同业前辈，又可说是我的校友学长。80 年代后期我毕业后来到我院工作，张先生是我院顾问总建筑师，退而不休，仍勤奋于建筑设计领域，且早已成就卓著，享誉全国，是我高山仰止、心向往之的大师。

张先生的创作盛年，恰逢开国之初的盛世，建设高潮风起云涌的年代，有大量的建筑创作机遇。张先生毕生最耀眼的作品就诞生在这个时期，如人民大会堂、民族文化宫等。其中民族文化宫是民族建筑和现代建筑相结合最为成熟和最具代表性的作品，是当时的一座高峰。我认为其成功的原因至少在于 :1. 适应当时的时代精神。建国初期的民族主义热潮和反对西方帝国主义的情绪是全国人民及领袖们的主体意识，因此民族化建筑很容易为当时所接受 ;2. 建筑单体的规模、体量为民族形式的运用提供了恰当的载体；张先生本人及同时代一批建筑师对传统建筑的修养是现在大部分一线建筑师们难以达到的。民族文化宫的出现恰好具备了上述条件。从建材及技术方面看，它主

北京建院院刊《设计·信息·网络》中纪念张镈大师专版（1999年7月9日总第40期）

辉 煌 六 十 五 载

张镈大师主持设计的主要工程项目一览表

工程项目	年 份	工程项目	年 份	工程项目	年 份
新侨饭店	1952 年	文化部办公楼	1956 年	民族饭店	1958 年
友谊医院	1952 年	水产部办公楼	1956 年	光明日报社	1964 年
公安部办公楼	1953 年	自然博物馆	1956 年	北京饭店东楼	1972 年
天桥剧场	1953 年	前门饭店	1956 年	西直门火车站	1975 年
友谊宾馆一期	1953 年	永安路实验小区	1958 年	北京饭店贵宾楼	1984 年
地质学院及总图	1953 年	民族文化宫	1958 年	钓鱼台 18 号楼	1985 年
亚洲学联疗养院	1953 年	人民大会堂	1958 年	华侨饭店	1987 年
北京工业学院及总体布局	1953 年	民族文化宫礼堂	1958 年	无棣唐塔	1991 年

（摘自张镈《我的建筑创作道路》）

出版：北京市建筑设计研究院信息部（内部交流）
E－mail: Biadinfo@ 263. net
地址：北京市西城区南礼士路 62 号
电话：6801. 1155—8280、3480、8246
邮 编：1 0 0 0 4 [illegible]
责任编辑：张燕 杨春凤 崔[illegible]

要是以砖石表现为主，与传统大屋顶雄深的厚感及琉璃瓦的使用相匹配。70年代张总指导设计北京饭店东楼时，时过境迁，早已不是50年代的气候了。张先生也没有勉强按精熟的套路走下去，而是更趋简洁而现代，体现了他适应时代的创新精神。

1999年7月1日，张先生作古，这是一个令人悲伤的时刻。张先生作为一个时代的代表确令我们后辈学习。我除了表达对大师怀念之情，也必须思考着中国当代建筑师的时代命题。反思一下当代建筑师在建材如此进步的今天，为什么竟设计不出一个能与民族文化宫相媲美的建筑，确令人沉思。

郁彦（时任北京市建筑设计研究院总工程师）：我和张镈先生30年代就相识，那时他是天津工商学院的老师，我是土木工程系的学生，以后又长期在一起工作。几十年的接触，我认为张镈先生有两点很突出：一是爱国精神和敬业精神。建国初期，张镈先生在香港工作，有优越的生活条件和工作条件，移居外国也很容易。但听到祖国的召唤时，他义无反顾地放弃这一切，投身于祖国的建设中，数十年如一日，把自己的学识、才华尽数奉献给祖国，即使在文革期间受到冲击，也没有动摇信念。二是张镈先生才思敏捷，在建筑上有极高的造诣，但他仍极为勤奋，可以说是手不停笔，随时随地都在勾画草图，思考方案，把对专业的执着贯穿在建筑设计的每一个细节上。

从此种角度出发，我们必然产生如下建言：

1. 要开展张镈大师设计学术思想的比较研究。比较作为一种评判方法，是越来越受业界关注的认识过程。张镈虽未留过洋，但他自觉接受了外来教育，第一任老师梁思成、童寯、陈植3教授均出自美国宾夕法尼亚大学，该学校是在法国“美专”基础上，走上艺术与技术并重之路的享誉世界的名校。张镈毕业后基泰工程司17年的设计经历（至少百余项工程）已使他成为第二代建筑师中的佼佼者。在这点上他同他的老师杨廷宝很有共同点，即关注职业建筑师的特点，注重创作实践和反思，不刻意去对比作品中的思想表述，而十分关注在建筑设计中体现建筑师对功能、形式、结构、材料、做法、经济、安全的整体考虑，体现了以实践为本的建筑师责任，这是何等难能可贵。

2. 要开展张镈大师学术品质与历史文化研究。张镈大师执业精准是业内传为佳话的，更可贵是他平和、宽容、慈祥的待人处事心境。在张镈60多年的设计生涯中，他跨越了两个历史时期，前一段虽战乱频繁，但他渡过了17年建筑创作奠基习艺的时期，新中国成立后的近50年里，除了十年“文革”外，都是他的创作高潮期，与其他第二代建筑师相比，他能在“文革”的1972年—1974年从事北京饭店东楼设计，这不仅得益于他创作水平精湛，更在于他稳重安静的执业态度。希望建筑师能从他作品与设计观上的定位中感受到他沉静中有个性，思考他的建筑为什么能成为永久典范的要义。面对此，我们不得不痛惜地发现，当下某些明星建筑师以闲话、调侃、追求感官刺激、翻新等低俗做法，增加作品的商业买点，由于缺少建筑灵魂，尤其缺少是老一辈建筑师思想的传承，建筑真正的文化观正在被遗忘和死去，中国建筑设计缺乏主流价值观已成为一个危险的信号。

大师风采

3. 要在中国设立 20 世纪建筑师遗产保护机制。“站在巨人的肩膀上”，永远是令人的动力，更应成为后辈学习的榜样。北京、上海、天津等地是老一辈建筑师、工程师云集之地，马国馨院士早在 20 年前就告诫我，一定要抓紧时间为他们撰文、筑史，因为当下不仅第一代大师辞世，第二代建筑师们也已经有一半人仙去（据杨永生 1999 年的统计中国第二代建筑师有几百人）。但纵观建筑史学界究竟为多少建筑大家修志立说了？这是何等重要的文化遗产灵魂的丢失吗？据此，国家建设与文化主管部门应有计划关注属于一个整体的建筑师遗产教育体系，如可在中国建筑学会、中国文物学会相互交叉基础上推动之。今天，由于文化遗产观的传播，古代建筑已受到重视，但城市化发展最不以为然的是百年来的 20 世纪建筑作品。所以，无论什么机构都应站在中国建筑传承的视角去看待对“阅读”老一辈建筑大师的抢救，其文化底蕴之深厚是任何当代精美作品都难以比拟的。

代表作品

人民大会堂

人民大会堂是中华人民共和国成立10周年北京“十大建筑”之一，位于北京天安门广场西侧，占地15万平方米，平面呈“山”字形，南北长336米，东西宽174米，由万人大会堂、宴会厅、全国人大常委会办公楼三部分组成。大会堂平面对称，高低结合，台基、柱廊、屋檐采用中国传统的建筑风格。台基分两段，下部为2米高的台明，上部为3米高的须弥座。廊柱分别采用青灰色大理石和米黄色剁斧假石。人民大会堂的建筑艺术造型和建筑材料与天安门城楼和广场协调一致而又有创新的效果。

人民大会堂正立面

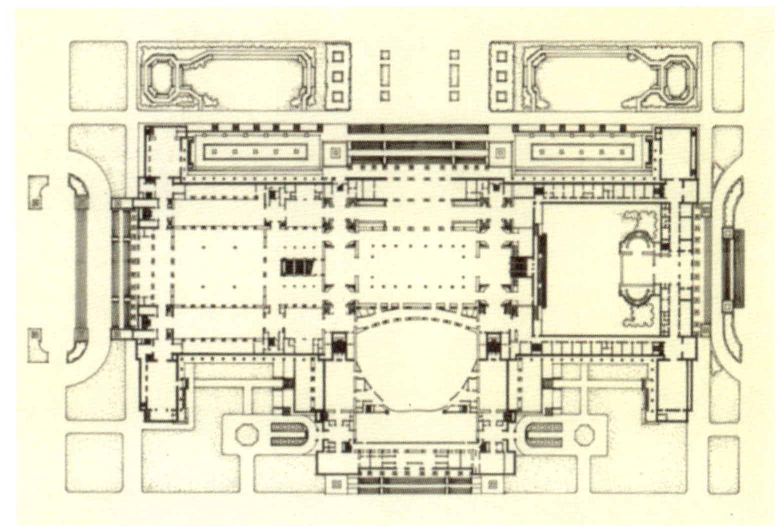

人民大会堂平面图

人民大会堂主入口

民族文化宫

民族文化宫是中华人民共和国成立 10 周年北京“十大建筑”之一，坐落于北京市复兴门大街，是用来展示各民族的历史、文物、生产、生活和进行各项政治、文化、娱乐活动的场所。建筑平面呈“山”字形，东西宽 185.78 米，南北进深 105 米。建筑由博物馆、图书馆、剧场、餐厅等组成，设有台球、射击、棋类、音乐等活动室及舞厅，还有少量客房。民族文化宫东西两翼为 2 ~ 3 层，中部塔楼为地下 2 层、地上 13 层，地面以上最高 67 米，挺拔高耸。全部墙面饰以白色面砖，屋顶采用翠绿色琉璃瓦，融现代风格与传统民族风格于一身，造型优美。民族文化宫在 20 世纪 90 年代北京举行的“群众喜爱的具有民族风格的新建筑”评选中荣获第一名。

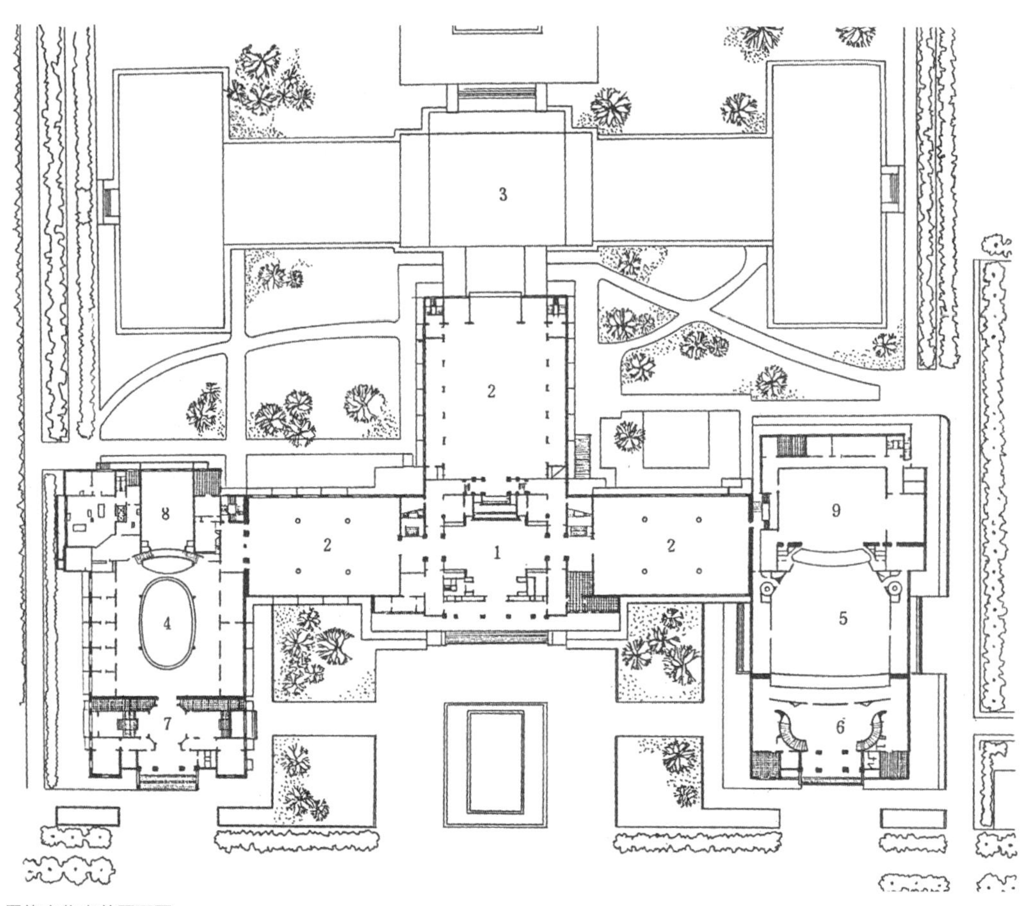

民族文化宫总平面图

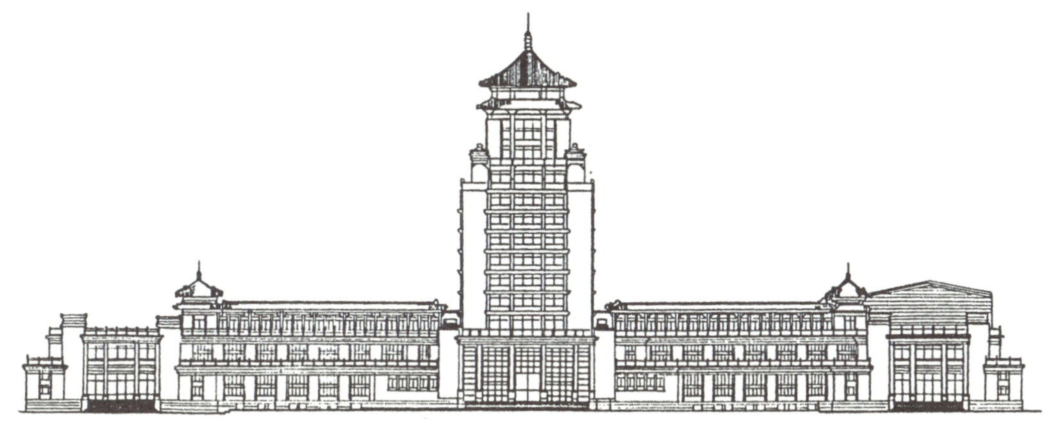

民族文化宫立面图

民族文化宫外景

北京饭店东楼外景

北京饭店

北京饭店坐落于北京市东长安街，始建于1900年，是一家历史悠久的大型豪华饭店。北京饭店由东、中、西三幢楼组成，占地约4.2万平方米。北京饭店中楼于1917—1919年由法国建筑师设计，建筑面积约15 000平方米，地上7层，地下1层，1949年以前是北京城内最高的建筑，也是当时最高级的宾馆。北京饭店西楼建于1954年，建筑面积约2.6万平方米，其中位于首层的大宴会厅能容纳1 000多人，在人民大会堂建成之前，国宴基本都在这里举行。北京饭店东楼建于1974年，建筑面积约8.9万平方米。北京饭店的三幢建于不同年代的建筑有着各自不同的表现，无论当年还是现在均为北京市最负盛名的建筑。

北京饭店沿街立面

北京饭店新楼入口

友谊宾馆鸟瞰图

北京友谊宾馆

北京友谊宾馆是当年接待苏联专家的招待所，总占地面积33.5万平方米，是一座全对称、具有浓郁的古典风格、富有气势的绿色琉璃瓦大屋顶式建筑，雄伟壮观。整个建筑群突出了中国的民族传统，围合出一个四合院，以贵宾楼和友谊宫为中轴线，南北“工”字形配楼呈严格对称的扇形布局，轴线两侧五座民族色彩浓厚的大楼均为绿色琉璃屋顶，飞檐流脊、雕

友谊宾馆主楼旧影

梁画栋。主楼中部为重檐歇山屋顶，屋顶内设电梯间和消防水箱。墙身采用银灰色磨砖，底部用假石墙及挂落板，屋顶的吻兽设计为和平鸽状，表现了人们向往和平的美好愿望。1987年，友谊宾馆被载入《世界建筑史》。

友谊宾馆友谊宫旧影

北京自然博物馆

北京自然博物馆是中华人民共和国成立后依靠自己的力量建设的第一座大型自然科学类博物馆。建筑坐落于天桥南大街东侧，南北长112米，东西宽61.2米。整个建筑由两个展览楼和一个标本楼组成，其中主楼为两层，高15.5米，局部3层，高24米。受当时的政治环境影响，建筑师将中国传统建筑元素与前苏联建筑风格进行了比较完美的结合。1992年对其进行了扩建。

北京自然博物馆外景

北京自然博物馆入口门廊及外观细部

无限怀念授业恩师杨廷宝先生

/ 张镈

一、产生中国建筑师的历史背景

我国在历代封建王朝里没有建筑师这一名称。1911 年改元前认为这是雕虫小技、匠人之事，不登大雅之堂。陋习压人。1840 年鸦片战争以后带来一系列不平等条约，使旧中国沦为半封建半殖民地社会达百年以上。沿海和内地的通都大邑存有治外法权的租界，炮船掠夺侵占以后又来了麻醉人民意志的文化侵略，表现在建筑物上的如：海关、银行、邮局、商场、教堂、学校、医院、旅馆以及俱乐部、跑马厅、青年会和市政中心等，各以其不同国籍、不同民族的风格出现在中国的土地上，出现在中国人民的面前。这些存在无不反映在人们的意识之中。从 1911 年改元以后到 1931 年“九・一八”事变的廿年当中，多少仁人志士怀着振兴中华、建设家园的雄心壮志，远渡重洋选择了建筑学专业。这其间学习建筑学的前辈应该是中国第一代建筑师。

1920 年左右，津沪租界当局不准中国建筑师在租界开业。杨先生所在的基泰工程司和其他同行共同向租界当局说理斗争，夺回了设计权。但上海的外滩还是禁区，在摘去了“华人与狗不准进园”的牌子以后还是不准中国建筑师在这里设计建造自己的房子。例如当时的中国银行在现在的和平饭店北侧兴建新楼，中国人自己的银行自己的建筑师也无权设计。但是新生的中国建筑师还是冲破了重重牢笼，在租界上做出了自己的贡献。杨先生在这方面起了不小的作用，留下了不少佳作。

二、中国建筑师划代之我见

第一代：1911—1931 年，共 20 年，国外学习者为主。

第二代：1931—1949 年，共 18 年，国内学习者为主。

第三代：1949—1966 年，共 17 年，大量自培者为主。

第四代：1966—1983 年，约 17 年，吃堑长智新局面。

杨先生属于第一代的名师，和他同期的先辈与杨先生一样，都有很多建树。从有利于中国近代建筑史的编写来看，应该十分重视还健在的前辈。

三、授业过程中的几点体会

1. 一丝不苟的学习态度

杨先生一生中在学习、工作、待人接物和

梁思成和杨廷宝探望在左家庄现场设计工作室的师生们

科研教学等社会实践里，一贯是循规蹈矩、循序渐进、孜孜不倦、以严肃、严密、严格的态度要求自己，不哗众取宠、不做费而不惠之事。真是德高望重而又平易近人的长者。

先生在美国宾夕法尼亚大学学习建筑学时正值第一次世界大战结束的前后。先不谈学术思想的时代背景，只说说教学方法上的先验论。文人相轻和唯我独尊的灌输以及完期交图过期无分的制度等陋习并没有毒害了这位大师。在整个学习过程中，在纽约评图时陆续得过五次金质大奖。这是生而知之的天才吗？还是学后知之不足的不断努力？当然是后者。每次交图时别人连夜加班突击，他却早已一切就绪，再做冷静的补充而已。交图后多数人放松去了，不马上进行对新题的探讨，杨先生却一个人到图房分析研究新题。教师是混合编班的带课制，各班的教师来到图房，多数是只见到杨先生一人在学习，顺便对他的作业提了意见。这样杨先生自然就能开阔眼界吸取正反面的营养，做出比较符合实际的方案，从而在评图时避免了对立面的颠覆性意见。有人说杨先生一生的作品无懈可击，稳妥少疵。对前辈、同行、后生的作品是肯定表扬多，批判指责少。这和他一丝不苟的治学态度有关。

2. 永不自满的谦虚态度

杨先生的水彩画技巧在清华预备学堂时已有很深造诣。进入“宾大”建筑系时，绘画教师认为可以免修。从发表杨先生的画册来看，可见不同时期的笔触情调是老来弥坚。但他在1936年时对我说：“很后悔没上色彩学的基础课，这是由红黄蓝三原色的单一到综合的训练。缺了这课就不能较准确地抓住色彩学中的微妙变化”。从而认为是件憾事，说明自我要求十分严格。

3. 诲人不倦的工作作风

普通劳动者自居，和同事们打成一片。1933年夏，我毕业的前一年到天津基泰工程司去拜访杨先生。他正坐在小图房的图板前画线图，图面十分工整。这时他已是基泰的合伙人，是主持图房的总建筑师，是设计建造整个东北大学新校、沈阳北站、北京西河沿大陆银行以及大量高级住宅的名师了。功成名就有了很高的社会地位，但他还是趴在图桌上制图。1934年夏我进基泰工作实习时，图房里的十多位同事都是很有经验的绘图员了。他们都能很快地理解杨先生的设计意图，都在发挥才能独立工作。当遇到问题去小图房向杨先生请教时，杨先生不离自己的图板，能够答问如流，并眉批解决问题的办法。十来个设计同时进行他了如指掌，一是交代清楚从来不作出尔反尔、反复无常的乱改，二是心中有数，对每个设计可能遇到的问题早有预见对策，对来人的问题耐心解答，具体地予以帮助。他与同事间彼此合作得水乳交融。

4. 事必躬亲，忙而不乱

1935—1936年，我随杨先生在北平所工作，他的主要精力放在文物整理的修建工作上。把一位学者式的建筑师纠缠在大量的人事、行政和现场具体指导的繁重工作中，的确十分辛苦，但他对本职的设计工作仍然抓得很紧，毫不放松。我在他的指导下先作了先农坛体育场和南京前中央研究院几栋大楼的设计，参加了前南京博物馆的设计竞赛。为了满足功能和形式的要求，他叫我把计划任务书里提出的所有房间的尺寸、大小作出卡片，先得出功能分区中每一个部位的尺寸概念，然后又针对建筑形式的倾向，重点研究了独乐寺的现状，做出带有辽式建筑风格的立面来，成为后来取法的对象。在南京前国际俱乐部的方案里，杨先生亲自指点做出多种方案来备用。事实说明杨先生并没有因事务性的工作劳神分心而放弃专业工作。这种作用是值得我们学习而深思的。

5. 深入浅出，严格要求

1936年，南京所把杨先生和我都调宁。大图房已有廿余人，小图房只有杨先生和我相处。杨先生对我说：“学校作业可不受物质技术条件的局限，可以畅想一点；但在实际工作中就要实际点、具体点。例如：画平面要考虑结构线，画立面应有地板线，画剖面要有标高线，画石墙要注意缝隙线，画透视要从属眼高线，画轮廓剪影要注意不同比例尺度的准确线。这也是基本功之一。”

1937—1938年，我先杨先生一年多到重庆主持图房工作。个别同事鉴于业务忙，图面不必讲求线条清楚准确，只要尺寸无误就行。我一度也流于不讲图画的科学性，只讲数据的准确性，以能完成施工要求为主。不久我主持成都的刘湘墓，因为交通不便、工作又忙，没有去武侯祠现场，根本不了解成都在古建筑的风格和手法上有很多可以借鉴之处。简单地搬用了中山陵总平面的手法，选用了清式的宫殿建筑蓝本，只是在工作上作了点创新和研究，注意了缝隙设计但对轮廓要求在不同比例的图面上马虎从事。杨先生到后很亲切地教导我说“怎么变了？”又说：“建筑师对现状要了解，对图面要负责。光自己心里清楚不行，光有个鸟瞰全视不成。”杨先生这个教诲使我终生难忘。

1959 年杨先生负责验收人大会堂的工程时又批评我说“在梁柱呼应方面的缺陷不像你的工作习惯。”只有真正爱护学生的授业恩师才肯在具体问题面前作具体的指导。对此我很惭愧。

6. 爱国主义的学术观点

1933 年我去天津基泰时就看到杨先生在学习时期的一张作业，是用中国古典建筑梁、枋、斗、拱、藻井和彩画等渲染的一个大厅堂剖面的内部装修图，很有特色。天津基泰的图书馆兼接待室也作了类似的装修。这些都是用学院派的手法把中国古建的构件安排进去的创作。吕彦直建筑师是杨先生的同学，南京的中山陵、广州的中山纪念堂的设计也采取同样手法。

我认为产生这种形式风格的新建筑，在主客观上离不开时代背景。从主观上说，这一代人离乡背井，远渡重洋学习技术，尤其处在表面民主，实际存有种族歧视、蔑视的社会环境里，既有中华民族历史悠久、文化灿烂的自豪感，又多少会在若干不愉快的场合里出现自卑感。爱国主义和民族自尊心不会因为受到西方教育的熏陶而只会说“美国的月亮比中国的圆，”这是内因。客观上在启蒙的建筑教育中，受到当时“摩登古典”派大师保罗·克瑞特(PAUL CRET) 的影响很深。把中国古建构件运用到学院派构图规律中去，产生后来在中国出现“国粹派”的建筑形式是很自然的。后人批评这种做法是“折衷主义”或者叫作“复古主义”。但是，这种想从传统建筑形象中结合着功能、技术，创造中国建筑新风格的用心，尽管不成熟，有时甚至是流于有简单化或程式化的毛病，不能加以简单否定。

从杨先生一生的社会实践和作品中可以看到他在各种建筑造型风格上的探索，特别在他于 1935—1936 年期间，主持北平文整工作中可以看到他对古建筑的钻研态度。

杨先生主持天坛祈年殿和东南角楼的修建工程时，在繁杂的事务性工作中不忘一位学者对古建筑的科研态度。他首先以侯良臣师傅为师。侯是清末已经成熟了的老木工，对大式建筑了如指掌，尤其在制作角梁时更具有独到的本领。只有真正的学者才肯对有实践经验的“匠人”礼贤下士，执弟子礼极恭。同时，他又向朱桂华先生求教。朱老在清工部负过责，是我国有名的“营造学社”创始人，是再版“宋李明仲营造法式”的先驱者。他从历史资料中去搜集一手材料，不但组织人去做实地测验以了解现状，发现现状与“营造则例”的异同，而且找清末有名的“木厂”中的老师傅以及技巧高超的老架子工来共同研究对策；在彩画工作上请来老油工参加工作，从而也培养了一批彩画工。这种做法完全符合了尊重历史、尊重客观、尊重群众和实际的工作方法。只有真正熟悉掌握传统的人才能批判地去取舍精华和糟粕，才能正确理解“洋为中用、古为今用、推陈出新”的意义。

1952 年和平宾馆竣工时，兴业公司设计部同仁在宾馆前合影，左起：巫敬桓、王镛仁、马增新、杨廷宝、杨宽麟、孙有明、田春茂、郭锦文、张琦云、乔柏人、尹溯程、杨伟成

杨先生对近代流派的发生发展比较倾向“密斯”和“格鲁比雅斯”，赞成以简洁的手法完成复杂功能要求。记得在 1948 年秋上海解放前夕，基泰与美国名事务所“S.O.M”合作美孚石油公司在上海拟建的高级公寓住宅区，高层公寓的形式和后来在北京主持的和平宾馆新楼类似。杨先生常说建筑师要因甲方不同而作不同的设计。

杨先生晚年在参加国内重大的和纪念性的建筑设计时总在试图发挥有民族传统的风格，就是遇到有一定的压力时也不隐蔽自己的观点。1975 年初，建委领导宋养初同志为征求我国图书馆的优良方案发动五院五校参加设计竞赛，1975 年 8、9 月间在京交流评选。学会出面请杨先生与会，方知杨先生在南工内部初评时认为他做的方案和设想是保守而有点复古，未被采纳送审。宋主任根据党的政策要调动老专家的作用，要他发表意见。杨先生认为国家图书馆应能反映我国历史悠久、文化灿烂的风度，在形式风格上要反映传统，尤其在空中鸟瞰下来看，在总平面布局上要有浓厚的传统味道。宋主任同意这个观点，问他怎么办？他当场拿出一张 32 开纸的小鸟瞰草图来说明观点。这正是他在基层受到批判的初稿，但他并没有因为遭到过否定而放弃了原则。宋主任非常欣赏这个设想，要南工组帮他画出来。杨先生以七十四五岁的高龄，就在日坛路一号的会场和招待所里，戴起花镜，趴在板上，一笔一画一丝不苟地画出图来。我商得院领导同意，领宋主任之命做了塑料切块模型。这个模型主次分明、高低错落、舒展有势，传统韵味很足，得到宋主任的肯定。会后把与会的作品分为三组进行深入的研究。一组是建研院与清华合作。二组以上海方面为主。三组以杨先生为主，由我辅之，再请建研院的戴念慈总、清华的吴良镛教授和广东省院的黄远强总等成立五人小组，共同研究带有一定民族形式的方案探讨。宋主任结论说：这个尝试可能成功也可能失败，可能会创新也可能再复旧。但在创作我国重点建筑时不能回避在地方民族性上有所发挥、有所创新。在这次会上宋主任对老专家的作用作了估计，得罪了一些初露头角的青年学员，周荣鑫同志这时还健在，宁、沪的专家、学者去看望这位学会的老理事长，异口同声地认为老知识分子在京接近中央就敢于在知音面前畅所欲言。

《中国当代杰出的建筑师 建筑教育家杨廷宝》

建委领导下了令，杨先生就留京开始工作。住在建委招待所，吃在大食堂，一个人在京再过起学生时期的生活。工作在设计所，每人一块板，名义上是五个人，但每日坚持八小时不离画图板的只有杨先生一人。在独立思考和集体讨论当中，每个人都积极表达自己的思想意见。但是总的目标是在杨先生最原始的设想下统一了功能和形式的矛盾。尤其是在 1976 年 1 月周总理逝世以后，大家以沉痛的心情要按总理生前对图书馆的眉批和指示竭尽全力。在 1976 年 3 月统一了意见之后，杨先生才先回去销假，4 月初完成方案、模型送审。王治秋同志看后说：“我本来对这个竞赛没有信心，看了第三方案后很高兴。”谷牧同志和养初同志首肯了这个尝试。北京市工宣队师傅认为可以。郑天翔同志恢复工作后倾听了汇报表示赞许。这个图纸在我院模型室制作精致模型时，工人师傅赞扬，但部分中青年专家认为保守，个别领导认为太古太旧，说明探索新的艺术形象是相当复杂而艰苦的。经过评选之后，建委领导把这个试作的第三方案推荐成正式向国务院报审的第一方案。现在正式图纸由建研院设计所负责，基本上维持了中选方案的风格。

7. 爱护尊重群众的劳动成果

1981 年 4 月下旬，江苏省和南京市出面通过学会邀请若干评委到宁参加“雨花台烈士陵园纪念碑”的评选工作。到会评委一致推选杨先生为主委，推谭垣教授为顾问。杨先生在这个同时还要主持江苏省科协大会和省里的其他活动。但是他怀着对先烈的感念，抱着不辜负五百多个应征方案的热忱，再忙再累也参加评选工作，甚至挤业余时间加班加点自己一人到挂图厅里去补课。他那严肃、认真对每一个方案审阅的态度给我极为深刻的印象。这时他已经是身兼多职的八旬老人了，是什么力量使他忘我劳动？雨花台是国民党反动派杀害我党烈士的刑场，从 1927 年到 1937 年有十万以上烈士在这里惨遭屠杀。江苏省七百万红领巾儿童，用自己的劳动所得每人捐献一分钱，拟建西山头的红领巾广场。江苏省党政领导早就请杨先生主持整个陵园的全面规划和纪念馆的设计，应该说已经作了充分的准备。但是杨先生抱着对先烈的崇敬怀念，对广大设计人员的期望信任，还是采取了公开竞选的办法。五六百个方案济济一堂，真是五光十色，令人眼花缭乱。杨先生以身作则促使与会的评委感动，争取不要挂一漏万。他尊重谭垣教授“纪念性建筑”的评述，请他讲课、讲观点，同时又鼓励评委独立思考各抒己见，尤其是在会上表示要尊重甲方意见，要选出两个一等、四个二等、八个三等、十六到二十个鼓励奖，以便领导有所选择，与赛者得到安慰。从个别研究到集体交锋，从各抒已见到个别打分选出预期的图纸数字。我认为这次评选会开得很民主、很周到、很生动活泼，也很成功。这和杨先生的以身作则有关。

8. 国际活动中的优良表现

杨先生代表学会出国参加国际会议多次，几乎每次回国后都要向会员作一次报告。参加古巴的设计竞赛时，大会送他一笔费用，他马上交公。我在 1979 年随杨老出美访问，在芝加哥看到“S.O.M”一位老建筑师，杨先生在 1948 年同他合作过上海美孚新村设计，有协作关系，但他从来没有借重。这说明他在外事活动中是公私分明、不计较个人得失。

1980 年 10 月，杨先生以学会理事长的身份带团去朝鲜平壤回访，这是我第一次随杨先生出国。这次访问的规格较高，意义较深。杨先生作为党外的民主人士，自觉遵纪守法，按组织纪律办事，对朝鲜人民的历史、文化、建设和文物十分尊重。对所介绍的情况做了记录，对风景文物随时作了速写，对平壤的大规模建设作详尽的参观，给朝鲜人民留下极为良好的印象。

9. 孜孜不倦、鞠躬尽瘁，死而后已

1981 年 12 月 23 日，杨先生作为我国大百科全书建筑学分编的主要负责人到镇江参加会议。会上学科分为规划、建筑学和园林绿化三个部分。原令戴念慈同志主持建筑学项目，因其出国缺席而由杨先生代劳。他分别参加了三个分组的讨论，由于连续作战，他已有一些精力不支之势。不要说已是八旬开外的老人，就是精力充沛、年富力强的中年骨干也经不起这种连续疲劳的冲击，让人的确感到心痛。但杨先生还是始终如一、全始全终完成任务。

10. 道德高尚的建筑师，严于教子的慈父

在旧社会作建筑师能洁身自好、廉洁奉公、按职业道德办事的建筑师，杨先生是典型。参加工作后，不避艰险嫌疑，一心为党为公，竭尽全力贡献一得之愚也是杨先生持之以恒的表现，的确是建筑师的楷模。处理子女问题，从来就认清存在决定意识的真理，对下代要求很严。每次到京总在公余之暇步行到子孙宿舍团聚叙情，没有一点特殊化的表现。足为师表。

杨先生光辉的一生是：

有民族气节的爱国建筑师。

我国名副其实的一代大师。

循循善诱诲人不倦的导师。

因为时间仓促，只是大事记而已，用以表达我对他的怀念和哀思。

张开济

张开济

张开济（1912—2006 年），生于上海，浙江杭州人。1935 年毕业于中央大学建筑系。先后在上海公和洋行设计部、南京基泰工程司、成都及重庆新华兴业公司、上海鹏程工程司就职。1950 年任北京市建筑设计院总建筑师，曾任北京市政府建筑顾问、中国建筑学会副理事长等职。1990 年被评为首批全国工程勘察设计大师。代表作品有中国革命历史博物馆、天安门观礼台、钓鱼台国宾馆、北京三里河“四部一会”建筑群、中华全国总工会、中央民族学院和北京天文馆等。2000 年获中国首届“梁思成建筑奖”。张开济晚年在《北京晚报》开辟专栏，连载了数十篇建筑评论类文章，后结集出版，体现出老一辈建筑家的社会责任感。

幽默开朗睿智敬业的总建筑师

/ 本书编委会　整理

张开济1912年出生于上海，原籍浙江杭州。1935年，毕业于南京国立中央大学工学院建筑系。1941—1942年，与费康、张玉泉合作开办上海大地建筑事务所。1942—1949年开办上海、南京伟成建筑师事务所。1950年后一直在北京市建筑设计院任总建筑师，兼任中国建筑学会副理事长、北京市土木建筑学会副理事长。主要建筑设计作品是北京小汤山疗养院、北京三里河“四部一会”办公楼区、北京三里河住宅区、百万庄住宅区、北京市建工局疗养院、出版总署办公楼、北京天文馆、北京劳动保护展览馆、北京革命历史博物馆等。曾通过作报告、写文章等多种途径呼吁在国内要控制建造高层住宅，同时致力于创作“多层、高密度”设计，其作品包括北京的城民安胡同和承德竹林寺小区的“多层、高密度”住宅群。

2004年张开济来到北京院55周年院庆展览现场

1949年底，从上海到北京参加工作，成为新中国第一代的建筑师，从而为首都城市建设立下汗马功劳。在天安门广场上就留下的两个作品，一个是中国革命历史博物馆，另一个是天安门前的观礼台。1990年，张开济被建设部授予全国工程勘察设计大师的称号，后来又荣获梁思成建筑奖。

张开济认为，在建筑设计中首先要讲求实

“四部一会”办公楼沿街立面

效，不要片面注重形式，针对 20 世纪 50 年代我国建筑设计不仅存在“大同小异、千篇一律”，而且强调形式、追求气派，忽视功能和经济的倾向甚为严重的现象，早在 1956 年就在《建筑学报》上发表“反对建筑八股，拥护百家争鸣”一文。由于当时我国经济尚处于落后阶段，张开济觉得在建筑设计中应特别重视经济问题，并针对这一问题于 1954 年在《人民日报》上发表了“怎样在建筑设计中厉行节约”一文。文中提到，在住宅建设中，从来主张：一要降低层高，二要少建高层住宅，两者都是为了提高住宅建设的经济效益。

一、持续不断的努力与奋斗

张开济自幼爱好绘画，在中学时曾刻苦的学习英文，为日后学习建筑专业奠定了基础。考入南京中央大学专攻建筑学科后，更是对建筑设计这一门课程下大功夫，课余还博览群书，从而增长了建筑方面的学识，特别是理论知识。1935 年春天，上大学四年级的张开济去上海英商公共洋行设计部实习，当时该洋行为远东最大的建筑师事务所。在毕业后进入洋行工作的时期，曾参加外滩中国银行等建筑的设计工作，从而对一个建筑师的工作情况，特别是对设计高层建筑的知识有了一定的了解。1936年，张开济自荐进入上海基泰工程司——当时国内最大的国人自营的建筑师事务所。之所以一直选择加入这些大型事务所工作，目的就是获得更多、更丰富的设计实践机会。1937 年对于张开济而言，是一个不一样的时间节点，那一年他去了四川新华兴业公司建筑部，从此开启了独当一面的建筑师生涯。1941 年，与同学费康合组大地建筑师事务所，主持了一批高级住宅的设计，进一步提高了设计能力。

经历了建筑事务所的业务和技术工作，张开济对于建筑设计乃至建筑行业都有了相当深刻的认识和经验的积累。张开济于 1948 年曾拟自费去美国留学深造，但不久即全国解放，于是他放弃了出国继续学习的计划，主动来到北京参加革命工作。他当时深信新中国需要大量的建筑设计人才。一贯主张建筑首先要讲求实效的张开济，对“适用，可能条件下注意美观”的建筑方针非常的认可。但中华人民共和国成立后建筑界的发展情况都不够理想，建筑设计主义倾向比较严重，特别在 1955 年间，复古主义风行一时。张开济主持的“四部一会”工程是国内第一次用混合结构建造高层建筑，这当时大屋顶形式的流行下面临的压力不言而喻。1958 年张开济同时主持了革命历史博物馆和迎宾馆两个工程，为国庆工程尽了一份力量，同时亦增加了他设计大型公共建筑的经验。

在北京市建筑设计研究院工作阶段，他长期分工负责住宅标准设计。他认为在住宅设计方面面临两件带有方向性的大事：第一是降低住宅层高，现在北京市住宅的层高已有所降低，而创造了更为合用的住宅设计；第二是节约住宅建设用地，过去大家对此重视不够，很多人盲目认为提高层数是节约用地的唯一途径，但事实上结果建造了大批造价很高，很不适用的高层住宅。

二、六个现象六个观点

作为一名建筑师，张开济的专长和爱好就是绘图和设计，但由于种种原因，很少有机会做他喜爱的工作，这对他来说不能不说是一种遗憾。不过，他很愿意让中青年建筑有更多的机会参加设计实践，自己的责任是帮助和提高他们，而不是和他们相竞争，更不是压制他们。此外，张开济对自己的要求很严格，特别是希望对全社会和整个建筑界负责。他经过多年观察、思考和探索建筑界的一些现象和问题，提出自己的看法和主张，并通过各种途径（包括各种会议上的发言和在各种利物中发表文章）来传递他的观点和建议，引起各有关方面对于一些问题的注意和重视。他发表的各种言论很多，不过大致可以归纳为下列 6 个方面。

1. 建筑设计要重视经济效益

张开济认为，中国的经济基础与基本建设需要的大量财力物力之间存在的一定的矛盾，要统一这一矛盾就必须在基本建设中精打细省和厉行节约，而在这方面建筑师负有很大的责任，应该特别重视经济这一因素，决不能把适用美观和经济对立起来。他 1954 年在人民日报发表文章，谈“怎样在建筑设计中厉行节约”的问题，他认为中华人民共和国成立以来兴建的大量住宅在层高方面有较大的浪费，因此提出降低住宅建筑的层高，以提高住宅建设的经济效益。

张开济（左 2）与家人合影

张开济与张镈（中）、赵冬日（左）在一起

2002 年 4 月 29 日苏州博物馆专家论证会上张开济（左）与贝聿铭

张开济在会议中发言

1979 年他在北京日报发表《“高层”和“层高”》的文章，公开提出要降低住宅层高和控制高层住宅的建造，这一建议受到各有关方面，尤其是本单位的支持，最终结果使北京在降低层高方面在全国起了应有的带头作用。张开济反对大量建造高层住宅的理由是多方面的，不过其中最主要的一条理由就是高层住宅的经济效益太低。在《多层和高层之争：有关高密度住宅建设的争论》一文中，张开济对高层住宅在我国从兴起到受到控制的过程做了详尽的回顾并分析了其中原因，提出了我国住宅的发展方向应是“多层高密度”的观点，并对如何改进这类住宅提出了建议，比如院落式住宅布局取代行列式布局、坡屋顶取代平屋顶等。他始终深信未来新建住宅小区必将出现崭新的面貌，住宅建设的经济效益、环境效益和社会效益将来也会大幅度提高。

1980 年代开始，张开济察觉到建筑设计中铺张浪费的现象逐渐显现，因此于 1983 年、1984 年分别通过经济日报发表“建筑师要算经济账”和“住宅建设要讲求经济效益”的主张。

2. 设计思想需要现代化

中华人民共和国成立以来，中国建筑师为国家建设作出了很大的贡献，但总体而言设计水平尚不算高，水平不高的原因主要不是技术落后，而是思想落后，也就是设计思想不够解放，许多观念，非常陈旧。因此张开济认为要提高设计水平，首先要从端正设计思想和提高设计理论水平入手。因为没有正确的设计指导思想，是不可能做出正确的设计的。他在 1979 年北京日报发表了一篇长文“实现建筑现代化，首先思想现代化”。文中提到追求气派，好大喜高，我们住宅的面积定额和设备标准都比国外低，唯独层高却大大超出国际水平。千篇一律，公式主义，首长意志，迎合思想，谁官大就听谁的，照顾过分。介绍了很多建造方面浪费的例子，提出搞设计竞赛、建筑评论和建筑理论研究。这是国内建筑界中第一次提出这样的问题，当时各方面的反应是比较强烈的，随后张开济把一些观点逐渐展开，成为一整套设计理论。他主张在建筑创作中第一要尊重人，第二要尊重环境，第三要尊重历史和传说，因此可以称为“三尊重”论。此外，还有第四个“尊重”，即作为一个建筑师，还应该尊重自己，尊重建筑师这王行业，所以应该实事求是，勇于坚持真理，而不应该哗众取宠，更不应该有迎合后思想。

3. 建筑创作要走中国自己的道路

中华人民共和国成立以来，我国的建筑创作早先是片面的学习苏联，后来则是一味地模仿西方建筑，或“东”或“西”，总是跟着人家后面跑。张开济以为在建筑的民族形式问题上，可以百家争鸣，也可以百花齐放，也就是通过各种不同的途径来探索中国的民族形式，但是有一点应该可以肯定的，就是永久抄袭外国是没有出路的。中国建筑应该有自己的特色，中国的建筑创作应该走自己的道路。从 1983 年开始，张开济发表了一系列的文章，其中有“从城南旧事(我国第一部在国外获奖的电影)谈到建筑创作”（是《新建筑》杂志创利号），“建筑创作要走中国自己的道路”（见光明日报），“首先多样化，争取民族化”（见《建筑师》杂志），以及最近写的“维护古都风貌，发扬中华文化”(见建筑学报)。在这些文章中，他主张建筑创作应该争取既尊重传统，又有所创新，两者不可偏废，至少一味模仿外国的做法决不应该再继续下去了。

在 1985 年的“繁荣建筑创作座谈会”上，张开济指出：“面对当时的建筑现象，为什么首先要提高理论水平？这是因为我们的落后主要是在思想和概念方面，而不是技术方面。”他认为早期现代建筑也不应该全盘加以否定，至少形式服从功能，内容与形式相统一，建筑与结构相结合，在量大面广的建筑中，要考虑工业化问题等论点基本上还是正确的。但是早期现代建筑主张与历史一刀两断，对装饰深恶痛绝，不论在什么地点，都是以不变应万变，用各种方盒子来解决问题等，这可能是针对第一次世界大战前西方建筑界盛行折衷主义，滥用繁琐装饰，忽视功能需要等不合理现象而“矫枉过正”的做法。现在看来，这样做法肯定是需要改变了。

4. 要保护古建筑

古建筑是中国丰富多彩的传统文化的一个重要组成部分，不仅是祖代留下的珍贵遗产，也是全世界人民的共同财富，因此每一代人都有责任保护好这些古建筑，把它们世世代代的传下去。张开济发现对古建筑的欣赏与爱护是和人们的文化水平和经济水平成正比例的。在我国人民的平均文化水平和经济水平都还处于比较低的时期，所以较长的一个时期内，文物古迹的保护没有得到应有的保护，结果有的古建筑被拆毁了，有的古建筑经过整修反而搞得面目全非了，张开济为此感到非常痛心和着急。他一直深信，我国人民的文化水平和经济水平一定会提高的，但仍旧对已经失去的古建筑惋惜，对即将失去的古建筑着急。因此在 1980 年，张开济写了“为古建筑请命”的长文，他并不是古建筑专家，长文的意义并不是想要越俎代庖，而是觉得保护古建筑人人有责。同年，又通过光明日报呼吁要保护古建筑。指出当前对古建筑的主要危险已经不再是恶意的破坏，而是一些不恰当的，弄巧成拙的维修，结果把一些真古董维修成了假古董。同时认为不应只谈保护古建筑本身，还应该保护古建筑的周围环境，有时候甚至是整个城市。例如北京城本身就是一个大文物，因此在人民日报发表文章，呼吁要保护北京城的原有风貌，要保存一部分四合院住宅。1985 年又写了一系列关于爱护北京城的短文（见北京晚报）。

5. 建筑师要面向农村

随着经济、文化的发展，我国农村建设的发展，其规模之大，速度之快，是前所未有的，但是因为缺乏必要的规划和设计，问题也不少。1983 年 6 月在江苏嘉定召开了全国首次村镇建设学术讨论会，在会上张开济以建筑学会副理事长的身份发言，号召建筑师要面向农村，要为八亿农民兄弟服务。他的呼吁受到各方面的重视，随之光明日报于头版头条报道了他的发言，其大标题是“广大建筑师应该把服务点转向农村”，小标题是“农民要盖房，土地要节约，村镇要规划，建筑师要大有可为”，同时《村镇建设》杂志又发表了他的文章《村镇建设要直中国自己的道路》。

张开济曾先后到昆明、大连等地参加农村建筑设计竞赛的评选工作，并曾两次去福建考察农村建筑，在福建曾和天津大学师生合作，在福清县设计了农村居民点的试点工程。

1984 年他应邀去美国讲学时，亦以中国的农村建筑为题，向国外介绍了当时中国农村建设的巨大成就和丰富多彩的传统农村建筑，受到了普遍的好评。

北 京 天 文 館

張開濟　（北京市規划管理局設計院总建筑师）
宋　融　（北京市規划管理局設計院建　筑　师）
邱聖瑜　（北京市規划管理局設計院工　程　师）

中国的第一个天文館——北京天文館，最近已經完成了結構部分工程，今年秋季即將正式开幕。对这个有着巨大的半圓球形屋頂的建筑物的設計和施工，已引起建筑师和工程师們的注意和兴趣，因此我們在学报上把它作一介紹，希望大家加以指正。

天 文 館 是 什 么

許多人常常容易把天文館与天文台混为一談，这是很难怪大家的。首先兩者的中文名称极为相似，同时兩者又都有一个半圓球形屋頂。但是这兩种建筑物的用途，实际上大不相同。天文台的用途是为了观測实际的天象，主要仪器是天文望远鏡，它的圓頂比較小，同时又是可以开閉和轉动的；而天文館建筑的用途则是为普及天文科学常識，以帮助人們正确地認識宇宙，破除迷信。它的主要內容是一个圓頂的大厅，內置一架非常复杂精巧的光学仪器——天象仪(图1)，它是一个用一百多只幻灯放映器組合而成的巨大放映机，而这大厅上部的內圓頂的作用，实际上就与电影院的銀幕相似，所不同者，放电影用的銀幕是一个平面，位置在观众的前面；而这个特殊的"銀幕"却是半圓球形，同时又是安放在观众的上面的。天象仪可以將各种天文現象放映在这个天幕上，表演出完美而逼真的"人造星空"。人們在这厅內坐几十分鐘，便可以把古今往来，天南地北的天文現象一覽无遺了。

有关北京天文馆资料介绍的出版物

6、要控制高层住宅的建造

早在高层住宅开始在中国出现之时，张开济就看到高层住宅问题很多，不宜大量建造。1978 年张开济提出建议，要求控制高层住宅的建造，提倡“多层、高密度”的小区规划。1978 年初，张开济在建筑学报发表“改进住宅设计，节约建设用地”的文章，进一步提出了“改进多层，控制高层，利用天井，内迁厨厕，加大进深，压缩面宽，节约用地，节省投资”的具体建议。其后北京、上海等地开始建造了大量的大进深住宅，对节约城市建设用地起了积极的作用。但是使他感到十分遗憾的是，当

北京天文馆手绘效果图

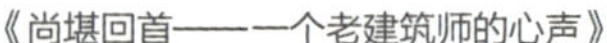
《尚堪回首——一个老建筑师的心声》

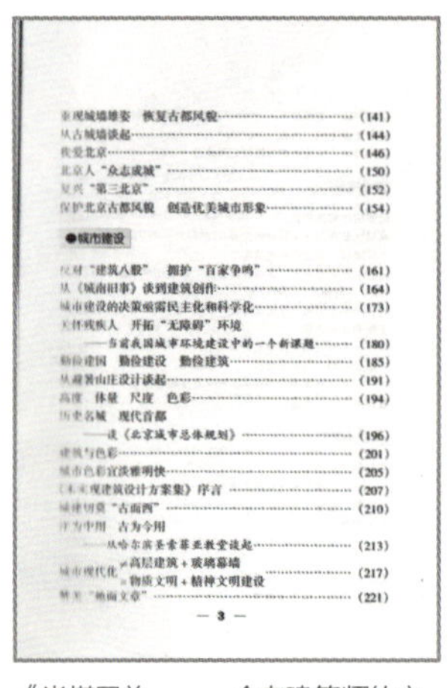

《尚堪回首——一个老建筑师的心声》文章目录

《建筑一家言》

时尽管不断地呼吁要求控制高层住宅的建造，大建高层住宅之风依然盛吹不衰，而且吹遍了各中小城市。他认为长此发展下去，不但住宅建设的经济效益无从提高，而且广大人民日常生活，一些城市的尺度和风貌都将受到不利影响。他对此感到十分忧虑，因此提出了一个完全新的设想，一个“院落式住宅组群”的方案，它一可以美化环境，避免行列式住宅的单调感觉，二可以方便居民，为他们提供一个可以休息、交往的半私有性室外活动空间，三可以提高密度，节约用地，可谓一举三得，我相信这个方案如能得到推广，将为我国的住宅小区创造一个崭新的面貌。

以上六个方面的问题都是当时建筑界中实际存在，并带方向性和方针性的问题。张开济的一些主张和建议都是根据中国的具体情况，参考国外建筑界的最新动向，再加上自己的分析判断而提出的论点。他始终深信，通过努力将有助把我国的建筑创作、城乡建设和住宅建设引向更正确的方向迅速前进！

三、几个重大工程的几点心得

人民大会堂、中国革命博物馆与中国历史博物馆、中国人民革命军事博物馆、全国农业展览馆、民族文化宫、北京火车站、工人体育场等几项重大公共建筑在 1959 年国庆节前已先后落成。把首都这几个重大公用建筑的胜利完成称为一个奇迹，绝不是过分的，而是有充分理由的。因为首先这些工程的设计任务本身规模是十分巨大、内容复杂，要求极高的建筑物竟在不到一年时间内（包括设计的时间在内）全部建造完。这对于我们建筑设计人员来说也是很难想象的。张开济看到了首都这些重要工程的辉煌成就，欢欣鼓舞的心情是与广大群众完全一致的，由于他自己参与其中两项任务的设计工作，所以感触就更深刻。像其他同志一样，他不但在技术上增长了不少经验，而且更主要的是在思想上有了很大的收获。通过这些工程的设计，张开济有了一些关于建筑创作的认识与体会。

首先是通过这些工程设计，使他对于设计工作中坚持群众路线的必要性有了进一步的体会。其次，建筑创作中的群众观点是完全必要的，因为它实际上是一个在设计工作中的“为谁服务”问题，同时也是设计工作中如何走群众路线问题的一方面。最后，也是最重要的，就是通过这些重大工程的成功尝试，使设计创作摸索出一个正确的方向，开始走向健康发展的道路。张开济认为事实已经证明，只有在今天的新中国我们的建筑师才有机会尽情地发挥他们的才华与智慧，他们的创造性可以不受任何约束，只要建筑师坚持贯彻党的“适用、经济、在可能条件下注意美观”的建筑方针原则，没有忽视适用与经济而片面地去追求美观；只要不违背以“人为主，物为人用”的设计原则，没有本末倒置，见物不见人；只要与内容相统一，与周围环境相协调，同时本身又有一定的统一性，那么任何形式的建筑风格都可以百花齐放。

四、结束语

张开济是我国第二代的著名建筑师，早在1949年底就前来北京参加了新中国最早的建筑设计队伍，为首都建设作出了重贡献，在建筑界起到了承上启下的作用。在1958年的国庆工程中，同时主持设计中国革命历史博物馆与钓鱼台迎宾馆两个工程。在前一工程中，创造性地不用大屋顶而利用取意于传统石碑坊的大空廊来加强它的民族形式。20世纪50年代他主张建筑设计首先要从实用出发，要重视经济问题，要坚持勤俭建国的方针，因此在作品中，很少使用昂贵的材料，即是在“四部一会”办公楼群、中央民族学院和市建工局疗养院等带有大屋顶的建筑中，也很少使用琉璃瓦，并且根本不用油漆彩画。这不仅是为了节约，而是认为朴素无华的建筑美更能反映勤俭建国的方针，因此反对当前建筑创作中，一味追求形式和气派，华而不实，哗众取宠的倾向。他一贯重视住宅建设，因为这是关系国计民生的大事，很早就提出要重视节约用地的问题。

此外，他还以一个建筑师的身份多次在国外宣传祖国的文化和建设成就。1981年他以中国建筑学会副理事长的身份，与法国蓬皮杜文化中心合作，在该中心举办了“中国建筑、生活、环境”展览。他策划和设计了展览的内容，生动有效地展示了我国的传统文化和建设成就，在巴黎引起了很大的轰动。1984年访美期间，他又与旅美台湾建筑师共同牵线搭桥，于1988年在香港举行了海峡两岸的第一次建筑学术交流会议。

1988年应贝聿铭建筑师之邀，他去法国TOURTOUR城参加了一个有关建筑创作的国际学术会议，在会上做了有关我国建筑创作问题的报告，1990年又在美国洛山矶加省理工学院做了“中国建筑的过去与现在”的报告。

总而言之，张开济为增加西方对中国的了解，提高中国的国际声誉，作出了重大贡献。

（本书编委会林娜根据相关资料整理）

1985 年阙里宾舍建成开业时，张开济大师（左三）与参加宾舍设计评议会的专家领导在曲阜孔庙大成殿前合影

1989 年张开济大师（前排右 3）在秦皇岛规划方案审议会上留影

张开济（左二）与老同学们合影

张开济大师《尚堪回首——一个老建筑师的心声》一书中部分文章一览

《反对“建筑八股”拥护“百家争鸣”》

《从〈城南旧事〉谈到建筑创作》

《城市建设的决策急需民主化和科学化》

《关怀残疾人　开拓“无障碍”环境
　　当前我国城市环境建设中的一个新课题》

《勤俭建国　勤俭建设　勤俭建筑》

《从避暑山庄的设计谈起》

《高度　体量　尺度　色彩》

《历史名城　现代首都
——谈〈北京城市总体规划〉》

《建筑与色彩》

《城市色彩宜淡雅明快》

《〈未实现建筑设计方案集〉序言》

《城建切莫“古而西”》

《洋为中用　古为今用
——从哈尔滨圣索菲亚教堂谈起》

《赞美“地面文章”》

《论多层住宅多样化》

《高层化是我国住宅建设的发展方向吗？》

《不建高层，也能提高建筑密度
——介绍一个“多层、高密度”住宅组群方案》

《多层和高层之争
——有关高密度住宅建设的争论》

《为居民造福　为市容增色
——介绍东直门馆地区危房改造设计方案》

《建住房不必学香港》

参加国庆工程设计的点滴回忆

/ 张开济

人们对有伟大贡献的政治家往往尊称为某某事业的“设计师”或“总设计师”，已故周恩来总理在1959年国庆工程中，正是一个真正的“总设计师”。他在国庆工程中不仅总抓全局，而且往往亲自出谋划策。例如，人民大会堂观众厅的平顶，采用“水天一色”的办法来处理，就是总理出的点子，这是不少同志都知道的，其实这只是其中的一件事而已。人民大会堂和革命历史博物馆面向天安门广场的两个主要立面的设计，也是经过总理的指点和批准的，人民大会堂的立面采用实廊和圆形的廊柱，而博物馆则采用空廊和方形的廊柱，两者在统一之中，有变化和对比，遥遥相对，相得益彰。由此可见，总理不仅重视单幢建筑的美观问题，而且还注意到建筑群体的美和全局的美，因此称之为国庆工程的“总设计师”，是当之无愧的。

总理抓国庆工程首先是从整体和全局出发，但对于建筑细部也毫不放松。例如，总理在认真细致地看了博物馆的立面图之后，认为立面上廊柱的比例显得太瘦长了，要求把廊柱径放大一些。从立面图来看，的确有此问题，总理的眼光是很尖锐的。不过方形的柱子从透视的角度看时，必同时看到两个面，两个面合在一起，就比单看一个正面显得粗了。在这方面我是有过经验教训的：在50年代，我和刘开济同志一同设计北纬路旅馆时，把正门的廊柱也是设计为方形，当时在立面图上感觉到柱子的比例很好，可是建成之后，却发现这些廊柱很粗笨。因此得出一个结论，就是方柱不同于圆柱，其柱径不能仅仅从立面图上来决定。后来我见到总理，就把这番道理向他谈了，总理听了认为我言之有理，也就同意不加粗柱径了。这件事说明了总理一方面非常细心和认真，同时却又虚怀若谷，能够倾听和采纳不同的意见，绝对没有那种“我说了算”的家长作风。赵鹏飞同志在国庆工程中，是承上启下、指挥三军的关键人物，他就曾对我说过：“我们的意见不一定总是正确的，欢迎大家提不同意见，只要理由充分，我们的意见是可以更改的。”我认为鹏飞同志的话是非常诚恳的，同时也代表了大多数领导同志的思想作风，所以光批评“首长意志”也有失公平。因为有时候少数同志一味迎合的做法也起了消极的作用。至于极少数同志有心无意的歪曲了“首长意志”，那就更不足为训了。

总理对事要求很严，对人却是十分谦和。

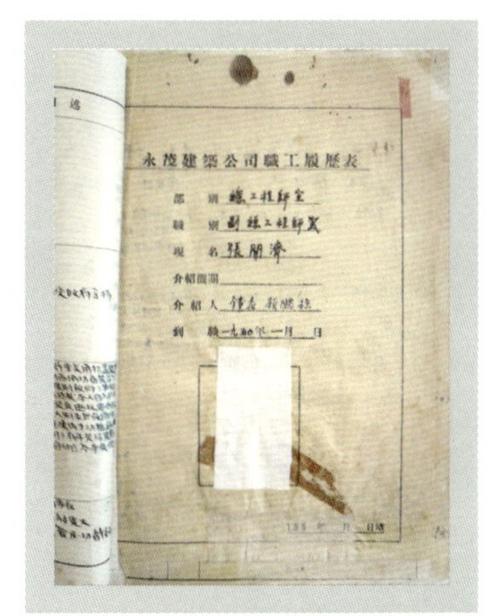

张开济进入北京院时的档案文件

有一次我陪同总理等一行人在人民大会堂工地踏看，并从人大会堂屋顶上俯视博物馆建筑。总理看到我时，不等我开口就很亲切地对我说：“你忙得怎么样了？”我一时竟不知如何回答是好。因为我当时分工负责博物馆和迎宾馆两个工程，每天奔走于天安门和玉渊潭之间，往往要到晚间回家才能吃到一顿热饭，实在也够忙的，但是和总理的为国操劳，真正的“日理万机”相比，那就算不了什么了，可是竟蒙总理首先向我慰劳，则不能不使我感激之余，深感惭愧了。

国庆工程竣工之后，北京市委举办庆功宴会，总理坐在首席。席间每一工程的设计组均推一代表向总理敬酒。我先是代表博物馆设计小组向总理敬酒，后来又代表迎宾馆设计小组向总理敬酒，总理笑着对我说：“怎么啦？你又来了？”满座为之失笑，我是又高兴，又有些窘，同时更深深感到总理的平易近人。

革命历史博物馆开始设计时，北京市建筑设计院和清华大学建筑系，都参加了方案评选，经过多轮评选，均不能作出最后抉择。为了博得评选者的注意，双方都画了大幅的五彩渲染图，而且一次一次的评比，透视图也一次比一次更大，色彩一次比一次更鲜明。这种凭透视图取胜的办法，其实并不可取，可是后来却成了一种风气。双方方案虽各有千秋，而实际大同小异，难分高下。不过清华同学在介绍方案时说得有声有色，并且还能提高到设计思想性的高度，颇使设计院的同志相形见绌，自叹不如。当时清华大学带队的是蒋南翔和刘小石同志，我则代表设计院，主持会议者为当时文化部副部长钱俊瑞同志。在双方相持不下的情况下，俊瑞同志就对我说：“你是老大哥了，应该让让小弟弟们。”最后协商结果，由建筑设计院和清华大学建筑系共同设计，而由我负责主持其事。我深感责任之重大，所以此后凡事都召集双方人员共同做方案，共同讨论，协商解决。其间虽有争论，但最后意见都能统一，结果双方合作得很顺利，很完满，为两个单位合作设计一个工程开创了一个较好的先例。

年迈的张开济参加会议时仍神采奕奕

张开济（左三）与友人黄永玉（左一）、王世襄（左二）、杨振宁（右三）、丁聪（右二）、黄苗子（右一）于万荷堂前合影

回忆当时清华同学参加博物馆工程设计者有肖林、高亦兰、冯颂平等同志。其后，肖林曾担任四川省建筑设计院院长，高、冯则留在清华执教，在事业上都很有建树。

革命历史博物馆门廊上部正中有一组由五星和红旗组成的装饰图案，这是“画龙点睛”之笔，在当时为采用何种材料来做，是颇费斟酌的。当时的吴晗副市长分工负责国庆工程的艺术装饰问题，我向他当面请教此事，他明确地说：“目前，限于时间和造价，只能暂时以一般材料制作，将来国力富裕时，再改用比较贵重的材料，甚至于用宝石镶砌亦不算浪费。”其爱国爱党之心溢于言表，结果就用了现在水刷石加涂料的简易做法。1989 年我去曼谷出差，发现泰国的古建筑金碧辉煌、光彩夺目，盖都是以五彩或金色的玻璃马赛克一类材料饰面的，因此这组旗徽将来也可以用同样材料来制作，效果肯定要好得多。

在“文化大革命”时期，一天有一批红卫兵前来找我，气势汹汹地责问我，博物馆大门上的一组红旗正好是八面，这影射什么？是何人授意？要我好好交代。我答复这些红卫兵说：“这组旗徽是中央工艺美术学院罗无意教授设计的，他是完全根据我的建筑设计意图而设计的，所以有问题我完全负责。我又说：“在我的设计意图中，红旗就是用来象征革命。至于八面之数，则完全是根据图案长度的需要而定，并无其他用意。一定要说这数目代表什么，那就只能代表八路军了。”结果这些来势汹汹的红卫兵也无话可说，只能偃旗息鼓而去。

为了争取时间，国庆工程几乎都是边设计、边施工的，迎宾馆工程也不例外，而且更甚之。当时我们设计组的图房里总是灯火通明，通宵达旦，其间不但有设计人员，还有施工单位的人，他们是来坐等图纸的。往往一幢楼的基础图纸完成时，已在午夜，他们就马上拿到工地去，连夜放线、刨槽，真可谓分秒必争，急如星火。国庆工程有关人员废寝忘食的冲天干劲于此可见一斑。

由于超速度的出图，所以图纸上甚至设计上的各种错误在所难免。为了尽可能地减少一些永久的遗憾，有时需要进行返工，而工期又奇紧，工地很不愿返工，这是一个很大的矛盾。作为博物馆和迎宾馆两个工程的总主持人，我有责任来协调这些矛盾。因此我必须花费很多时间和工地负责同志打交道，说服他们同意办理“洽商”。当时博物馆的施工单位是市五建筑公司，负责人是江平同志，迎宾馆的施工单位是市四建筑公司，负责人是董文江同志。我想当时对他们两位来说，我是一个最不受欢迎的人了。因为我一找到他们，总没有好事，就是要求返工，而我自己也是一肚子委屈。因为在中华人民共和国成立前，作为一个建筑师，在工地上都是我说了算，而今我却要处处求人，实在不是滋味，不过一想到国庆工程的重大意义，我为它任劳任怨，也是心甘情愿的。

迎宾馆的钢窗图纸画得不够清楚，以致全部钢窗做成后，每档窗中间都多了一道横梁，很不好看。我们要求加工厂返工，他们不同意，结果我只好上告到赵鹏飞同志那里，希望能获得他的支持，可是他也一口拒绝。平日鹏飞同志对我都比较客气，这次却毫不留情，不过鹏飞同志从来办事公正果断，他这个决定更是从当时实际情况出发，当然我只能知难而退了。

迎宾馆的大门是我亲自设计的，连门灯的设计也是我自己画的有比例尺的草图，可是这一对门灯做成之后，却发现和下面的门墩相配显得太小了。后来细细查看图纸，才知道负责绘图的同志把比例尺搞错了，可是重新制作，时间上已经不允许了，苦苦哀求加工单位也没有用了，于是只好在灯座和柱顶之间加了一些线脚作为过渡，这样才把这对门灯勉强用上去了。如果今天有人注意一下迎宾馆大门口，就会发现这大门墩的形式有些像一个人戴了一顶尺寸小一号的帽子！

迎宾馆工程的甲方是外交部，当初外交部派来了几位干部和我们一同草拟设计任务书。这些同志可能过去接触苏联早期建筑比较多，所以对于宾馆内部房间的面积和高度提出了太大和太高的要求（尤其是对高度）。我费了很多口舌与他们据理力争，总算稍稍降低了一些尺度，但是总的来说，还是偏于高大。有一次陈叔通老先生（曾任全国人大常委会副委员长和全国政协副主席）对我说：“你们设计的宾馆，房间太高太大，我这个小老头子睡在那里感到空空荡荡，很不舒服。我在汉口住在一家外国旅馆里（过去的德明饭店），那里的房间大小高度比较适中，使我感到很亲切，所以你们建筑师一定要懂得房间并不是越高越大越好住啊！”陈老是我的世交长辈，而且言之有理，我对他的教诲当然只有唯唯称是，可是他不知我又何尝不懂得这个道理呢？

总之，由于时间紧迫，经验不够和其他种种原因，迎宾馆工程是存在不少缺点的。不过我认为当时刘仁等领导同志所决定的一些设计指导原则，现在看来仍然是完全正确的。这个原则就是采用分散式的低层建筑，围绕以中国式的小桥流水和庭院，这样既与原有的钓鱼台古建筑协调，又有别于城内高大宏伟的古建筑，使之别有一种风格和情趣。

迎宾馆落成之后，立即用来接待前来庆祝中华人民共和国成立十周年的各国元首及贵宾。事后彭真同志对我说各国贵宾对于住处均表满意。

人民大会堂、革命历史博物馆、北京火车站等国庆工程，从规划开始，到设计，备料，施工，最后到全部竣工交付使用，才花了不到一年的时间，实际上只用十个多月的时间，这是世界建筑界的一个奇迹。当时许多国外人士都不相信，竣工之后，我曾陪同一些外国建筑代表团实地参观，他们还是将信将疑，怀疑我们是否暗中早有准备。这也难怪他们，因为过去一般较大的工程都需几年的时间才能完成，有些伟大的建筑往往要造几十年，有的甚至于上百年，因此我国的国庆工程的确是一个空前的奇迹。这个奇迹是在党的领导下，全国人民上下一心、八方支援、群策群力、艰苦奋斗、忘我劳动所创造出来的。这个奇迹更是社会主义制度优越性的一个具体的表现，因此它的成功是我们全国人民共同的骄傲。

国庆工程除了它惊人的速度之外，在建筑艺术创作方面也有很大收获，为此我曾在1961 年某期的《建筑学报》上发表文章专题讨论这个问题，这里就不重复了。我认为在国庆工程中还有一个特别值得我们重视的问题，那就是在设计、施工、材料各个方面都是我们中国人自己一手包办，独立完成，全无借助外力之处，这是十分值得我们引以为自豪的。回顾近十多年来，一些较大工程不少是外国人设计的，而且还广泛使用高贵材料和进口材料。例如，价格昂贵的意大利磨光花岗石，在国内尤其是在北京就到处可见。看来当年国庆工程那种自力更生、艰苦奋斗的作风，今天更应发扬光大。这是十分重要的。

（原载《北京文史资料》第 49 辑）

代表作品

天安门观礼台

天安门观礼台位于天安门前方东西两侧，主要用于国庆等重大庆典观礼。观礼台东西对称，各有7个台。天安门观礼台起初是为举行“开国大典”时临时搭起的砖木结构建筑，1954年，在原有的基础上改建为砖混结构的永久性观礼台。在近天安门城楼前方是两座大观礼台，每座长95米、宽12米，各有6个小区。中山公园门口右侧、劳动人民文化宫左侧的两个小观礼台均长73米，各有5个小区。观礼台呈北高南低的倾斜式，内有梯形台阶，总容量为21 000人。看台平缓的坡度刻意地弱化了它巨大的体积，为拥有600年历史的天安门城楼营造了更加恢宏的气势。观礼台为了方便观礼嘉宾，背后设有卫生间、休息室、商店等设施。

天安门观礼台

“四部一会”办公楼旧影

“四部一会”办公楼旧影

北京“四部一会”办公楼

北京“四部一会”办公楼位于北京市复兴门外三里河，是国务院四个部和一个委员会的办公大楼。主楼地上 6 层，中部 9 层，是当时国内最高的砖混结构建筑。总平面布局采用当时流行的周边式，平面布置的特点是大进深，一般为 17 米，个别为 21 米，力求节约土地、材料和能源。为使建筑有鲜明的民族形式的轮廓，各楼的主要入口部分加以双重檐庑殿攒尖顶屋顶，屋顶的承托部分自下而上收分，衬得屋顶雄浑、壮观。檐口下面的斗拱和梁枋均作仿石建筑处理。大片墙面的窗户内凹，以显得建筑厚实、稳健。

北京天文馆及改建工程

北京天文馆位于北京西直门外大街，是国家级自然科学类专题科学博物馆，是普及天文科学知识，放映“人造星空”的场馆。天文馆分天象厅、讲演厅、展览厅三个部分，以八角形的门厅为中心，内部安放着约 10 米高的佛科摆，南侧为有 600 个座席的天象厅，东、西方向各有一个展览厅。天象厅半球形的屋顶直径达 23.5 米，是天文馆的建筑特征。建筑立面除了应用一些中国传统纹样图案外，构图完全是摩登古典式的。整个建筑造型简洁，装饰精美，比例和谐。天象厅屋顶采用的钢网结构由原德意志民主共和国帮助设计，立面饰以与天文有关的神话传说的绘画、浮雕，雕刻由中国著名雕刻家滑田友、王临乙、曾竹韶共同创作。

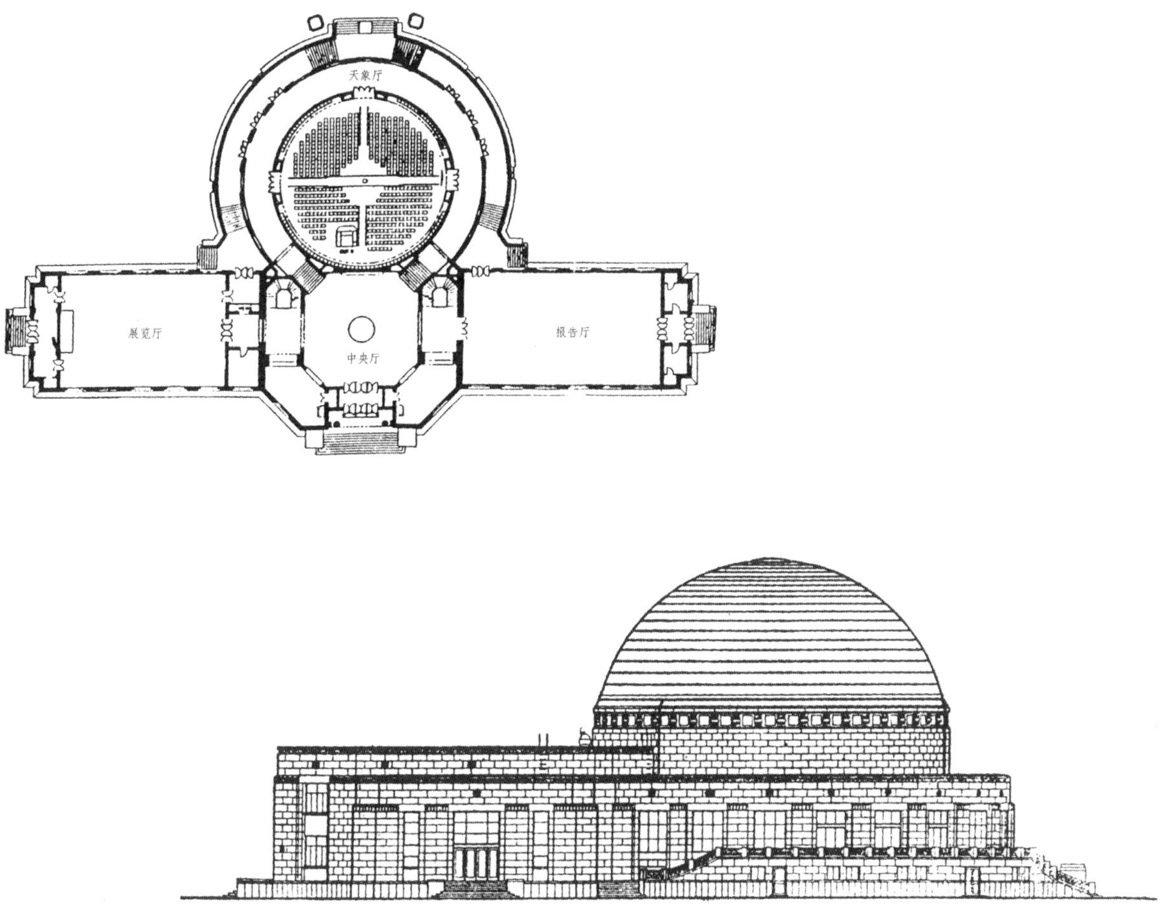

北京天文台平面及立面图

中国革命历史博物馆

中国革命历史博物馆

中国革命历史博物馆是中华人民共和国成立十周年北京“十大建筑”之一，位于北京天安门广场东侧，与广场西侧的人民大会堂相对应。建筑的南部是历史博物馆，北部是革命博物馆，中部为门厅和中央大厅，同时与两个博物馆相连。为与人民大会堂和天安门广场的巨大尺度相配，建筑师采用了“目”字形的建筑布局，利用建筑内院获得较大的外形轮廓。博物馆中央靠天安门广场一侧为一柱式门廊，建筑师希望通过这个门廊将天安门广场空间引入内院，并与对面的人民大会堂的门廊相呼应。整个建筑坐落在一个基座上，底层以实墙为主，上部墙面采用类似柱廊法式的处理，屋檐用黄绿两色琉璃砖饰面。

中国革命历史博物馆入口门廊、细部节点及旧影

华揽洪

华揽洪

华揽洪（1912—2012 年），为我国第二代建筑师，1928 年赴法留学，先后在巴黎土木工程学院，法国国立美术大学建筑系、美术大学里昂分校学习，获法国国授建筑师称号（DPLG）。1951 年回国后任北京市都市计划委员会总建筑师，1955 年任北京市建筑设计研究院总建筑师。曾任中国建筑学会第七至九届海外名誉理事。其代表作品有北京儿童医院，北京市社会路住宅楼，北京市幸福村住宅小区等。华揽洪先生早年还曾经为“二战”后法国的恢复建设完成了多项设计，为北京市建设立交桥设计过方案。法国文化部于 2002 年 9 月 13 日授予华揽洪先生法国“文化荣誉勋位最高级勋章”。

怀念我的父亲

/ 华新民

父亲在十天前走了，在夜里睡着的时候。两个多月前，我们刚刚给他过了百岁生日，在巴黎的寓所里。我此时在整理着他的遗物，无法适应他的不在。遗物中的那些画设计图的各种尺子，看着最令我心酸。卧室墙上贴的图片，显示着他一生中的最爱：建筑与爵士乐。

父亲是中国与波兰混血，这是单指血统，但在生活和文化背景上，完全是中国与法国的结合。我祖父华南圭 20 世纪初在法国留学时，是在巴黎认识的波兰祖母罗琛，他们之间用法文交流。当祖母随祖父回到中国后，家里使用的是汉语和法语，话题也基本围绕中国与法国。

父亲 1912 年 9 月 16 日出生于北京，先有的法国名字——LEON，然后再音译成了揽洪。LEON 是祖父就学的巴黎土木工程学院院长 LEON EYROLLES 的名字，祖父崇拜和感激他，所以以此名给儿子命名。父亲长到十六岁时，乘穿越西伯利亚的火车来到巴黎，在这里上了高中和大学。

父亲是抱着小提琴上火车的，他本来的梦想是做音乐家，后来改做了建筑师。他先后上了两个大学——在巴黎土木工程学院取得了建筑师和土木工程师的双重文凭，又在法国国立美术学院取得了建筑师文凭。这种学历令他既

华揽洪的父亲华南圭与波兰母亲华罗琛

2010 年代华揽洪与夫人在法国巴黎的合影（新华社驻巴黎记者李颖摄）

华揽洪在北京汇文中学上初中时（上图，前排右 1）及在法国上大学时（下图，三排左 1）合影

位于巴黎郊区的一所宠物医院是华揽洪的第一个作品

通晓建筑设计也通晓结构，打下了最佳的基础。

父亲的第一个设计作品是在学生时代的 1937 年，是位于巴黎郊区的一所宠物医院。他在一本未出版的自传中描述了整个过程，讲述了看到图纸上画的房子一点点在地面上变成真的形体时的兴奋。他写道：“在昨天还只是精神层次的墙、立柱、地板和窗户，现在眼看着它们真实地出现了，随着时间一天接一天，一个星期接一个星期，逐渐成形。此前我参加实习时，在不同的工地上，也多次看到别人的纸上的东西如何演变成现实。但这回不一样，因为此时在眼前逐日显露的这些形体是我本人已经见过的，在自己的脑海里面。虽然在日后的第 20 个或第 30 个工地上，每一次我都会有同样美妙的感受，但这“第一次”则是最强烈的了。父亲并且把这成型的过程拍摄了下来，一直保存着这些照片。同时这所宠物医院也是他的第一个体现现代主义建筑观念的作品。在 20 世纪二三十年代兴起的现代主义，以线条简练、实用和与周围环境的沟通更新了以往的建筑观念。

在设计宠物医院时，父亲已经结婚了，和他在夏令营里认识的一位巴黎姑娘，叫作伊兰。1939 年，我的哥哥克劳德出生了。不久后，随着战事的发展，他们被迫离开巴黎，来到当时属于非敌占区的马赛。父亲就是在这里开始正式执业的，先是在他美院老师博端的工作室里，参与了一系列建筑设计和规划项目，随后

在马赛南郊依山建起的 Marseilleveyre 中学

1951 年夏末，父亲携我母亲和我的哥哥姐姐，登上了开往香港的越洋海轮，然后在九月底到达了北京

父亲和母亲在北京无量大人胡同家中合影

儿童医院建成时的样貌

又自己独立挑梁。战后，他在马赛自己家里开办了建筑师事务所，接揽的主要是战后重建的工程——二战中法国有大量建筑被炸毁。同时他也经常参加设计竞赛，和他那一圈同样持现代主义建筑理念的好友一道。在这些朋友当中，就有创办国际建筑师协会并且随后长期担任秘书长的瓦格先生。

在这个时期里，父亲还做了教育和医学领域里的一些设计，其中有一座在马赛南郊依山建起的 MARSEILLEVEYRE 中学。项目在一开始时只涉及此地的一座古堡，建筑不动，但把内部的功能改换成教学使用，形成一所身处大自然并且应用“新式教学法”的“野外学校”。但之后这个独特的学校引起了法国教育部的兴趣，它决定在这里围绕着古堡兴办一所大型的实验中学，交给父亲设计。“由于在未来课程的安排上，传统的主课将被大大缩减，这就需要在教室旁边安排其他各种活动场所，如科学实验室和手工作业室等。另外还有按简易家庭宿营场所构思的学生宿舍，以及一处望楼式的大型食堂。这一切都依 MARSEILLEVEYRE 山而建，分布在一片片松林之间的空地上。”（摘自父亲九十年代后期写的自传（未发表））。父亲当时对这所学校注入了很大心血，但在六十年后才看到实物，因为交了图纸不久后他就做出了回中国的决定。

除了建筑师的身份，父亲还是一名拥有中国国籍的法国共产党员。他在二战当中参加了游击队，同时也入了共产党，认同了社会主义的理念。影响他的是一连串的个人，在一个很漫长的过程中：他最早是在少年时代，通过在法国接触过早期共产党的波兰母亲所讲的浪漫故事，然后是大学里一位从苏联来的同学，最后就是战争中结识的一些具有崇高品质的共产党员，被他们牺牲自我的某些行为所深深感动。而对于中国共产党的认识，则是通过美国记者斯诺所著的“西行漫记”（原名“红星照耀中国”）。因此到了 1949 年，在中华人民共和

1956

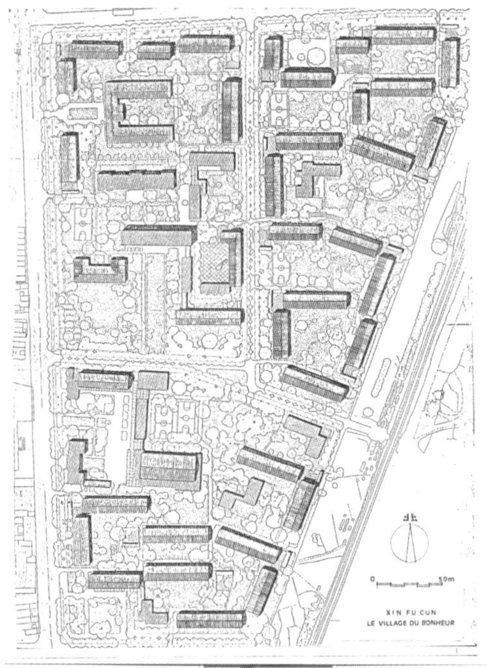

幸福村街坊设计总体规划

幸福村街坊设计建成效果

国宣告成立时，父亲便开始从一个全新的角度来考虑自己的人生价值了。他想来想去，最终觉得自己应该回到北京，觉得那里最需要建筑师，需要他去施展所能。父亲于是提笔给此时已任北京都市计划委员会总工程师的祖父写信，征求他的意见，却被泼了一头冷水。祖父回信说父亲太理想主义，说他不可能适应这里艰苦的物质生活，劝阻他不要回来。在 1910 年回国后长期担任铁路工程师和市政工程师的祖父心目里，他自己是一个纯粹的中国人，有着对国家不可推卸的责任，怎样都可以，但儿子是不同的。

但父亲已经下定了决心，便自己另择途径。结果是一位在法国生活的中国生物学家——孟雨先生，也是中国共产党员，向他伸出了援手，向中国政府转达了他想回国参加建设工作的意愿。不久以后，北京市政府对父亲发出了邀请，并寄给了他一笔旅费。

他的生命历程自此完全转向。

父亲抛弃了正在进行的所有事业——手里的项目转给了别人，已经完成设计的也来不及看到它们的实现，包括还在图纸上的马赛 MARSEILLEVEYRE 中学。1951 年夏末，自马赛港口，父亲携母亲、十二岁的哥哥和六岁的姐姐，登上了开往香港的一只巨大的越洋海轮，并在九月底到达了北京，回到了他 16 岁时离开的无量大人胡同的老宅——祖父在 1913 年为家人设计的一座中西风格合璧的花

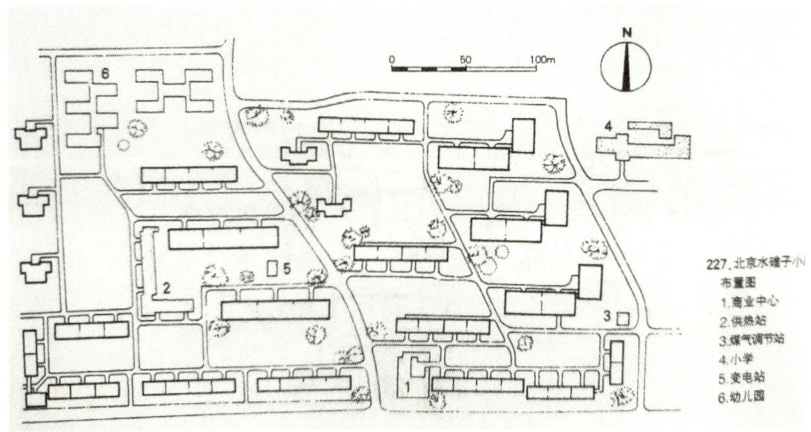

水碓子小区楼宇布局

水碓子小区建成效果

园式住所。

一个多星期以后，父亲就开始工作了，主要在北京市都市计划委员会任第二总建筑师，又任贸易部（后来的商业部和对外贸易部）及水电部工程处的建筑设计顾问。在都委会参与一些规划意见的同时，父亲最想做的是一些实验性的建筑，在材料、形式和建设方式上进行探索，如使用预制构件和设计便于居民互相来往的外廊，如把低效的办公楼改建成住宅等，这些构思自 1952 年开始纷纷在北京右安门、西直门和月坛南街（也称社会路）等地方实现。

也是在 1952 年，在都委会，北京市政府请父亲设计一所大型的有六百张病床的儿童医院，选址在复兴门外的一片田野上，即今天的南礼士路。这所医院的院长将是著名儿科专家诸福棠。父亲先一个人做了草图，接下去做初步方案时，政府又派来了几位帮手，其中最得力的是年轻有为的建筑师傅义通和一位儿科医生。在整个设计的过程中，父亲与诸福棠一直保持着沟通，随时交换意见，同时也倾听外科医生、化验员、护士和厨师等的想法。两年后儿童医院建成，实用、体贴：病房全部朝南，背阴部分作为治疗、配餐及处置室等，且每个病房都设有游戏室；儿童病房的天花板和墙壁为黄色，为造成明快鲜亮的气氛，婴儿病房为绿色，为保护婴儿的眼睛……而在建筑上，他使用了与北京古城呼应的青砖做墙壁，做了传统格饰的栏板，在山墙部位错落开窗，把檐部稍做角部起翘使之产生中国建筑飞檐的神韵，还与下部开窗的比例配合；为避免在市区内暴露烟囱和损害整体格局，他巧妙地把烟囱包在水塔里面，使用上则两个功能并存。整所医院古朴简洁，透过比例与尺度及各种细节溢出其美好。多年之后，这所儿童医院被英国著名的弗莱彻建筑史第十九版收录，作为一部现代主义在中国的经典之作。父亲在北京设计的若干建筑中，儿童医院是父亲最珍爱的，心中一直在牵挂着，退休来巴黎以后的一天，他还梦见自己在帮助孩子的家长寻找停车的位置。直到父亲去世，我始终没有告诉他水塔已经在前几年被无端拆毁，由于他隐隐听到点风声，便多次让我给水塔拍个照，但被我一直拖了下去。

父亲 1955 年调到北京市建筑设计研究院工作，任总建筑师。前几年，一位他过去的同事来找我聊天，说当时那里有很活泼的气氛，经常在院里举办舞会，我父亲母亲也过来跳。那时候的父亲，一直到 1957 年某月，应该是他回到北京后的那二十六年中心情最好的时候。翻出当年的老照片，我看到他的同事们 1957 年初在无量大人胡同我家老宅聚会，看到办公室里的集体工作照，看到父亲脸上的激情和无忧无虑。在 1955 年到 1957 年之间，他又做了不少事情，尤其是幸福村街坊的设计，这是与苏联式小区在观念与形态上完全不同的一个住宅小区，也是北京第一个真正全面配套的小区，位于北京南城的龙潭湖附近，幸福大街一带。这是给平民百姓设计的，在那个低薪的年代，所以父亲当时也要从面积和造价上考虑到让大家住得起等（1957 年，《建筑学报》）。几年以前，我曾经造访过当年的这片幸福村（现已变成幸福南里和北里的一部分），老居民们告诉我：听说我们这儿是苏联人设计的。我说：错了，是中国人设计的！

1957 年，父亲的建筑思想受到了一些同行的评论，其中一些文章发表在《建筑学报》及《人民日报》上。当时我仅仅三岁，还无法领会父亲所处的环境。直到四十年后再看时，始有所悟。回想当年，大我九岁的姐姐参加了电影《风筝》的拍摄。这是一部中法合拍的可爱的儿童故事片，呈现着中法人民之间的友谊。当姐姐为了角色的需要，在北海公园里高高兴兴钓鱼的时候，父亲正在北京的另一座公园，也是我们的祖父亲自参与设计的中山公园里，经受批判。

1960 年，父亲又重新在设计院开始参加一些设计和规划，虽和 1957 年以前的“天马行空”已经是两重天，但他还是在非常有限的表达空间里，尽量地在所承担的项目中体现自己的思想：为让朝阳区水碓子小区的楼宇布局免于单调，“改变一小部分住宅楼的朝向；利用社会服务性建筑让整体布局有所变化；将建筑错开排列；改变大楼的长度和式样。”（摘自父亲所著的《重建中国——城市规划三十年》三联出版）；给电车公司的工人在三里屯设计了宿舍之后，指导他们自己动手建盖；发明设计了为自行车使用者着想的全球第一个汽车和自行车分道行驶的立交桥方案（先是应用在建国门立交桥，后在全国推广，近年汽车多了，又把自行车挤没了）；等等。同时由于很早就担忧对可耕地的占用，他做了一些这方面的著述，如写于文革岁月中的《在山坡及山根荒地设置工业和市镇》（手稿，未出版）和 1983 年发表在《建筑学报》上的《开发荒地，建设新城镇－解决农业用地和建设用地矛盾的途径”》。这些建议都是至今仍然适用的。还有他在 1957 年和以前发表的文章，今天翻出来看（见 IKUKU 建筑网站），处处说得都那么得当，那样富有人文关怀，一样能对应当今所出现的现实问题。他过去的一位同事告诉我，作为热衷于建设民用住宅的建筑师，父亲往往是从非常多细节上去体贴未来住户的，比如为了减少老人从楼梯上摔下来的危险，他设想了一种前端稍稍往上翘的台阶，并且这位同事还在设计时应用了，在建设亚运村的某几栋住宅楼时做了这种台阶。

20 世纪 70 年代中期，我们全家乘上横穿

设计提交了汽车、人流和自行车分道行驶的立交桥方案（先是应用在北京建国门立交桥，后在全国推广）

1989 年春对中国驻法国使馆文化处的改造

西伯利亚的火车，又回到了法国。建筑界里他过去的那些老同学们，专门为欢迎他组织了一次盛大的鸡尾酒会。其中一位还把自己的汽车借给了父亲，他开着车带着我们从北向南穿越法国，一路拜访旧日的相识——25 年没开过的车，25 年没再见过面的众多朋友。

1977 年父亲从设计院退休，母亲从外文出版社退休（之前长期在国际广播电台工作），一起回法国定居。两年以后，政府为他恢复了名誉，也恢复了总工程师职务。但可惜的是，他长年被抑制的才华已然无法展现了。

父亲后来在法国的大学里还教了三年书，相关建筑和规划，内容上结合自己的专业知识及中国与法国的对比。同时他也陆续为巴黎的中国驻法使馆文化处、中国驻联合国代表处及中国留学生宿舍做了几项设计和改造工程。

1981 年，父亲在法国出版了他的著作《重建中国——城市规划三十年》，平和、客观地向法国读者介绍了 1949 年至 1979 年中国城市建设的历程。这本书于 2006 年翻译成了中文，由生活 · 读书 · 新知三联书店出版。从中他阐述了自己的很多理念。

2002 年，父亲获得法国文化部长授予的艺术与文学荣誉勋位最高级勋章，为表彰他一生在中法建筑领域的贡献和对中法文化交流的贡献。致辞里给我印象最深的一句话是这样说的：“在您的整个职业生涯中，您表现出超乎寻常的职业责任感和为人的正直。”

2006 年，我的母亲华伊兰去世了，当时我无法想象父亲怎么能够适应她的离去，他们曾经那样恩爱地在一起生活了七十年，一起投奔理想，又在风风雨雨中互相安慰。但他毕竟还是挺过来了，坚强地生活了六年。在这六年当中，又有他最后的几位法国及中国老朋友老同事相继去世，他是这些同代人当中的最后一个了。

2010 年，父亲 98 岁了，由于他所居住的公寓里要大修电梯，回家必须得每天爬楼梯，我就建议干脆一起到马赛和附近去转转，

《重建中国》法文版，1981 年

《重建中国》中文版，2006 年

法国文化部授勋仪式，2002 年

《中国建筑文化遗产》总第 9 期

《建筑创作》总第 166-167 期

顺便他还可以看看自己以前留下的建筑作品。到了马赛，一踏上老港，他马上就认出了自己在 1949 年战后重建工程中设计的一座公寓。然后我们还去了当时留在图纸上的那所中学，见到了老师和同学。还去了不远的阿尔勒市，也是从老远他就认出来了自己 1950 年的作品，那是一座乳白色的十足现代派的公寓，六十年来纹丝不动，没有任何改变。

在马赛的那些日子里，父亲最喜欢的就是坐在咖啡馆里，久久地看着对面的港口。

2012 年夏天，父亲身体状况不好了，我从北京来陪伴他，和我哥哥姐姐一起照顾他。此时他走路和说话都很困难了，但偶尔也会追忆起一些遥远的事情。父亲告诉我他幼年时教会他拉小提琴的老师是一个俄国人，说如何感激他；告诉我他小时候养的小狗名叫 KIPI，每天放学时都会准时到无量大人胡同口去迎他。一个世纪的尘埃，从他心中偶尔就抖出一点……

9 月 16 日，家人和几位朋友给父亲过了百岁生日，热热闹闹得很开心。

之后，父亲的身体越来越虚弱。他吃的最后一道中国菜，是我们给他做的酱爆鸡丁，最后一个甜食，是他最喜欢的山楂糕，我女儿特意从北京带来的。在他床的对面，挂着徐悲鸿的马，是我从琉璃厂买的仿真水印画，是他最后天天看着的。

我们已经在给父亲准备圣诞礼物。但是在 12 月 12 日凌晨三点，在睡梦中，他静悄悄地走了。去找我的母亲去了。

华新民 2012 年 12 月 22 日 写于巴黎

（原载于《北京青年报》

2012 年 12 月 25 日）

华揽洪生平

1912 年 9 月 16 日生于北京法国医院，父亲华南圭（通斋）中国无锡人，母亲华罗琛（露存）波兰人。然后回到其父母当时所在的河南彰德府（今安阳市。华南圭当时在京汉铁路局相关路段担任段长）

1913 年随父母来到北京，住东城区新开路。

1914 年迁入刚建成的东城区无量大人胡同 19 号（该宅还有 18 号和 20 号）一所中西风格合璧的花园洋房，由华南圭亲自设计。

1916 年其妹西蒙（SIMONE）出生。

1919 年入法国小学。

1921 年入位于干面胡同的美国小学。同时随北京饭店乐队总指挥 OROOP 学习小提琴和钢琴。

1925 年入北京汇文中学初中部。

1928 年与妹妹一起乘穿越西伯利亚火车来到法国巴黎生活，由母亲陪同。高一和高二上巴黎 LAKANAL 中学。

1929 年母亲回北京后在学校寄宿。

1930 年入巴黎大路易（LOUIS LE GRAND）中学上高三。

1931 年入巴黎土木工程学院（ECOLE DES TRAVAUX PUBLIC），1936 年获土木工程师及建筑师双重文凭（DETP）。

1935 年 2 月考入法国国立美术学院（ECOLE DES BEAUX ARTS）学习建筑设计。

1936 年与巴黎女子 IRENE KOKOCZYNSKI（日后中文名为华伊兰）结婚。

1937 年完成第一个建筑作品——位于巴黎郊区的一所宠物医院。之后经常半工半读，边学习边从事建筑设计业务。

1939 年儿子 CLAUDE 出生，日后中文名字为华崇民。

1941 年因战乱全家迁往马赛后半工半读。一边在马赛的美院工作室随 BEAUDOUIN 老师继续深造建筑设计技能，一边与不同建筑师合作进行建筑设计。

1942 年自法国国立美术学院毕业，获国家建筑师文凭（D.P.L.G）。

1944 年 6 月加入抵抗德国侵略者的游击队，同年加入法国共产党。

1945 年在马赛成立自己的建筑师事务所，之后数年内又完成几十项建筑设计项目和规划项目。同年大女儿 MONIQUE 出生，日后中文名华卫民。

1951 年夏，为参加社会主义祖国的建设，抛弃在法国的建筑设计事业，携全家乘船从法国马赛回到北京（路线：马赛－香港－天津－

华宅院落

北京）。出发前交回了党证，脱离了法国共产党。

1951 年 9 月底到达北京后，居住在自家位于东城区无量大人胡同的老宅。

1951 年 10 月开始在北京都市计划委员会工作，担任第二总建筑师。同时兼任商业部和水利电力部建筑工程顾问。其妻在妇联和保卫世界和平委员会担任法文组专家（之后长年在国际广播电台和外文出版社工作）。

1954 年二女儿华新民出生，法文名为 CATHERINE。

1955 开始担任北京市建筑设计研究院总建筑师兼第六室主任。

1960 年以后在设计院四室和标准室等室工作，担任组长，主持或参与多个项目的建筑设计和规划，如海淀区花园村华侨公寓等。

1964 年在清华大学做六次讲座。

1966 年在不同设计室工作，十年中在各种困难条件下进行了若干项目设计和写作，如撰写“在山坡和山根荒地设置工业和市镇”（未发表）等。

1977 年退休去法国生活（之前 1976 年春夏之际曾来法国数月小住）。

1979 年北京市政府恢复其总工程师职务和名誉。同年在中国建筑学会举办了三次讲座。

1980 年至 1993 年之间，单独或与一位法国建筑师合作，改造和设计了若干建筑。

1981 年至 1987 年在巴黎 U.P.A.6 大学教授建筑和规划。

1981 年在法国出版《重建中国——城市规划三十年（1949—1979）》，同年担任中国建筑学会名誉理事。

1983 年加入法国国籍。

1987 年在香港大学举办了三次讲座。

1994 年在北京出版《新兴中小工业城市规划》。

2002 年被法国文化部授予“艺术与文学荣誉勋位最高级勋章”（COMMANDEUR EN ART ET EN LETTRE）。

2006 年华揽洪之妻华伊兰在巴黎去世，享年 92 岁。同年《重建中国》中文版在北京出版。

2012 年 9 月 16 日在巴黎寓所庆贺了百年大寿。

2012 年 12 月 12 日在巴黎去世。

建筑师、规划师华揽洪追思会实录

2013 年 1 月 24 日，在北京市建筑设计研究院有限公司旁边的天泰宾馆会议室，召开了由北京市建筑设计研究院有限公司主办和北京市规委《建筑创作》和 IKUKU 网站协办的“建筑师华揽洪先生追思会”。众位建筑设计界、城市规划界的老领导、老专家参加了会议，并做了情感充沛的发言。按照发言顺序，莅会的领导、专家有：朱小地（北京市建筑设计研究院有限公司董事长）、华新民（华揽洪先生之女）、吴德绳（原北京市建筑设计研究院院长）、吴良镛（中国科学院院士、中国工程院院士、清华大学建筑学院教授）、林晨（原北京市建筑设计研究院科技室主任）、吴观张（原北京市建筑设计研究院院长）、黄艳（北京市规划委员会主任）、潘昌侯（清华大学美术学院工艺美术系主任，原北京市建筑设计研究院建筑师）、马国馨（中国工程院院士，全国工程勘察设计大师，北京市建筑设计研究院有限公司总建筑师）、周干峙（中国科学院院士、中国工程院院士，原建设部副部长）、白德懋（原北京市建筑设计研究院总建筑师）、赵知敬（原北京市规划委员会主任）、叶如棠（原北京市建筑设计研究院院长、原建设部部长）、罗健敏（加拿大宝佳国际建筑师有限公司顾问总建筑师）、顾孟潮（建筑评论家）、黄汇（北京市建筑设计研究院有限公司建筑师）。参加会议的还有，杨伟成（原北京市建筑设计研究院总工程师）、张景华（原北京市建筑设计研究院技术处）、齐欣（齐欣建筑设计咨询有限公司董事长、总建筑师）、华揽洪先生生前好友、年轻建筑师、建筑学专业的学生以及建筑专业媒体代表。

以下追思会文字纪录，根据现场录音整理，未经过发言人确认。

朱小地：各位专家，各位领导，各位前辈，北京市建筑设计研究院是华先生 1955 年到 1977 年在中国工作的最后一个机构。我作为北京市建筑设计研究院的在职领导来讲一讲（在场还有北京市建筑设计研究院三位老院长：吴观张、叶如棠和吴德绳）。今天促成这个追思活动的是吴良镛院士、北京市规划委、华新民女士、《建筑创作》杂志社和 IKUKU 网站，这次活动非常有意义，也得到了各位建筑设计学术泰斗、专家和领导的响应。华揽洪先生于 2012 年 12 月 12 日仙逝，享年一百周岁，从中国的老礼讲，是一个喜丧。我们的追思会不仅仅是对这位值得尊敬的设计院总建筑师表达缅怀之情。缅怀只是一部分。

华揽洪先生走过的这一百年，正是整个中国乃至世界剧烈变革的时期，也是建筑行业的发展与每一个国家和地区情况交织、演变的过程。北京也是如此。我作为现在的院领导，觉得非常自豪，在新中国的建设初期，就有这样的具有国际视野以及深厚实践功底和理论基础的、具有西方教育背景的优秀的建筑师在设计院工作。他做出的杰出成绩，对我们整个设计院的发展、对建筑设计思想的影响，都是非常重要的。

很遗憾，在 1957 年的“反右”运动中，华先生遭受了不公正的待遇。如果大家看过《重建中国》这本书，就会了解到，华先生的论著聚焦在专业层面上，做客观的描述，并未受到意识形态的影响而表现出简单的改变和跟从。这是非常值得我们尊敬的、非常职业的、非常专业的态度。

1994 年，何玉如总建筑师带着北京市建筑设计研究院的青年建筑师们去巴黎，我有幸见到了华先生。我记得很清楚，他住的房子不很宽裕，客厅堆了很多东西，老旧的电视就放在一个高台上，而那时中国的电视已经是“遥控”“二十一寸平面直角”的了。华先生那时候已经 82 岁了，还是亲自驾车拉着我们去看巴黎的建筑，给我们讲解联合国教科文巴黎总部。1999 年他回国了一次，但那时候我还是个年轻设计师，没有机会与华先生有更多的接触。这几年，院里一直在琢磨是不是有某些可能性，比如去巴黎探望，或把华先生的一些文章刊出。但非常遗憾，在他生前没有完成这样的工作。

今天能够有时间静下来，回忆华先生的一生，和他一起回顾这样的一个过程。当前中国的发展，日新月异，我们的效率非常被认可，但来不及静下来思考，来不及对周边的事物、包括以前对这个国家和城市做出贡献的人士进行一些品读，这是非常遗憾的。今天有这么一个机会，我请以前跟华先生共同工作和相处的在座各位专家和领导，给我们年轻人更多的介绍，使我们年轻人能有更多的机会，透过华先生的工作和经历，在时间这个轴线上有更多的体验。这也是对我们今后工作的有益支持。

华新民：作为女儿，父亲的离世令我很难过。作为一个特别热爱建筑的建筑师，他本可以开心地去过这一生，但是他是苦难的。他一直是坚持自己的原则，不会为了迎合什么而改变自己，他不去害人，他为人特别好。

我父亲 1951 年的时候，在法国的事业非常好，他的朋友同事后来在法国都成为了很有名的建筑师，那个时候他们在一起交流的都是现代派的建筑思想。但他什么都扔下了，回到中国。他写了一本自传，大家都没有看过，还未发表，是法文，有一部分还是手稿，里面讲了很多的在中国和法国的事情，其中讲了很多在学校里的，包括在北京市建筑设计院的一些事儿，将来我要陆续翻译出来。

华揽洪追思会现场

对他来讲，三个城市最重要，巴黎、北京、马赛，他对这三个城市是最有感情的。2010年他98岁的时候，因为在巴黎他的那所房子要修电梯，我专门从北京回到巴黎，我说干脆我们到法国南方去一趟，去马赛看一下。他1951年离开的时候什么都扔下了，很多设计图纸都没有看到完成。我们去看马赛中学，他终于看见了建成后的这个作品，（当年他）离开的时候还是图纸上的。那一次我们还是特别感慨的。

我父亲开汽车，直到六年前94岁时我妈妈去世的时候，他心情不好，怕他出事我们就不让他开车了。他慢慢走路，拄着拐棍，一直到一年多以前他还可以上街。就是最近这半年多，突然生了一场病就不行了。一直到最后，我们坐在窗台上看外面，他还在想那个建筑、那个窗户应该是怎么样。他就是这样。父亲最后就走了，我不说了。

吴德绳：我知道华老仙逝的消息以后，在我脑子里马上浮现出很多和他相关的场面和他生动的语言。我想到了一些很有意思的小故事，我感觉其中有些事儿甚至对我的人生有作用、有很深的烙印。他比我年长近三十岁，我们这么大的年龄差距有点儿像忘年交，很多的来往都是很奇怪的巧合。我大概是在1971年调到北京市建筑设计院的，那个时候建设部设计院在“文革”初期解体了，援外项目于是被挪到了北京建筑设计院，因此北京建筑设计院成立了一个援外工作室，把我调来了。在来之前听说过华揽洪先生的大名，包括华南圭先生的大名，都如雷贯耳。我在我们那个组的大屋做事儿的时候，他们告诉我，那个人就是华揽洪先生，我就去给他打招呼。他在那儿做什么事呢，他在为我们做的一项援外工程设计图纸做法文的翻译、在图纸上打法文字。那个打字机有八百毫米的滚子，他把我们的图纸搁上去，敲法文。当他知道我是学空调专业本科出来的，他在考虑法文的时候，常常上那屋叫我，说你给我解释一下中文的“宽阔”的含义，他去编写一个词，或者问我这个词的俄文是什么写法，他从外文的体会上拼出这个法文，他有一定的创造性。

他骑车上班，骑一辆女车，有很高的弯梁的女车。他住东城我也住东城，有时候骑车在路上就碰到，有时候路上就聊天。这样的一些过程，使得我和他没有太多的隔阂。

我出国做援外工程去了，等我回国的时候，他已经去到法国了。1990年左右，我去巴黎，他从别的渠道知道我在那儿，给我打来电话，说我来看你。那个时候他也80岁高龄了，我实在不好意思，连法国旅馆的名字都说不上来。他很精明地说，待会儿把电话给服务员，我就知道地址了。他真的来看我了，而且带着我们走了很多地方，包括巴黎的地铁，甚至于那个人骨人骷髅堆砌的地方（骷髅骨古墓CATACOMBES）也是他带着我看的。

在这些交往当中，我感觉他是一个大建筑师，关于建筑技术、建筑细节，他考虑得非常深入。我跟他一块吃饭，

他跟我说这个楼梯，应该考虑什么样斜角。还有一件事，很遗憾我没有办成。他说复兴门立交桥的第一个设计方案，是他提出来的，而且画了草图，他问我能不能找到这个草图。

我找遍了院资料室，找不到，又去找市政院曲（际水）院长，他找了半年也没有找到。后来我见到华老，说这个事儿办不成了，他告诉我立交桥的原理，实际上是就把十六个交点分散开的原理，讲得非常好。他注重很多细节，物理学的知识很多，跟我聊天说人至少要有两双皮鞋，为什么呢？因为一双皮鞋今天脱下来明天早上是不会干燥的，就得穿第二双，两双倒着穿，鞋才能变成干的，才能穿着舒服，穿得卫生。当年我们一块骑自行车的时候，他讲了一个道理，真正被他言中了，说应该发展电动自行车，又低碳（当时他不是用的这个词），又方便；我们一块从西城骑车到东城也挺累的，应该有点机械助力，他说最好是电动的，而不是小摩托车。

我跟他的交情，有很多这样的细节。

吴良镛：他要过百岁生日的时候，我通过录像头假设他在对面，进行了一段对话，然后寄给华先生。我们都很高兴，他在国内还有我这个老朋友在他生日的时候关怀他。其实我是后学了。当时没想到，12月没过太

华揽洪追思会现场的华揽洪照片

久他就去世了。他去世之后，我想了很多的事情。他是中国早期的“海归”建筑师，抱着满腔热情，他在法国已经取得那么多的成就，而义无反顾地回到祖国来，最后又回到法国去。他的一生，引起我极大的崇敬。

建筑作为他兢兢业业从事的事业，他保持着严肃的态度。虽然那个时代限制了他建筑才能的发挥，但是他在力所能及地、点点滴滴地做事情。幸福村街坊项目是我当时的研究生吕俊华同学作为助手协助华揽洪先生做的，他去清华讲演（关于巴黎的建设），就与吕俊华有了接触，看到她小区规划作业中的思想与自己的相通，很赞赏，后来就选她参加了项目，在设计过程中指导她。

他细心地指导，一步一步地比较、实践，这也是他在中国有限的工程里颇有影响的一个。

除了他作为建筑大师在业务创作中对中国做出的贡献之外，他还是把新中国建筑第一次带到国际的人。他从西方建筑阵营回到祖国，他的老朋友瓦格，当时是国际建筑师协会的秘书长，给华揽洪写信说，第四届在海牙举行的住宅建筑会议你们中国能不能来参加？这个事情在当时的新中国，使建筑设计成为第一个被接受并邀请参加国际活动的专业。国家派出了代表团，杨廷宝先生当团长，徐中先生、戴念慈先生还有汪季琦先生、我，还有一个欧盟翻译，在当时代表团的规模算是相当大的。后来杨廷宝先生被选为国际建协副主席，后来很多的国外建筑师也到中国来，这都是通过华先生在做必要地引导。

他定期给沈勃院长讲课，介绍建筑的基本知识，《重建中国》并不是回到法国以后一时兴起的创作，而是他来到中国后以满腔的热情对待他的事业，回到法国后进行总结完善的。

到法国后，他的生活是比较困难的，不单单是居住条件差。有一件事我不愿意说，但是我想说明华先生当时生活的穷困。我在1980—1981 年在德国讲学后到法国去，华先生的经济是很拮据的，我看出来了，就把我在法国的讲演费给他一点点，华先生没有客气，接受了。我说这件事不是想说我怎样慷慨，而是说明他在租房住以外，其他条件也不好，能看出来。华先生在这种非常困难的条件下，能够坚持下来，给祖国做这么多的事儿，包括《重建中国》一书的出版，没有超出一般人的热情是难以支持的。包括改革开放之后，到法国的人都去看看华先生，华先生也是充满了热忱、对祖国的热爱的热忱，接待每一位来拜访的人……

他的人格、崇高的人格，他的心灵、他对后辈的关爱，这是少有的。通过华先生，我有时候老想想这些想想那些，就想：中国

华揽洪于法国时手绘设计图

不是没有人才，中华人民共和国成立以来也不是没有这么多的人前仆后继，只是我们还没有发现、我们还没有认识到。就拿北京建院从前的老总来说，他们都有各自的工作室和背景，都有各自热爱的过去。现在想想他们在这个方面的表现，在那个方面的表现，都是非常难能可贵的。

再回来看华先生的，我觉得我情不自禁地感觉由衷的敬佩、由衷的崇敬，而且更看出来他的高境界。回顾百年，他做了那么多事儿，从来没有休息、也从来没有见到他牢骚满腹，这个品格非常了不起。要介绍给年轻人。现在年轻人，想到的是怎么出国，你在国外知道什么，你介绍我到哪一个学校，写一个推荐信。在西方国家已经奠定了建筑事业地位的这样的一个人，一无反顾地做各方面的努力帮助祖国，这是了不起的，我们纪念华先生。

所以我跟朱院长说，是不是在儿童医院，或者在哪里要立一个像、或者立一个碑，就是因为我们建筑师自己不认识摆在我们前面这样一位值得展示、值得敬佩的人物。我是搞教学的，我们能不能把它发掘出来，再进一步认识，再让年轻的学生来认识，这是我们的榜样，这个教育意义太大了。我们可以看到华先生有一颗高贵的心，就是热爱祖国和热爱人民，热爱他的事业，这一点是可以作为教材来教导我们的年轻学生的、我们新一代的，怎么样学习前辈们对事业的热忱，对祖国的热忱，对工作的态度。

林晨：周文正去看病来不了，我代他讲两句。他以为华老到巴黎以后，怕是后半生不行了，没什么事做，他感觉非常遗憾，最近看到报道华揽洪的文章，了解到他做了那么多的事，他说他现在不为华先生遗憾了，他表示高兴。

我跟华老从 1959 年开始交往熟悉一直到他 99 岁在巴黎接待我，2012 年 10 月份我还发电子邮件祝贺他生日。

我觉得对华老的评价，要从建筑这个角度出发，谈论他是怎么样的一个人，他的一百年，是在生命的不同阶段，在不同的政治生态下，怎么经历下来的。

我简单说一下我跟他接触多年的一些事情。1959 年下放时劳动，我当年是小技术员二十几岁，他作为一个知识分子，我们一起去工人家庭访问，工人做了饭给我们吃，跟工人联欢的时候表演节目，他唱什么？《马赛曲》，中文一遍，法文一遍，当时绝大多数的人都不知道《马赛曲》是什么意思。

有一段时间我去搞三线建设离开了设计院，1974 年我又碰到他了，他在研究所搞研究工作，他跟我说要回法国去。我说“你干嘛要回去呢，现在这种形势好了、开放了”，他说“恐怕这儿不适合我养老”，他说还没正式申请，能不能跟院领导说一下。我最后找了张一山副院长，张院长表示现在的情况可能比较好弄。华老后来走了，把一些资料留给我，这些年一直有通信往来，贺年片都是他自己画的。我到巴黎，他接待我，上他家里吃饭，他说你一定要尝尝我夫人做的小锅牛肉。他回来以后，他听说设计院的老办公楼要拆，他说能不能给我们拍一张照留念？

1955 年在莫斯科，与沈勃、杨廷宝和其他建筑师

1957 年春，和苏联专家合影

1956 年，华揽洪与北京市建筑设计院的同事在其北京家中

华揽洪 1955—1956 年左右在北京市建筑设计院

我慌慌张张找了一个照相机，现在留下来了。华北电力科学院听说要拆的时候，他让我进去照了几张相。他对乡土非常眷恋，他给我写的信里面还一直不忘当年的劳动，谈到中国应该怎么建设，面对矛盾应该怎么发展。

庆祝国庆十周年盖“十大建筑”，他还对人民大会堂提出了一些看法。“实用、经济、在可能的情况下注意美观”。

他具有正直的爱国热情、眷恋乡土，他好多次谈建筑时总会想到，这个房子给谁用，关于楼梯踏步的工程试验，尤其是对老年人，始终考虑这个问题，他教我怎么弄，在亚运工程里我把这个试验用了进去。

作为一个知识分子，他有中国知识分子传统的眷念乡土的优秀品质。

吴观张：我是 1962 年到设计院，到院之前知道设计院有八大总（建筑师），华揽洪先生当时是一位。我直到 1969 年才到设计室工作，这个当中经历了一年半在设计院初期的工作，基本上没做什么，因为确实大学毕业后要进设计院没有三五年的功夫根本上不了手。后来我就到了五室。大概 1971 年左右，我当了设计组长，华揽洪先生曾经在这个时期，到我的设计组工作过一段时间，当时是“文革”后期，张镈老总也在我的设计组里面工作过一段时间。

建国门立交桥，实际上是在我那个设计组里面画的。其实没有接到过这个任务，是因为华先生看到了复兴门的立交桥，他觉得这个立交桥不好，于是他在他的位置上画了十几种立交桥的方案，我们设计组的同志都看过他的图纸，他也给我们讲过这些设计方案，建国门立交桥实际上是华先生的方案，怎么成为华先生方案呢，我就稀里糊涂了。华先生是从哪儿接的这个任务，还是没有任务，自己自发地做的？我都不清楚，但是这个事情给我们的印象很深。我估计他是看了复兴门立交桥不满意，自己贡献出来的、自己在那儿探讨的，一画就十几张，至今我觉得他的这一点精神对我的影响很大。

建国门立交桥是北京立交桥里面的唯一的一个全立交，外国的全立交叫人行和车行分流，中国又加上一个自行车，建国门立交桥是人行、自行车、机动车，都是分流的，华先生对立交桥研究后，说复兴门不全立交，还是有很多的交叉，当然其余的立交桥就更不用说了。像西直门立交桥，这是在华先生做完方案之后出来的东西，西直门立交桥做完了之后不能够满足使用，它是转盘型的，又重新改，改成现在的德行，交通非常难办，西直门立交非常糟。

我跟华先生接触过程当中，他还参与过我们外交官公寓的设计。我第一次见华先生自己的方案，我非常佩服，他的图有点儿像早年赖特做的东西，非常细致。因为华先生是国外教育过来的，他对外国人的生活习惯非常熟悉，他的平面极为精彩，但他的立面也是国外的一套，比较干净利落，当时已经不被我们这儿的某些决策人所欣赏，他的方案没有被选中，实际上我看可能是被认为立面简单。

建国门外的外交官公寓，公寓的规模都不是特别大，跟现在的豪宅没法比，最大的是两百平方米以上。他安排的衣柜特别得多。我说怎么那么多的衣柜？他说外国人的衣服特别多。现在你看，现代社会的人，人的衣服特别多、尤其女人的衣服特别多，过去我不了解这个。他说你不给它留出位置来，她将来这些衣服都没地方放。后来我们慢慢地有了这个知识了，知道有衣帽间的存在了，而且面积是很大的。所以华先生在业务上，就是在建筑事业上，责任心和热情真是很高涨的。

在华先生走之前我曾经去过他家，我感觉他的生活也非常俭朴。当时政治上对知识分子里的这些杰出人物影响非常大，但我从来没有听说过华先生埋怨一件事情，或者他没有积极性搞业务上的工作，从来没有听说过。1957 年被错打成“右派”了以后，这件事情没有影响他对工作的热情和责任。

华先生的儿童医院我印象也很深。我对儿童医院很欣赏，就像他搞的东西，非常简洁，颜色用得也非常地道，灰颜色加上混凝土的颜色。九十年代末期我们在改造儿童医院的门诊，华先生听说了之后还送来过方案，他自己做的改建门诊的方案，那时候他已经在法国了，他还送了一个方案，这个给我的印象是非常之深的。

我认为华先生他为人正直，为人非常高尚，对家庭非常关爱，对同事非常关心，早年在我们工作室的时候，他每天早上打一个电话回家，给他夫人报平安，“我已经到设计院了”，中午一个电话要问候一下夫人，然后晚上再下班回家。这是国外的一套习惯了，但是他坚持不断。可惜我们接触的时间，已经比较晚了，接近他离开中国了。华先生主要作品是 1966 之前的东西，然后是在前面法国的东西，然后可能是他回到法国以后的东西，从 1957 年一直到 1977 年，他真正的作品，就少得可怜了。这么多年，我到院是 29 岁，他是 50 岁，正是创作最旺盛的时候，但是给他的机会非常少，不然能够留下很多很好的作品。

华先生去世之后我在新浪微博上写了一点微博，对他的过去了解得也不是很多，所以用这篇文章悼念华先生逝世。华先生永远留我们这辈人的心中。

黄艳：诸位老前辈，我在这儿应该没有资格讲话，但是我提两点请求吧，因为上面还有规划院的总结大会，我刚才有一个特别大的冲动，我想把这个场子搬到上面去，因为这个追思会特别让我感动。除了我刚到这儿来的时候接触过白总（白德懋），其他在座的老先生我都没有直接接触过，但是大家讲的这些东西，我觉得对年轻人，尤其是没有经历过社会动荡的年轻人，是精神的一种洗涤，所以我有一个冲动，我想把这个会场放到上面几百人的会场上去，让更多的人能够听到。

希望我们院里或者是杂志社，把今天诸位老前辈讲的一些追思华先生的一些事迹，能够通过各种形式让更多的年轻人了解，现在的年轻人因为政治环境、社会环境都太单一，这三十年的物质主义太厉害，所以大家对精神的追求，还有事业的、超越于事业之上的追求还是少很多，所以我刚才特别欣赏

华揽洪追思会现场

林总讲的那几句话，就是认识华先生可能要超越对专业人员的认识，要从历史的细节上去看这个专业的领军人物，这一点对我们这一代人来讲，其实特别关键。

华先生，以我隔了这么远地遥望，具有中国士大夫精神、又具有法国知识分子的独立人格，在那个社会里面，可能是非常纠结的一件事，所以对我们没有经历过这些阶段的人，可能是一个思考。我们少在哪里，我们对待这个事业和对待这个国家、这个民族，以后对待我们自己的精神，更多的应该追求什么，这是一个特别重要的需要思考的事儿。所以我希望小地董事长包括院里的能干这个事的同志们，都出一点东西，让大家能更多地了解。

我跟华先生从来没有见过，现在这张照片是我第一次见到华先生比较清楚的一张照片。但是我有两个接触，一个接触是我1992—1994年两年在比利时留学的时候，我写硕士论文《五十年代至九十年代初中国的住宅政策》，北京的住宅政策、住宅的设计、形态，整个的演变，其中主要用了四本书做索引，其中一本书就是华先生的法文书、写住宅的那本法文书，我老用他里面的几张关于幸福村的图片。我的导师说，这是一本什么书，你怎么老翻来覆去地用，我其实更多的是从那书里面了解他的。

第二个，我特别内疚的是，当时周（干峙）部长让我赶紧制止他们拆儿童医院的烟囱。我赶紧制止，儿童医院院方都快跟我哭了，说你们一个部门让我拆一个部门让我不拆，我不知道听谁的了。最后还是拆了，因为已经拆了一多半儿了，更容易的是拆下去，补回去却很难了。所以我的力量没足够大，没能制止住，到现在我还内疚这件事。因为儿童医院还在扩建，我就一直跟设计师说，我没有力量，但是对不起，你得征求华女士的同意，她说行就行，她说不行你就得接着改方案，所以现在就扯着这件事，他们对我的意见很大。

潘昌侯：1956年和1957年，我和周文正是华先生的助手，在第六工作室主要的工作就两项，一项就是幸福村，另外一项就是他要代表国际建协即将竣工的北京儿童医院准备发言稿，内容是《东亚的城市应该如何发展》，他的主要思想，就是城市发展应该有新陈代谢的观念。我当时就问他，怎么样的新陈代谢，他说，首先就拿北京来说，城市发展要根据自然条件、自然资源而有一个范畴，不能无限扩大。他说这个城市，不管怎么发展，大框框定了以后，里面要有一个绿化布置，是绝对不能动的，无论怎么发展，这几块绿化对于城市的空气来讲那是很重要的，是绝对不能动的。历史性的建筑、政治性的建筑，是永久的。但是一般民用建筑，普通的住宅，或者其他的民用建筑，应该根据国家的经济条件，来决定它的质量，所以这个是要新陈代谢的，他的幸福村规划就是实践这个观念做的，因为这是一般普通的民用建筑。他认为住宅不能像苏联专家给的，两家合用厨房合用厕所，那个不行，不是个家了。现在虽然小，但是要有个家，要有自己的厨房厕所浴室，将来国家经济条件好了以后，可以两家拆了并成一家提高一下生活水平，但是不能提高的时候，这个房子应该拆，拆了应该盖更好一点的，但是也不是“百年大计”，一定要根据国家的情况，盖到什么程度，还是个新陈代谢。所以他这个新陈代谢的观念，主要是指一般的民用建筑、一般的住宅。

马国馨：我比吴（观张）院长晚三年，但是也跟华揽洪先生有接触，因为刚到设计院，设计院有俩长得像外国人的，一个是华先生一个是雍正华（有德国血统），这俩都是高鼻子凹眼睛，所以印象特别深。接触的第一件事，就是吴（德绳）院长说的援外工程。当时院里做的阿尔及利亚展览馆，因为那时北京院做援外工程做得很少，这会儿有了机会，所有的图纸都要按照正式规格，我记得写字的套版都是那个时候刚引进的、引进套版写外文，所以那个时候都是按出国图纸做的。我记得当时有一个故事，外贸部来审这个设计院出的图纸，对其中翻译的法文提出了很多的意见，后来设计院告诉他，这些文

1981 年在巴黎蓬皮杜中心

华揽洪与同事合影

1959 年国庆前，设计院下放劳动人员，在民族饭店完工后合影。后排左起第三人为华揽洪先生

华揽洪总建筑师在巴黎寓所翻看北京建院作品集

字都是华先生定的，听了这个以后他们就不审了。

所以可以看到华先生在法文上面的权威，后来编的一本《法汉建筑工程词汇》，实际上是两本，第一本是 A4 纸大，他积累了大概有这么一厘米厚的词汇，词汇印出来了以后，后来又有《补遗》，又补了一本儿，只有这么大，那个词汇，大概也有一厘米厚。对原来的不满足，又把新词进一步补充进去。

吴观张院长说的华先生来到室里，那时候 1970 年合并成三室了，华先生坐在哪儿呢？在老工字楼二楼的东南角，我就坐在他那边儿上的那座位，我们那个时候的座位都是一个图板一个柜子，华先生的座位在角上，他多一个书架，他那书架上搁满了书，那个时候开全室大会都在东大屋，我开会老坐在华先生的书架边上，我记得有一本书厚厚的《法国百科大词典》，里面插图特别精美，一到开会我就把那个书拿下来翻，华先生好多画的图就在那个时候做的。

儿童医院的“三合一”烟囱

我说一个细节吧，他用什么图纸呢？废硫酸纸、晒图室裁完图以后剩的纸边、长的图纸，用钢笔在上面写，写完了以后，叠成小方块，自己拿硫酸纸到晒图组晒成蓝图，再把它订起来，我印象里做过一个就是立交桥。复兴门立交桥，最早建筑设计是李启元，不知道市政院是谁配合的，那个时候立交形式比较简单，交叉点很多。路面还做的大理石，下雪时候特别滑，后来把它改了。后来华先生他画了好多设想，复杂极了，我印象里那个立交当中，比建国门现在的还要复杂，做了各种各样的可能性的实验。第二个我记得还做了一个不是人防就是窑洞的，如何解决通风问题的一个方案尝试。第三个写过一个关于细部的改革，楼梯的台阶他提不能是平的，应该里面低一点，是一个向内斜的，适台脚的角度；（吴观张：楼梯有几种，二跑楼梯你能做到每个休息板底下是平的你就算是及格了，很多人都做不平。）我记得还有一个情节他说，现在很多的窗户窗台外面要挑出去一个小沿，他说这个挑沿不要挑，他讲出很多道理写的密密麻麻的文字。

这其实都没人给他下任务，就是自己想起一个课题来，然后就在硫酸纸密密麻麻写完了，然后就晒多少份，送人、就让大家看，希望自己这个想法能让大家接受，所以我觉得从这一点来说，赤子之心、非常敬业，非常可贵。

2005 年 9 月，我和华新民发现儿童医院的烟囱要被拆除。于是我们找来了赵景昭、刘开济、王昌宁、刘力等人，就在烟囱那开现场会。后来北京电视台也来进行了报道，普及了建筑遗产保护的知识，在当时产生了一些影响力。可是过了一段时间，趁大家不注意，那个烟囱一下就被拆了。这座烟囱本来是水塔、烟囱、钟楼结合在一起的概念，设计非常有特色。儿童医院的一些标语也时常印在烟囱上，烟囱本身演绎了很多故事。

我觉得我还很庆幸，我编了一本《建筑学人剪影》，我拍的建筑师的照片，里面还有一张华先生的，第 79 页，还有关于华先生的介绍。华先生，确实是对国家对人民对事业非常关注，也是一个历史了。

周干峙：我跟华先生接触应该讲是很少的，因为我一直在建设部的系统里工作。50年代初（建设）部初成的时候，当时北京市的规划建设方面的工作已经走在很前面了，所以当时部里面要求要多参与一点北京市的事情，实际上是学习一些东西，所以我从那个时候开始，参与北京市项目的一些审批。我那时很年轻，刚刚大学毕业，到北京市以后，对华揽洪先生有比较突出的不同的印象，因为很显然，华先生是一个正直热情的一个前辈，有很丰富的经验，他肯不厌其烦地讲道理。我是学建筑的，但我一直是做规划。我印象非常深，他跟我讲儿童医院这个设计，还不完全是功能、外形等等，还要考虑到更深的一些使用、给人的印象、长期的艺术的熏陶。我跟他差一辈人，但是他不厌其烦地跟我解释他的设计，到现在我都还记得他说儿童医院，“你别看这个交通，它不完全是一种交通，有人走的、也有轮椅走的，就要考虑到轮椅跟人的不同的设施。人可以用踏步，轮椅必须要用礓磋来联系，他还说礓磋一定要做好，做不好容易坏，也很不方便”。我非常感兴趣，所以有时候又问他，特别是那个时候对“形式”很有争议，模仿苏联的还是现代的还是哪儿的，他简单地跟我讲，按照他的看法，在中国盖房子，一定首先是中国的，但是我们不是古代中国人，我们一定要有一些新的因素在里头。

我们两个人到他家里去，也是非常吃惊的，感觉他住得很挤的，也是非常简朴的，他自己开车拉着我们在巴黎逛了一圈。他是中国知识分子的典型，对自己的专业是执着的，是热情的，对人是正直的，非常坦率的，一谈就合得来。我总的感觉到，确实需要给他出这个资料集或者叫回忆录，不光要把过去的一些设计图纸都反映出来，我觉得他的设计思路是比较符合又是中国特色又是现代化的路数。

我觉得我们华先生这一套东西，一点儿也不保守，是根据中国的情况，根据中国的需求的特点、经济的特点设计的，但是他又不是简简单单不动脑子的，是有创新的，所以既是新的又是中的。应当很快把这书整理出来，要把那些方案都放上去，让人们看看，这是我们中国的建筑文化，是一个重要的组成部分；中国的建筑文化，绝不是抄外国能解决的。这就是我的一点希望和感想。

白德懋：华揽洪受的教育是布扎学院派的，但是他能够接受新的潮流，对建筑的现代化，不但能够体现功能和它的使用价值，而且能够跟当时当地的现状结合起来，我印象最深的就是儿童医院。儿童医院不是过去老的学院派的作品，很明显的，它是灰砖，装饰都是很简单，但是非常平易近人，跟医院的性质非常吻合，这是很难得的。这给我的印象也是很深的。

另外一个就是幸福村，幸福村的规划完全打破了常规，也不是苏联的街坊式的，也不是自由式的，因地制宜，按照当时当地的情况来搞小区规划，我觉得这是一个创作。他值得学习的地方有很多的。我住在南礼士路这条街五十多年了，经常到月坛公园那边去锻炼，每天经过儿童医院，可是最后发现烟囱被拆掉了，这是很坏的败笔，接下来不但烟囱拆了，而且搞了一个不三不四的新建筑，把主楼给挡掉了。当年华揽洪回来的时候，我还陪他去看那个新建筑，到底把他的儿童医院毁到什么样子。

被拆的不仅是儿童医院。大家知道南礼士路跟月坛南街交叉口有一组建筑，住在附近的可能注意到这个，四个角上一组建筑，是华揽洪和陈占祥联合设计的作品。所以大家可以想像“陈华联盟”可能就是因为这个。其实大家很清楚，他的总体规划，跟陈占祥的风格、观点是不一样的。我觉得作为一个建筑师，最要紧的是坚持自己的立场，就是他能够发挥自己的创造性，这是很重要的，所以华揽洪始终是我学习的对象，因为我跟他接触比较长了。恐怕在座的里面我是最早认识华揽洪的，那个时候还是在 1951 年北京都市计划委员会，我 1951 年进去的时候他还没来，但华南圭老先生也在都委会当顾问，我觉得他们父子都是不但对工作很知足，而且为人平易近人。今天我们怀念华揽洪，发现很多人都对他有感情，因为华先生去世的时候，就有三个人告诉我，就怕我不知道。我一直都和他有联系，而且他到法国定居了以后到北京来，每一次到规划局或者到设计院，都到我们这儿来，很随便的，在我们家里吃中饭、睡午觉，这种相互之间的感情培养起来很不容易的。这条街我很清楚，规划的路线是我参加定的，那个时候北京市的一个秘书长叫薛子正。那个时候南礼士路还没有建起来，他跟我两个人，走一条看（这条新路能）怎么走，发现这条路打通的话要穿过月坛，要把月坛穿破了，在哪里穿？薛子正和我两个人就到现场去看，看什么呢？里面有好多柏树，哪一条路线可以达到砍掉柏树最少；最后走那条路大家有没有发现是斜的？在月坛南街和南礼士路口的地方，往东有一点儿偏过去的，出来一个小广场，这就是因为要躲开月坛公园的柏树，最后打开了这条路。路开了以后，这条街是统一规划统一设计的，最后确定华揽洪和陈占祥设计这四个角的四栋楼。

现在提出来叫“金融街西扩”，我觉得这是很大一个败笔，因为金融街分作两片这是很不合理，而且金融街的规划方式很受怀疑，相对集中的，到处搞金融街也是一个很大的城市规划的问题。大家试想一下，如果一条大马路、二环路把金融街拆成两片还叫什么金融街？所以将来儿童医院能不能保住，我不知道，但是刚才讲的月坛南街和南礼士路角上这四栋楼肯定要拆，所以华揽洪留下来的遗产恐怕很难找到了。大家可以发现这组建筑，都是清水墙，但是有一点点中国的装饰，它的檐头、勒脚和栏杆，有点中国斗拱之类的装饰，那就是华揽洪和陈占祥两个人的，因为陈占祥喜欢有一点点儿中国装饰。

赵知敬：我跟华先生没有直接接触过。年轻时看过华揽洪文章，我那天看了华新民的纪念文章。我对这个儿童医院有印象，到今天六十年了，这个作品非常成功，难得有这样几项在北京成功的作品。北京市建筑设计院，是从中华人民共和国成立前的一个设计院转过来的，所有其他设计院都是新建的，所以它的历史最早。这个设计院有那么多的大师，搞了那么多的重要的工程，有丰富的历史，有很多需要传承。今天通过对华先生的追忆，我们可以感到，设计院的历史有很多故事和亮点，有很多精彩的地方，应该记录下来。我们的建筑行业，做了那么多的工程，为社会服务；我们的建筑师，当时有很多都是家里只有一间房间，夫妻俩都是设计师，都要抢这张桌子画图，孩子还要做功课；就在这种情况下，很多作品是在家里做出来的；很多这样的事迹，才形成了今天的设计院的基础，才有今天的建筑设计院的辉煌。

叶如棠：我对华老的生平和职业成就知之甚少。虽然我 1974 年 9 月调到北京院时，华老还在北京，但一直没见过面，我清楚地记得当年阅读某刊物发表的对华老在中国的代表作北京儿童医院，作全面否定和批判，很不理解也很反感，反而激起我对华老的敬意。后来我带孩子到儿童医院去看病，每次都想起那篇文章。儿童医院是一个现代建筑和中国建筑文化两者结合的一种探讨，有现代建筑平面构图和立体构图上的一些手法，再加上中国的传统的园林和医院建筑的结合，是很好的一种探索。

大约是 1981 年我随全国妇联考察团到法国考察儿童教育机构时，意外地收到华老在巴黎的邀请，带着我游览塞纳河，向我讲解沿途的法国著名建筑作品。这是我与华老仅有的一次交往。今天我是带着对华老这位建筑界前辈的崇敬、惋惜和怀念的心情来参加这个追思会的，也为华老跌宕起伏的人生所折射的中国社会变迁付出的巨大代价而深深的感慨。感叹于华老人格魅力和职业操守之珍贵，也感慨于国家的政治环境和社会氛围作为国家软实力之重要。

罗健敏：华先生到了法国以后的情形我知道的稍微多一点。在二十几年里头，只要有机会，我总会去拜访华先生，而且我到法国拜访的第一个人，就是华揽洪先生。那天跟在座好几位一样的，很有幸华先生开着他小小的车，领着我们在巴黎转了一整天。当时华先生就要 80 岁了，我们才刚 50 多，完全是父辈了，80 多岁老先生，开着车开一整天，一个地方一个地方的给我们看，心里头非常过意不去。今天我一听，只要有机会到巴黎的见到华先生的，他都是亲自开车领大伙儿来转，华先生对国内的同事、朋友这种深情，我觉得是一个很好的体现。

在我们中国尤其是北京，一家三代人，都投入北京市的城市建设，而且都卓有成效起了很大作用的，恐怕也很难再找了。从华南圭先生，到华揽洪先生，再有华新民先生，打胡同保卫战的勇士，一家三代都有很大的影响，而且都那么投入和忘我，都那么不想自个儿的事儿，都那么傻，这样的家庭我觉得太少了。我想说一个背景材料，因为在法国时间比较长，就知道法国建筑师在法国的社会里是一种什么地位，按人平均，每千人或每万人里建筑师的比例，法国是世界第一，建筑师在法国人口里是最多的，失业率，法国建筑师这个行业，在所有的行业里是失业率最高的，在这么一个国家，二十几岁毕业以后，到他 1951 年回中国来的时候，已经做了 50 多项的工程，这样的建筑师是很难找的。我到了法国以后，在法国建筑师当中，一说起来，如果说华先生是我的朋友的话，人家都觉得很惊讶，“你居然和华揽洪先生同事过、有联系”，说明对华先生的尊敬是非常不一般的。

法国建筑师的设计费非常高，从 0.5%~30%，我的一个合伙人有一次接了一个 20 平方米的厨房，这是 1990 年的事儿，20 平方米的厨房的工程造价是 30 万法郎合 30 万人民币，30 万元的装修费是算豪华的，这么一个小东西它的设计费是 6 万，占 20%，就因为工程非常小，所以如果能拿到一个像北京很常见的五层小楼的住宅的话，一个建筑师可以吃五年没有问题。

华先生到中国来之前，已经做了 50 多项工程，那就是说华先生在法国的状况非常好。尽管他父亲不同意，华先生还是坚持回到了中国。如果没有这种热情，他是不必回来建设的。中国当时在经济上比不上法国，待遇也不好，但是这样一位老先生，对国家忠心不改，这是非常让人尊敬的。

我们到了法国以后，跟法国建筑师比较了一下，对巴黎的研究能达到华揽洪先生这个水平的，十不过一二，华先生对巴黎的了解、研究之深入，超过了 90% 以上的法国建筑师。

我爱人郑学茜进到设计院以后的第一个小组的组长，就是“八大总”里的华揽洪先生，所以接触就特别多。在法国期间我们到了他的小公寓以后，一看十几年前的老部下来了，他就非常热情地带着我们参观。但是华先生的生活，真的是非常拮据。

在做中国大使馆驻法国文化处的时候，因为我和郑学茜也参与了，大使馆一秘就跟我讲，华揽洪先生到了法国以后，大使馆总想给他一点补贴，但是华揽洪先生如果没有项目、没有题目，一个法郎不收，但是他实际生活相当艰苦。

2011 年设计院郭家治副院长跟我说，明年是华先生一百周年、百年大寿，北京市建筑设计院可能派人到巴黎去祝寿，我一听就非常高兴，因为九月份我是肯定在巴黎的，我可以跟北京院来的同志一块去给先生祝寿，这个夏天我老想去看一看华先生，又觉得 100 岁的老先生了，去了也打搅。我想等到小地派了人来的时候，大家一块，也算庆贺，也算不多打搅他，结果没等到 9 月 16 号我又回来了，所以没有赶上华先生的百年大寿，再想去看华先生反而没有机会，所以心里非常难过。

我觉得北京、中国或者是整个亚洲，最好的一个儿童医院，是华揽洪先生设计的，如果天上有一个最好的老年医院，我相信也是华先生设计的。

顾孟潮: 开会前我查了一下1957年的《建筑学报》，对华先生的足迹有所记载，1957年是华先生的大起大落之年，我看了心里很不是滋味。今天这个追思会又使我增加了很多的了解，我更加尊重、更加怀念但是心情有点儿更加沉重。因为这是中国建筑界、规划界一个很大的损失，没有让一位才华横溢的建筑师、规划师能够在他的祖国做出贡献。他没有机会，反而得到误解，所以我这心情是非常难受的。

我简单地介绍一点儿背景材料。1957 年 6 月 12 日，华先生当选为中国建筑学会第二届理事会的理事，当时理事只有 61 个人，可以说华先生是众望所归。《建筑学报》第三期的封二，专门登了理事会的名单，华先生在朱兆雪和刘敦桢中间，当时的理事长周荣鑫、副理事长梁思成确实是学术权威，都是按照他们的学术地位选出来的。

当时的《建筑学报》总共只有 60 页，却用了三分之一的篇幅来介绍幸福村，除此之外，大概没有哪一个项目能占到这么大的篇幅。可以说当时幸福村在我们开拓居住区建

幸福村小区旧影

年轻的华揽洪在工作中

2010 年在法国 Rouen，发现了一座他很喜欢的建筑，坐下来欣赏

设的前沿阵地起到了示范带头的作用。打破了当时苏联传统式的沿街小区、周边式住宅区以及底层商店的做法。

在此之前，华先生还发表了《沿街建房到底好不好呢？》的文章（《北京日报》1956 年 10 月 25 日），一下引起了建筑界的极大反响，当时白德懋先生写了文章，基本上同意华先生的意见。他认为沿街街坊对居住质量干扰很大，比如交通方面、污染方面等。建筑师们对此议论纷纷，我们的杂志一下就收到了 30 多篇稿子，最终发表了 8 篇，基本是支持华先生的意见的。

当年的第六期《建筑学报》刊载了华先生《评北京和平宾馆》的文章，主要是宣传杨廷宝先生的作品，推动现代主义建筑思潮。并详细列举了宾馆建筑中如何做好交通，如何做好服务和配套设施等。他认为，根据这个项目批评杨廷宝先生所谓的言论是站不住脚的。

可是没有过多久，第九期《建筑学报》发的专刊页数增加到了 120 页，也是用了三分之一的篇幅对华先生的设计进行评论和再认识。一些最初支持华先生的人纷纷转变了观点，所以当时给我的印象还是很深的，这样的历史我们不应该让它重演。

就像刚才几位先生说的，中国不是没有人才。所以我们祭奠华先生，一方面是祭奠他，另一方面我们应当接受相应的经验和教训。我一直在探求中国建筑评论的发展方向，但一直很难推进，从华先生的经历可见一斑。对于投入巨大资本和人力物力所建立起来的建筑进行评论是很难的，不免是要得罪人的。

当年《文汇报》采访华先生后，采访他的记者刘光华先生也受到波及。时至今日，我觉得这篇文章已经可以正式刊登。这对刘光华先生也是一个交代。

黄汇：年轻人托我带一句话来，我答应了给他们带来。就是有一些年轻人，三十多岁的人，今天上午找我希望我给他们解决一点儿问题，我说上午不行，我有一个会很重要，他们说什么会，我说不跟你们说，你们不了解，但是我一说了以后，你猜怎么着，这几个三十多岁的年轻人，要求我给大家、给这个会场带一句话过来。他们说，我们别的不懂，但是我们每天都经过南礼士路上班，但是我们忽然看见儿童医院的塔没有了。你能不能呼吁一下，那么好的东西，为什么拆掉了，现在你能不能要求一下，我们搞一个灾后重建，这个灾不是天灾、是人灾。现在有一种大拆大盖的灾，因为北京的土地很值钱，现在能不能灾后重建，把塔盖起来，我们太喜欢这个塔了，我们也是搞创作的，搞创作需要一个环境，我们现在对这个环境有一点儿失望，希望能灾后重建，使我们还具有一种新的希望。

我觉得这说明年轻人不是只看着钱，他们不是只看着那些物质，他们也有这方面创作的追求和精神上的需求，我说这么几句给他们带一个话。

另外，我曾经认真地看了《重建中国》这本书，我挺激动的，没有想到 31 年前，华老就看到了这么远的事情。这一次因为要开这个会，我再看了一遍，发现我在学十八大文件的同时再看这本书的时候，我发现真是一种奇迹，他在 31 年前出版的这本书上，写到的都是我们现在正在学习的东西：小城镇的建设、农民的问题、废水废物垃圾怎么处理，还有太阳能、风能，这些都说得非常非常具体，就是说应该采用清洁能源，最清洁能源如太阳能、地热能、潮汐能和风能。为什么他在31年前，能对这些东西有这么前沿的看法，这都是我们这一次会上大家说的，一个非常高尚的人格和非常敬业的对事业的追求和终身不断的学习研究，我觉得这是我们在追思会之后，能够继承的东西。

中国是怎样加入国际建协的？

/ 华揽洪

去年5月底，我接到国内发来的一封邀请信，请我于6月中旬到北京参加国际建筑师协会第20届大会。作为大会的承办国，中国终于第一次做了大会的东道主！我感到由衷地高兴，也不禁想起了44年前的一段往事。那是1955年的春天，我在北京住家的小院里忽然响起了电话铃声。那是好友瓦格（Pierre Vago）先生从巴黎打来的。瓦格是我学生时代认识的。他在40年代末参与创办了国际建筑师协会，并长期担任秘书长，具体掌管协会事务。他这次打来电话是向我说对中国同行尚未参加协会表示遗憾，问我是否可以想想办法，若办成的话，中国也就可以顺便同时派团参加即将在荷兰海牙召开的第四届大会了。我一口答应了下来，准备马上着手解决。可是，怎么解决呢？关键是要找到合适的人。想到中国建筑学会秘书长汪季琦，因为他为人精明能干并且同上层的关系也很近。他听我说过后，果然毫不犹豫地表示："这件事由我来办。"他即与建筑工程部副部长兼建筑学会理事长周荣鑫联系。周副部长办事也麻利，说干就干。来回几个电话，没几天功夫，中国建筑学会就加入了国际建协，并准备参加海牙的大会。此后，立刻组成了赴会的8人代表团，团长为杨廷宝先生，我本人也是团员。当时，瓦格先生直惊叹效率之高。8人团到了海牙，没想到却出了岔子。第二天准备在会场上给中国挂出的国旗竟然是过去民国的青天白日旗。当时，我们中间有一位同志火了，说："回家！"但团长杨廷宝和其他团员却不同意回国，并认为肯定是误会，找苏联代表团商量，他们也这么想，说新中国刚刚建立没几年，五星红旗在外国，不是任何人都熟悉。这样，我便拿起画笔画了一个五星红旗图案，交给大会组织者连夜赶制，使开幕式上总算飘起了中华人民共和国的国旗。时光过去了44年，现在终于有几千名外国建筑师一起踏上中国的土地了。我在飞往北京的飞机上，心情十分激动。可惜的是，同时被邀请的瓦格先生因身体不适未能同行，实在是很大的遗憾！

在中国独立完成、主持设计或参与的项目表

项目	时间	状况	甲方	备注
八一电影制片厂摄影棚	1950 年代	已建成	八一电影制片厂	
利用预制构件建设的半永久性建筑	1952 年	已建成	北京市房管局	位于右安门的实验性住宅
对北京城市的现状调查	1952 年		北京市政府	
钢筋混凝土预制窗框的研究和应用	1952 年	已建成	北京市政府	该研究目的旨在节省木材，应用在徐州和其它某些南方地区的民用建筑上，以及大量工业建筑上
北京总体规划草案（甲方案）	1953 年		北京市政府	注：乙方案为陈占祥主持。两者区别之一：甲方案，城墙基本保留但广开门洞；乙方案，城墙或全部保留或全部拆除而只留城楼。共同点：保存绝大多数胡同。今天的总体规划，即八十年代和九十年代新制定的规划，旧城范围内与当年的甲乙规划无任何关系。
对办公楼改成住宅的研究和对住宅改成办公楼的研究	1953 年		北京市政府	
应用上述研究成果改造了北京社会路的六栋四层楼	1953 年	已建成	北京市政府	即月坛南街
北京儿童医院（位于南礼士路）	1952 年	已建成		（1952 年开始设计，1954 年建成，1955 年正式投入使用。600 张床，建筑面积 3.5 万平方米）
对一种内廊式住宅楼的研究	1953 年			后来俗称筒子楼

项目	时间	状况	甲方	备注
利用上述研究成果设计了35 栋三层或四层的六种不同形式的内廊式住宅楼，共 970 个单元	1956 年	部分建成	北京市政府	每个楼道有四个单元
北京崇文区幸福村	1956 年	已建成	北京市政府	当时配套最全面且唯一不受苏联风格影响的住宅小区，建筑学报 1957 年第三期有详细介绍
对四层办公楼标准单元的研究	1956 年			
利用上述研究成果设计了四组办公楼群	1957 年	已建成	商业部	其中有北京复兴门外的两栋及其附属建筑，西直门外的五栋及其附属建筑。
满洲里小丰满水电站的外围区域规划	1957 年		水电部	
三门峡和刘家峡库区的工人宿舍	1957 年		水电部	
官厅水库的小型迎宾馆	1957 年	已建成	水电部	
根据实例，对使用功能与建筑形式之间关系的分析	1957 年	方案		第一项研究：400 张床的医院
公社大楼的设计	1960 年	方案	北京市政府	十四层，包括住宅单元和娱乐场所
天桥露天集市的改造	1961 年	方案	北京市政府	
62-2 型标准化住宅方案	1961 年	已建成	北京市房管局	在北京实施了四年
北京海淀区老虎庙花园村华侨公寓	1962 年	已建成	全国侨联	

项目	时间	状况	甲方	备注
北京广安门中医医院的两栋四层高档专家宿舍楼	1963 年	已建成	北京市房管局	
北京朝阳区水碓子住宅小区及其五层实验性住宅	1963 年	已建成	北京市政府	使用重型水泥预制板
北京长安街规划	1963 年	方案	北京市政府	
湖南衡阳医院传染病房楼	1965 年	方案	湖南省政府	
三里屯电车公司二层经济型宿舍楼	1970 年	已建成	北京电车公司	八栋，共 64 个单元 . 由工人自己动手建造。设计图纸四次更改。建筑师自始至终在工地现场观察和指导
建国门外交公寓	1970 年 – 1972 年	规划方案	北京市政府	路北，自国际俱乐部至齐家园
建国门路北侧的四栋住宅楼	1970 年	初步设计	北京市政府	
友谊商店	1971 年	设计方案	北京市政府	
建国门外规划	1971 年	规划方案	北京市政府	
朝阳区规划	1971 年	规划方案	北京市政府	
西单商场	1971 年	设计方案	北京市政府	
外交部大楼的改造	1971 年	设计方案	外交部	
北京饭店的扩建	1972 年	设计方案	北京饭店	
汽车与自行车分道行驶的三层立交桥方案	1973 年			被先后应用于北京建国门立交桥和西直门立交桥，后者多年后被拆除，现余前者，但自行车道已经变成汽车辅路。
卫星城房山区石油化工中心住宅区的改造方案	1974 年			

北京城市总体规划草案（华揽洪主持甲方案）

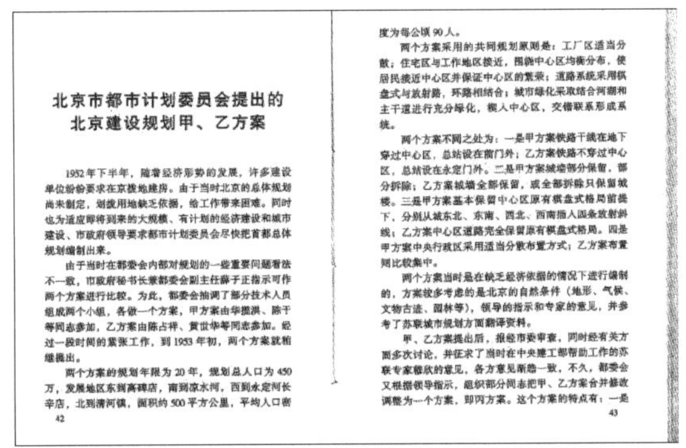

北京市都市计划委员会提出的
北京建设规划甲、乙方案

1952年下半年，随着经济形势的发展，许多建设单位纷纷要求在京拨地建房。由于当时北京的总体规划尚未制定，划拨用地缺乏依据，给工作带来困难。同时也为适应即将到来的大规模、有计划的经济建设和城市建设，市政府领导要求都市计划委员会尽快把首都总体规划编制出来。

由于当时在都委会内部对规划的一些重要问题看法不一致，市政府秘书长兼都委会副主任薛子正指示可作两个方案进行比较。为此，都委会抽调了部分技术人员组成两个小组，各做一个方案，甲方案由华揽洪、陈干等同志参加，乙方案由陈占祥、黄世华等同志参加。经过一段时间的紧张工作，到1953年初，两个方案就相继提出。

两个方案的规划年限为20年，规划总人口为450万，发展地区东到高碑店，南到凉水河，西到永定河长辛店，北到清河镇，面积约500平方公里，平均人口密

42

度为每公顷90人。

两个方案采用的共同规划原则是：工厂区适当分散；住宅区与工作地区接近，围绕中心区均衡分布，使居民接近中心区并保证中心区的繁荣；道路系统采用棋盘式与放射路，环路相结合；城市绿化采取结合河湖和主干道进行充分绿化，楔入中心区，交错联系形成系统。

两个方案不同之处为：一是甲方案铁路干线在地下穿过中心区，总站设在前门外；乙方案铁路不穿过中心区，总站设在永定门外。二是甲方案城墙部分保留，部分拆除；乙方案城墙全部保留，或全部拆除只保留城楼。三是甲方案基本保留中心区原有棋盘式格局前提下，分别从城东北、东南、西北、西南插入四条放射斜线；乙方案中心区道路完全保留原有棋盘式格局。四是甲方案中央行政区采用适当分散布置方式；乙方案布置则比较集中。

两个方案当时是在缺乏经济依据的情况下进行编制的，方案较多考虑的是北京的自然条件（地形、气候、文物古迹、园林等），领导的指示和专家的意见，并参考了苏联城市规划方面翻译资料。

甲、乙方案提出后，报经市委审查，同时经有关方面多次讨论，并征求了当时在中央建工部帮助工作的苏联专家穆欣的意见，各方意见渐趋一致，不久，都委会又根据领导指示，组织部分同志把甲、乙方案合并修改调整为一个方案，即丙方案。这个方案的特点有：一是

43

城建档案《北京城市建设规划篇》第二卷、甲乙方案\ Program A and B in Volume II of Beijing City Construction and Planning, City Construction Files

扩大了工业区用地，在东北郊、东郊、东南郊、南郊、西南郊、石景山等地分别设置了大片工业区；二是明确西北郊为文教区，以中科院为中心，以一条放射斜路直通西直门城角；三是近郊放射环形道路系统更加明确，在以城墙为基础的绿化二环外，增加了三环路和四环路；四是中心区道路基本保留棋盘式格局，只是在南城有两段斜路分别由东南和西南城郊引到菜市口和蒜市口；五是发展了原有由永定门到钟鼓楼的中轴线，分别向南北延伸到市区边缘；六是铁路客运总站设在永定门外，并沿东南三环修连络线至东郊客货站，在市区外围南、东、北修建铁路外环。

这个方案提出后，即提供给市委畅观楼规划小组作为参考（附图1，2，3）。

44

规划篇史料征集编辑办公室编

北京城市建设规划篇

第二卷 城市规划 上册

1949——1995

北京市城市建设档案馆

1953年版的北京城市总体规划方案涉及大北京的五百平方公里，包括北京旧城的62平方公里。对于旧城，甲乙两方案的主要区别：甲方案，城墙基本保留但广开门洞，中央行政区适当分散；乙方案，城墙或全部保留或全部拆除而只留城楼，中央行政区比较集中。共同点：保存绝大多数胡同片区，等等。

1953年版的总体规划，仅作为后来的北京城市总体规划的参考，并非实施方案，今天的北京城市发展是按照20世纪80年代和90年代版规划实施的。另外，甲、乙方案涉及旧城范围以外的内容相当多，并与今天现状相关，却鲜为人知，如：“1953年春，都市计划委员会提出了甲、乙两个城市建设总体规划方案。规划在颐和园、圆明园附近、北郊洼里、东郊水碓、南郊龙潭湖、陶然亭、西郊玉渊潭、莲花池、紫竹院、八宝山等地段，结合山丘、窑坑、洼地、苇塘辟建公园绿地”，等等。

除此之外需要强调的是，梁思成、陈占祥1950年提出的《关于中央人民政府行政中心区位置的建议》，并非北京城市总体规划方案，且与这次1953年版的规划草案无关。

北京幸福村街坊设计

本街坊位于北京崇文区幸福大街东侧，东面为现有铁路，南北均为空地及旧有民居，西南角有龙潭湖及新建之体育馆。公共交通方面，目前除 12 路公共汽车直达外，有 8 路电车通至体育馆。

街坊面积，按南北西三侧至规划道路边线。东侧至近期保留的 50 米铁路防护地带边缘计算，约 12 万平方米，除去已有办公楼用地，则实际面积约 11 万平方米。地段内现有居民约 1400 人，少数为干部及其家属，大部为手工业者、市民及农民。其分布情况大体与房屋分布相同。

本街坊是作为改建城区拆除旧房，迁移居民之周转房用的。其住户可能是一般干部，也可能是普通市民。因此居住面积定额基本上应按每人 4-4.5 平方米来考虑。户室比例：一室户占 15%-20%，二室户 60%，三室户 20%-25%。由于钢筋水泥供应比较困难，希望采用砖木混合结构。

根据小面积住宅的原则，设计了若干种一室、二室、三室户的典型居住单元 (居住面积由 14-38 平方米图 3)。用这些单元可以组成为至少六种不同长短的平直型粗合体，而这些粗合体按照不同室户比又可分为 28 种不同类型。

华揽洪手绘幸福村草图

幸福村现状

在设计时钢筋水泥等建筑材料供应比较困难，所以第一期工程范围内的住宅采用砖木混合结构。由于防火规范上的限制，均定为三层高，仅底层改作商店用的十一开间住宅采用了砖拱楼板，层高为四层，在第二期工程范围内的住宅除个别外均计划为四层。实际上就这个街坊的条件来看是可以全部采用四层住宅的街坊。

正确安排生活福利网，特别是安排修理性服务业是一个复杂问题。我们在这一方面没有作深入的研究，解决得比较笼统，需要在以后工作里做进一步的研究。本街坊公共建筑的项目及规模主要根据北京市城市规划管理局最近拟定的有关计算定额并适当参照崇文区人民委员会所提的建议及当地在这一方面的实际情况来确定的。

幸福村现状规划模型

北京市儿童医院

北京儿童医院为北京市最大的儿童专科医院，医疗区分为南、北、中三部分，门诊部居中，各科为独立单元，双走道两次候诊，并有家长候诊区。病房有探视阳台，地下室设陪住母亲室。医院庭院宽阔，建筑布局灵活。建筑外立面古朴中透着简洁的现代气息，没有特殊装饰，山墙及开窗比较自由，表现出建筑师的设计手法和追求；烟筒水塔合二为一，并以方塔造型加以装饰，成为建筑的制高点，后被拆除。建筑外立面为蓝灰色，与北京城特有的灰色调浑然一体。北京儿童医院是当年中国建筑师探索中国现代建筑的优秀实例。其在 1999 年的世界建筑师大会中被评为“20 世纪建筑经典”。

1954 年华揽洪设计儿童医院时和同事们在一起

儿童医院旧影鸟瞰图

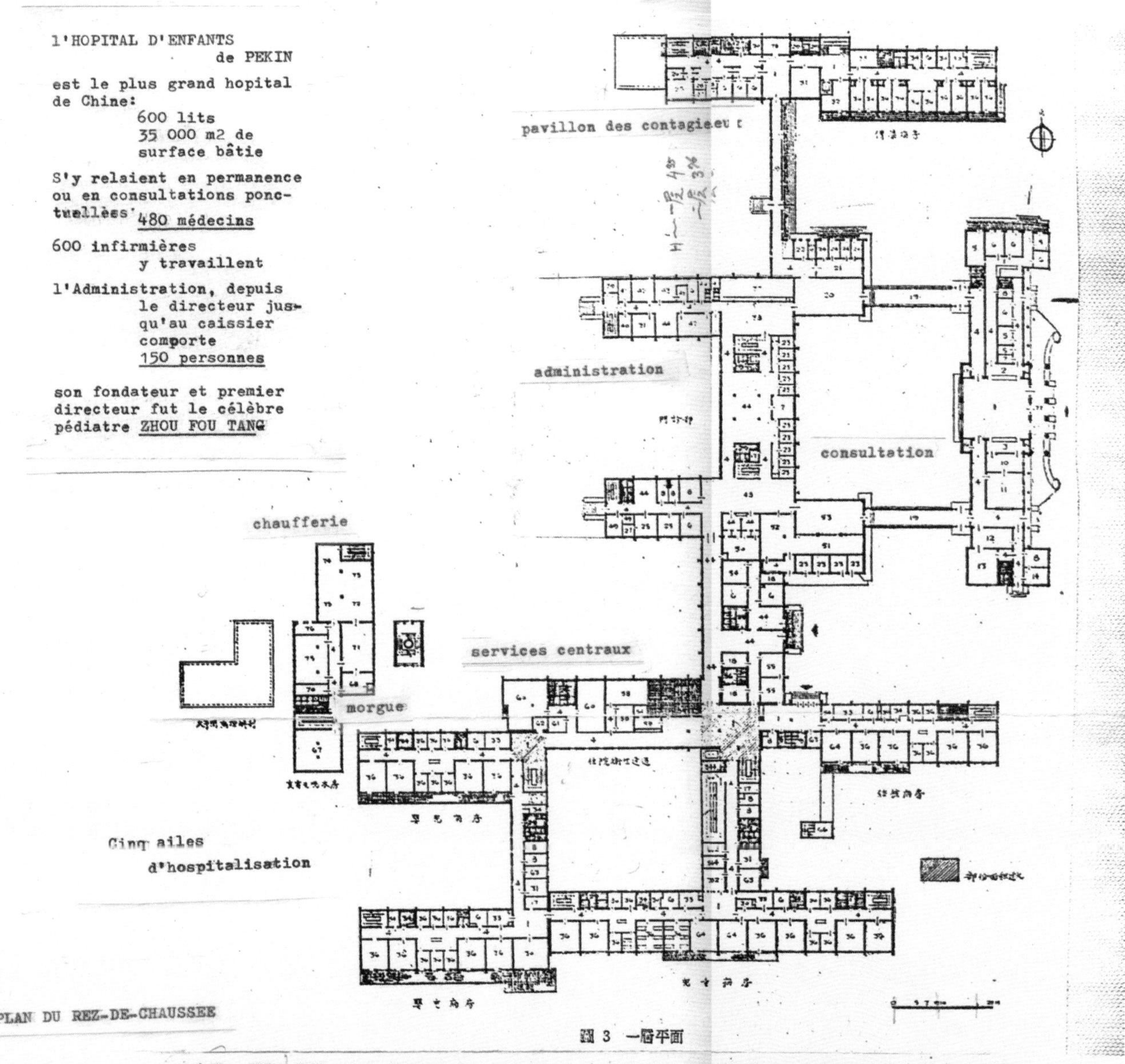

l'HOPITAL D'ENFANTS
de PEKIN
est le plus grand hopital
de Chine:
600 lits
35 000 m2 de
surface bâtie
S'y relaient en permanence
ou en consultations ponc-
tuellès 480 médecins
600 infirmières
y travaillent
l'Administration, depuis
le directeur jus-
qu'au caissier
comporte
150 personnes
son fondateur et premier
directeur fut le célèbre
pédiatre ZHOU FOU TANG
pavillon des contagieux
administration
consultation
chaufferie
services centraux
morgue
Cinq ailes
d'hospitalisation
PLAN DU REZ-DE-CHAUSSEE
圖 3 一層平面
1 大廳 23問詢 4過道 5診查 6治療 7試表 8化驗 9厕所 10托兒 11存衣 12休息 13會客 14警衛 15電話 16儲存 17配電
18護士 19走廊 20門診大廳 21門診教育 22保健辦公 23診查 24 初診 25手術 26大夫更衣 27消毒 28洗手 29厕浴 30衣
庫 31示教 32家長休息 33配餐 34雜用 35大夫休息 36病房 37挂號 38挂號等候 39二支 40門診主任 41技工 42牙科
43退科 44候診 45暗室 46藥庫 47耳鼻喉科 48收費處 49石膏 50透視 51西藥房 52 中藥房 53候藥處 54庫房 55出入院
辦公 56防疫 57理髮 58會議 59供應 60奶媽 61管理 62病車 63醫護 64游戲 65坡道 66專用室 67變電室 68收發室
69尿布 70髒衣儲存 71洗衣 72烤衣 73熨衣 74縫衣 75存衣76主任 77車庫 78辦公

儿童医院一层平面图

赵冬日

赵冬日（1914—2005 年），1941 年毕业于日本早稻田大学建筑系，1942 年任北京大学工学院建筑系教授，1946 年任东北大学建筑系教授、系主任，1949 年任天津北洋大学建筑系教授，1953—1955 年在北京建筑专科学校任副校长，1954 年兼任北京市建筑设计院总建筑师，1957 年任北京市规划局主任、北京市建筑设计研究院总建筑师，曾任中国建筑学会理事，首都规划委员会、首都建筑艺术委员会顾问，1989 年获全国工程勘察设计大师称号。参与设计项目：人民大会堂、天安门广场规划、全国政协礼堂、中直礼堂、中共北京市委办公楼、中国伊斯兰教经学院、同仁医院、投资招商大厦、北京金融街详细规划方案、徐向前元帅纪念碑等。

大手笔绘就首都城市

/ 本书编委会　整理

从1914年出生，迄今我已度过83个年头。感谢院领导及组成的编委会要为我的建筑生涯出版作品集，更感谢各位老领导，专家为作品集现文写序。这一切更引发了我的思绪，现将我的回忆记叙下来，权当自述。

一、东渡日本主修建筑学并非我的最初选择

我是16岁从东北老家到北京（当时称北平）读高中的，20岁那年（1994年）由于家庭生计原因东渡日本，开始了长达7年的人生最重要的大学学习阶段，第一年补习日语，第二年便考入当时已很有名气的日本早稻田大学预科班。所学课程基本上相当于现在大学本科前两年所学的数，理化内容，教材除部分德国教材外，均是日本教材。当时的东京很少现代建筑，也比不上解放前的北京古都风貌。三年预科毕业后，升人早稻田大学本科部，正式主修建筑专业，其实我是抱着学习土木工程的想法去日本的，在那个年代学习土木工程比较实际，但不知为什么还是报了建筑学，看来是与建筑学有缘呀！

我是较早就接受马列主义思想的。在日本读书期间，一直在党组织领导下，一面学习，一面从事革命工作。我刚到日本时，作为文学爱好者，曾在国内刊物上发表过一些文学作品。我在日本的学生时代交际不多，丹下健三是与我同时期学建筑学的，但不在同一学校。当时留日的学生及各国学生们常交流，均知道丹下健三。

1941年，我从日本早稻田大学毕业后，即回到北平。为继续进行地下工作，我在日本华北铁路一事务所从事建筑设计之后又去北平大学工学院任数。1945年“二战”结束，日本投降后我到沈阳东北大学任建筑系教授。1948年随东北大学迁回北平，后又到北洋大学任教，在此期间一直以大学教授、建筑师的公开身份进行地下工作，较早结识了后来任北京市市委副书记的刘仁同志等革命领导者。应该讲。这八个年头虽是人生事业的黄金时光，但我未能全身心投入建筑创作，真正从事规划建设工作是从解放后开始的。

二、全身心投入首都建设，尽职尽责作好规划设计

建国后，我先在北京建设局任规划处副处长，负责北京市的总体规划，建设局扩编后，

赵冬日观看人民大会堂照片集

赵冬日（右）与张镈合影

又调入市工业局任处长，1953—1955 年在北京建筑专科学校任副校长（副市长吴晗兼校长），1954 年兼任北京市建筑设计院的总工程师，尔后调入北京市规划局任主任，为主管北京市城市总体规划工作的负责人。在这段时间内，我有机会从较大尺度、从宏观上去考察首都城市规划发展与战略，不仅参与了北京城市总体现划研究编制，也在从事规划设计管理工作的同时进行了一些典型项目设计，如全国政协礼堂（1955 年）、北京市委大楼（1956 年）、人民大会堂及天安门广场（1958 年）等。

提起人民大会堂设计，据说党中央在延安就议论过。1958 年我在前苏联参加国际建协大会的同时听到人民大会堂正准备设计，我回来后，主要负责“十大工程”的选址、规划。

大家都主张人民大会堂放在天安门广场。“十大建筑”的规划地点、规模都确定后，我才进行人民大会堂的方案没计，这时，其它方案已做过五六轮了，当时的人民大会堂确定规模为 70 000 平方米。我先设计了宴会厅和大礼堂，之后又增加了人大常委办公厅，我当时考虑到 70 000 平方米不够，也不能体现我国的气势，于是我增加了各省市会议厅，最后加大到现在的现模。当时的想法是，按规定设计还是按需要设计，按需要设计就可能不符合规定，不符含规定就可能不中选。但我宁肯做大些挨骂，也要体现出中国国家会堂的气势。

三、我对天安门广场是有感情的，我的创作思想是做小的东西也要用大的思想

不循规蹈矩，从大处着手，从大到小容易，从小到大难！作品要大气设计时要考虑功能需要。在北京人民大会堂的方案设计中我曾参考过前苏联建筑的圆柱大厅和故宫的太和殿，也参考了有关资料，如日本的国会堂（东京）。因为这些建筑给我印象极为深刻。应该说北京人民大会堂的设计方就是吸收了大家的意见，

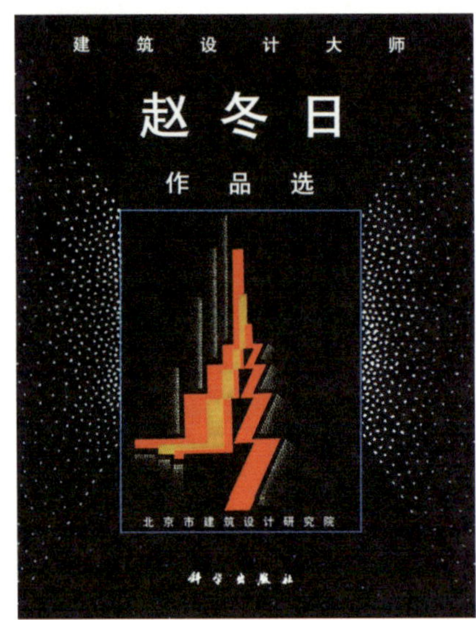

建筑设计大师赵冬日作品选

它是民主的产物。在 1997 年 4 月 30 日中日建筑师北京交流会上我撰写“天安门广场改造规划及人民大会堂方案设计”一文，系统地讲了对天安门广场的情感及规划设计思想。

只要提起天安门广场，人们会想到开国大典和每年“五一”“十一”的阅兵式、群众游行和集会，它是北京的心脏。改建前的天安门广场是故宫大门前院的旧址，是一个狭长的丁字形，四周用高高的红墙封闭，为了衬托出天安门广场超乎一切的地位，以显示皇帝的无上尊严，它戒备森严，文武百官至此下马百姓不得跨越半步，东西交通要绕道中华门之南或地安门之北，外国使者入宫到此也都要步行。中华人民共和国建立后，对天安门广场逐步进行了改造，1956 年建起了人民英雄纪念碑，拆除了千步廊红墙，但远远不能满足百万人集会的需要。1958 年 8 月中央和北京市政府决定彻底改造天安门广场并兴建广场周围的建筑物，没有建筑物，就形成不了广场，二者不可分。

天安门广场规划首先要决定的是广场的规模、周围建筑的内容、尺度和建筑形式，这些问题通过实践逐步取得统一。广场的规模不但要满足群众游行集会的需要，还要显示出开朗、宏伟的气势，建筑的尺度要和广场及天安门纪念碑等已有建筑互相衬托，取得均衡的比例，在建筑艺术和技术上不分古今中外，要兼容并包，一切精华尽为我用。天安门广场位于北京南北中轴线与东西主干道长安街的交汇处，东、南、西三面皆为宽广修直的道路，北面是明清两代数百年的皇宫及太庙、社稷坛改成的公园，规划中的广场南北长 880 米，东西为 500 米，这是一个超乎寻常的尺度，更是一个创举，形成主要天际线的两侧建筑的高度是 30~40 米，当人站在金水桥或纪念碑以南，可以随时看见东西的建筑物。广场采取了对称的布局，周围的建筑物也是对称形式，西侧人民大会堂和东侧中国革命历史博物馆，体形相近而又有所不同，一重一轻，一实一虚，长度都在 300 米以上，广场的规模大，因而使新旧建筑之间有相当远的距离 (200 米以上) 就不会有矛盾之感，并有效地保存了天安门的中心地位。新建筑采取了平顶挑檐围廊、重台的处理方法，是中国传统建筑艺术的发展，与旧有建筑达到完美的和谐。广场中接近人的栏杆台阶等都采取了适合的尺度，使人在广场中感到自己是广场的主人，加强了广场平易近人的风格。广场周围充分绿化栽种了油松、柳、元宝枫为主的多种树木，纪念碑以南种植了大片草坪花坛，美化了环境，调节了广场的小气候。扩建后的广场，已在十周年国庆大典上和欢乐的人群一起接受了庄严的检阅。可以说 40 年来，它给每个来

1997 年日本早稻田大学代表向赵冬日大师颁发奖状

赵冬日与日本建筑师矶崎新（右）合影

赵冬日（右）与张镈 1993 年参加《建筑学报》主办的前辈座谈会

1993 年参加《建筑学报》主办的前辈座谈会（前排右三为赵冬日）

这里的人都留下了难以忘怀的印象。

在整个设计过程中，我始终得到领导们的关怀和指导，在许多关键问题上，他们都起到了决定性的作用。如 1959 年 1 月初，针对有人反映大礼堂太高的问题，领导认为我们站在天底下不觉得天高，站在海边不觉得水远，我们应该从舒适开朗着眼，在尺度上取得协调，设计成水天一色，浑然一体。在建筑形式方面，一个建筑物总要有自己的风格，要做到人人满意那很难。中国的建筑之所以与众不同，就是因为我们正在吸收一切对我们有用的东西，使古今中外一切精华皆为我用。无论谁盖房子，我们的方针都是“适用、经济、在可能条件下的美观”，大家提意见要在现有设计方案的基础上进行，能采纳的当尽量采纳，使之搞得更完善。1959 年国庆节前天安门广场和人民大会堂落成，许多国家领导人参观后都给予了好评：北京的人民大会堂这样伟大的建筑，只用了十个多月就建成了，它的精美程度，不但远远超过我国原有同类建筑的水平，在世界上也是属于第一流的。在 1997 年 4 月中日建筑师北京交流会上，日本著名建筑设计大师矶崎新深有感触地说：北京天安门广场真伟大，在高楼林立的日本目前尚找不到如此气魄的国家广场。

我以为中国传统建筑尤其是国都皇家建筑，应以意境气韵、格调色彩为最高境界。因此它要求每个建筑师在建筑艺术与境界的追求上，不能受到限制，更不能带有个人喜好的倾向性。建筑师追求艺术风格的独创性是正确的，但万不可哗众取宠、矫揉造作，特别应注意建筑功能的科学合理性、建筑技术的经济可行性等原则。有人说我搞创作手笔大，我承认。但我认为我的优点在于尽可能将问题想得全面些不留遗憾。这一点也是我特别想告诫青年一代建筑师的真心话。

在这本书即将问世的作品集中，同行们将了解到我工作的一部分。近几年来由于身体不适已不能再深入参与有关创作实践了，但我还有思想，还极为关注中国建筑及面向 21 世纪的发展问题。这里我愿借此机会再对青年建筑师谈点想法，作为自述的结束：青年建筑师全身心投入建筑方案创作是对的，但必须要清楚中国的当代建筑设计应首先考虑其功能需要，有些需要民族风格，有些则不必设计成民族风格，即使需要民族风格，也应考虑如何体现。这可能就是目前通常讲的要有建筑设计的可持续发展的世纪观念吧！

四、建筑师要有城市设计的观念

时任中共北京市委书记的赵鹏飞对赵冬日评价道：1958 年 9 月，党中央为庆祝建国十周年，决定在北京兴建一批大型公共建筑和城市基础设施。其中以扩建天安门广场和兴建人民大会堂为工作重点。这是首次较大规模的建设首都的工程，具有历史意义。工程设计方案是关系到工程好坏和能否如期完成的关键问题。由于人民大会堂的工程艰巨而复杂，史无前例，因此党中央邀请了全国数百名著名的建筑专家来京共同参与人民大会堂设计方案的制定。大家各抒己见，认真讨论，充分交流，反复论证，务求取得一个最佳的综合设计方案。赵总根据中央领导同志的指示精神，率领他的工作班子，满怀信心，全力以赴地进行综合设计方案的研究，设计中充分考虑到人民大会堂的功能布局和发展规模、建筑形式等，必须与天安门广场总体规划配合协调，使二者交相辉映，相得益彰，为首都增光。他们在专家讨论和几轮方案评比的基础上，草拟了一个既有万人大会堂、5000 人宴会厅，又有人大常委会办公楼，总面积达 17 万多平方米的新方案。新的方案满足了庞大、复杂的功能技术要求，体现了时代精神、民族传统，且雄伟壮观、庄重大方。这个方案经周总理审查同意，中央书记处和政治局讨论通过，并被确定为人民大会堂工程的实施方案，这是赵总突出的贡献和成就。

北京市建筑设计研究院在为《建筑设计大师赵冬日作品选》编撰时，对他的贡献作出如下归纳：赵总 50 年代发表的《论剧场建筑》《论医院建筑》都是通过他自己的创作实践，并参考当时其他人设计建成的作品所作的总结。赵总睿智的目光并不局限在城市规划和民用公共建筑设计，从 50 年代起他就高度关注“涉及千家万户，关系重大、直接关系到人民的生活、身体健康和寿命”的居住区规划和住宅设计。他于 1957 年发表的《北京和平里居住区的规划方案和住宅设计》，针对当时规划采取周边式还是行列式之争，提出了“兼有二者之长”的街坊布置，并为克服当时内走廊住宅“合理设计不合理使用”模式的弊端，设计出创新的平面。1963 年发表的《北阳村实验小区规划与设计》，则是针对当时某些新建住宅区中“一些旧区中原有的、为北京人们习惯了的优点没有保存下来的”缺陷，作了探索性的弥补，同时为配合新的规划布局，对住宅提出了新的设计方案。赵总深知“住宅建筑设计，看起来很简单，实际上确很难”，“由于住宅受的制约很多，诸如造价、用地、面积、材料、技术等，因而自由度很小，创新的难度很大、很大”。正因为这样，在 90 年代，赵总已越过古稀之年的时候，仍然对住宅设计注入极大的热情，孜孜不倦地探索，力求有所创新，在《论北京地区住宅方面的若干问题》和《住宅发展动力浅析》两文中，他提出了高层板式住宅天桥式跃层通廊的设计，这种设计在 1994 年北京市住宅方案竞赛中获奖并实地建造，突破了高层板式住宅长外廊的模式，并克服了外廊对住户的视线干扰。

（本文共分四部分，第一部分、第二部分、第三部分根据赵冬日谈话录音，原文见科学出版社 1998 年 12 月出版《建筑设计大师赵冬日作品选》，该原文由金磊、张燕整理；第四部分由本书编委会整理，后又增加了部分内容）

1960 年赵冬日（左 1）主持北京市长安街规划，与朱家相（左 2）、程恩建（左 3）等研究工作

赵冬日（1914-2005）在人民大会堂前留影（2004 年）

北京院专家工作室部分总工合影（前排左 4 张镈，左 5 张开济，左 6 赵冬日）

1991 年参加《建筑学报》编委会（前排右四为赵冬日）

代表作品

南立面图

全国政协礼堂

政协礼堂是中国人民政治协商会议全国委员会所在地，位于西城区太平桥大街。

建筑面积12000平方米，为3层会议大楼，首层礼堂设有1520个软席座位及舞台，周围设门厅及会议室。2层为休息大厅、楼梯厅及大礼堂上部，3层为可容1000人的大会议厅、前厅及楼梯厅。屋顶可作露天舞场供晚会使用。

建筑平面布置以南北为轴线，左右对称。立面采取传统的三段处理手法，正门大台阶，花岗石圆拱式柱廊，柱头、柱脚雕饰卷草和莲花花纹。外墙基座为传统的雕花须弥座，剁斧石墙面，屋檐为冰盘檐配以斗拱，屋顶女儿墙分别采用栏板式平墙和望柱式花栏板。造型高低错落，庄严朴素。

全部建筑为钢筋混凝土框架结构，中央上、下两层大厅跨度为28.5米×28.5米方形井字梁楼盖，是当时北京跨度最大的井字梁结构体系。礼堂内部配有电梯、空调、大型演出舞台等设施。

工程主要设计人：赵冬日、朱兆雪、姚丽生、刘振宗、肖正辉、周溶川等

中共北京市委办公楼

中共北京市委办公楼位于北京市东城区台基厂路，1955 年建成，建筑面积 25 335 平方米，地下 1 层，地上南楼 5 层，东楼 7 层，平面呈 L 形，以南北、东西为轴线组成两栋对称的连接楼。东楼为市委对外活动办公会议用房，首层中部为正门大厅、交通厅，其上为两个 2 层空间高度的大会议厅，屋顶层为图书阅览室，资料室及书库。南楼中部有市委常委会议厅及宴会厅，以及大小会议室十余间。其余均为一般办公室。建筑造型简洁、庄重，外墙饰白色面砖，基座饰黑白花岗石以示清新与稳重。主门厅柱子、地面为天然石材，常委会议厅用木装修墙面并饰少许石膏花，一般房间简单朴素。结构为钢筋混凝土框架体系。

工程主要设计人：赵冬日、姚丽生、朱兆雪、刘振宗、肖正辉、任英魁

中共北京市委办公楼

中共北京市委办公楼大会议室

论古都风貌与现代化发展

/ 赵冬日

自新中国成立以来，首都北京的城市建设之快，规模之大，是历史上所没有的。在建设过程中突出的矛盾是既要保护古都风貌，又要建设首都风貌，也就是“新”与“旧”的矛盾。北京已有三千多年的历史，具有极其丰富的文物古迹，极其宝贵的文化遗产。今天要求在同一块土地上保古建新，自然要发生矛盾。

中央要求我们以古城为核心进行建设现代化首都，并且必须是世界上的一流城市。现在看来，古都风貌如果能保护得好，无疑在世界上是一流的；但是首都风貌距现代化一流城市还有一定差距。更令人担忧的是古都风貌是否能保得住也不能肯定。

四十多年来，在旧城区中的建设，确实遇到许多复杂而且难于处理的问题，虽然成绩很大，但也有不少失误之处。如不及早解决，则对旧城的保护及首都风貌的体现，都会受到难以挽救的损害。

本文仅就这方面谈谈看法。

一、古都风貌的损害

很长时期，人们以“凸”字型抹去西北角象征北京城。现在这一“凸”字型城墙拆掉了，护城河也填掉了，这不仅形象的标志没有了，而且失去了十分完整、雄壮的历史文物，影响了古城风貌。

伴随着古城墙的命运，内城九门的城楼也已毁其七，仅存前门与德胜门两座城楼，自然改变了或者说是失去了“城”的形象。

至于明清的王府也毁去大半，如文化部的九爷府、教育部的郑王府、音乐学院的醇王府，等等。

庙宇如护国寺仅留有残迹。白塔寺的山门改建菜市场。隆福寺改建百货公司。所谓当年的三大庙会，一去不返。

具有特殊风情的东安市场，改建后已失掉原来的情趣。

由于无视文物，规划与管理造成的失误就更多。与天宁寺并立的大烟筒高高在上；天坛南的住宅群、天坛西北的大医院破坏天坛的“天”性；北海五龙亭西北侧的办公楼压倒了五龙亭；鼓楼前的百货商场欺近鼓楼；古观象台附近的高塔遮住“观象”的天空；香山红叶丛中的大饭店霸占香山，等等。特别是北京饭店东楼破坏了天安门广场，金鱼胡同左近的十大饭店遮住了故宫东华门一带的天际线，其破坏文物的程度已无法补救。

我国自古以来就十分重视环境与建筑相结合的规划设计，比如借景、选山、引水无不与环境结成一体。似这等损害环境，破坏古文物的情景，实在令人痛心。

还有，令人难于理解的“单位所有制”，所谓“见缝插针”多数是“单位”拆掉所占有的好平房，改建“塔楼”，自然不能统一规划，又要尽量多建，左邻右舍都受其害，城市规划与面貌更受其害。而这类建筑在城区又偏偏建了很多，已达200多栋，300多万平方米。

“开发”即将向市中心进军。“开发”自然以营利为原则，少拆多建，“多层高密度”，低标准。如果这样大力开发旧城区，究竟古城命运如何，难以预料。

上述种种，对北京、首都的未来，值得深切关注，希望能防在先，而免悔于后。

二、建设中产生的城市问题

保护古都风貌是我们这一代人的重要责任，与此同时，如何体现首都风貌，应该说是更重要的课题。历史的演变，当是后来居上，新中国的首都建设，理所当然要胜过前人的创造。

四十年来，北京市的规划与建筑设计历程，走过了许多复杂的、艰苦的道路，建筑师为北京的城市建设作出了不容否定的成就，堪称贡献很大。特别是自改革开放以来，“现代化”思潮引进之后，北京的面貌一新，建设规模之大，真是前所未有。但是由于建设速度太快，技术、材料等方面都还没有跟上时代，从而产生一些不尽理想的结果。在城市规划和建筑设计方面所产生的问题影响人民生活、城市功能和首都风貌者也比较严重，兹列举如下：

1. 住宅沿街

近年来北京修建了大量高层住宅，大多数是沿干道两侧修建，如二环路、复兴门外大街、前三门大街等重要干道两侧多是住宅塔楼与板楼。究其原因，可能由于经济原因，市政设施方便，日照间距可以利用道路的空间，也许还为了改变市容等等。但是城市建设不能只看眼前，而忽视长远利益。住宅在困难时期是“有无”问题，从长远着想是“提高”问题。任何人也不愿意在大量汽车噪音下生活，疲劳一天，夜里还不得安眠，是莫大的痛苦，是对人缺少关怀。住宅的修建应该按总体规划安排，有长远观点。是不是因为干道太多，不安排住宅，沿街没有建筑可安排？事实上，开放政策施行以来已说明北京的商业、贸易、金融、机关大小企业、外国公司各类公共建筑基本上还没有开始，欠账很多。这许多建筑理应建在干道两侧，现在这些地方却被住宅占去了，再过些年可能办公性建筑将无处安身。

最令人难过的是前三门大街南侧七公里的长街住宅。这条街建住宅是十分不适宜的。就城市规划来看，这里原本应该是体现首都风貌的重点地区。这条街在北京市区的重要性仅次于东西长安街，理应是一条政治性、文化性与经济性为主的综合性大街，建住宅是违反功能布局的。这条街南侧毁于“文革”，本应在建设北侧时予以纠正，但没有引起规划上的重视，现在北侧也将修建完了，很不理想，规划上既不尽合乎功能要求，又少有景观艺术，建筑设计也缺少可取之处。

2. 商业集中

近三十几年来，世界上突出发展的是第三产业，特别是商业服务业。国家的富强，城市的繁荣，人民生活水平的提高，一一体现在第三产业的发达。

北京却有些不同，第三产业落后是一方面，而且还集中发展。北京市级商业区中华人民共和国成立前集中在前门外、王府井、西单，四十年后仍然多集中在这三个地区。这几个地方人口日流量都在百万以上，每个大百货公司日流量达几十万人，已经难于选购物品，成了闹市。人挤人，环境污染十分严重。与此同时，许许多多干道虽然车辆很多，但干道两侧却比较冷清。近年来个体商贸市场的兴起，有些地方面貌略有改变。这些现象都说明了人民需要，整个城市都需要。但是总不见开辟新商业与服务业区街。市级商业到哪里，繁荣景象必然到哪里，哪里的居民也就享受到方便。商业服务业是为人民服务的，北京又是为全国服务的，不能看眼前的繁荣、营利大，便仅向繁荣地区投资。为民方便，为长远利益，为城市风貌，为疏散文通，都必须开辟市级新商业服务业区。仅仅集中在三五处老区是下策。同时，在王府井、前门外、西单，也不应该通过改建扩大营业面积，增加流动顾客，从而交通也必然向这几个地方集中以至影响全市。这几个地方的房屋多数已经不是危房，不要拆掉、扩大，拆了实质是浪费，希望有钱花到新区去。

3. 办公住店

这些年来，基本上不允许建楼、馆、堂、所。所谓楼，即指办公楼。这种办法是对的。因为许多官办单位，已经人浮于事，人多了，就要修“衙门”，讲豪华阔气。但是政策开放之后，性质变了，体制也变了，大量企业单位经济实体应运而生，并且涌向北京，这也是不以人的意志为转移的。随着这种形势的发展，自然要有地方办公才能存在。在不能建办公房的情况下，只好拥向旅馆，住在店里。高者住大旅馆，次者住小店。旅店被商贸单位占据很多，旅客无处住宿。待将来有了办公房以后，又将产生旅店过剩。这不是办法。当务之急，为适应形势，应允许建办公用房。采取预租、预售、集资、贷款等办法，沿干道建办公楼代替沿干道建住宅，是一举两得的好规划。

4. 高档旅馆扎堆

高档旅馆，特别是一些合资旅馆，不服从城市规划，选中心、繁华地址修建，而且集中、成群。如金鱼胡同附近多达十家，位置虽然好，但是距故宫东华门极近，影响了北京最重要的古建筑群，实在是得不偿失。现在已经暴露出严重的交通问题，对城市风貌的后果自然是不会理想的。旅馆为游人服务，旅人来自四面八方，旅馆当分散分布。如果建在旧城区各危房地段也是很恰当的，既改建危房，又均匀分布，难道还怕投资方多拆几间危房、多迁几户居民？更重要的是免去因建大型公共建筑再拆许多好四合院。

5. 交通内引

北京旧城区的交通原来就先天不足，中心被皇宫占据，造成南北与东西交通都不能畅通。加上全市人口增多，流动人口更多，城市大规模向郊外扩展，许多功能分布都不尽合理。比如市级商业全都在中心地带，从而形成大量人流、大量交通向中心集中，而中心区道路还无力展宽，以致造成所有道路饱和。更由于道路规划与交通管理等原因，过境交通所占比重过大。据 1989 年调查材料计算，旧城面积占全市面积 8.2%，承担交通量 28.7%，向心交通及过境交通占 34.5%。据 120 辆车调查，向心交通占 70%，过境交通占 29.9%。过境交通量最多的是东西长安街，其次是崇文门东口、天桥路口、陶然亭东口。

由于人口过多，交通过分拥挤，北京旧城有许多地方或多或少地失去了历史形象，包括人的素质。为了减少北京旧城市区的种种压力，必须减少城区常住人口与流动人口，才能防止中心区发生混乱。特别是市级商业服务业一定要分散，开辟新区，把环行路截流的办法用在商业，截住流动人口进军中心，则中心区的交通才能缓解。过境交通需由内向外引导，由外向内截流。计划在东、西单修立交桥、京开公路引进二环，都是引火烧身的想法。很少有在心脏修立交的城市，不能诚心把车辆由外边引来过境。过境车图快，要设法让它快不起来，必然绕道走环路。如果能把 30% 的过境车引向环路，或者用环路截住，中心区交通会大大的缓解，中心区采取快速交通的策略是不明智的。

三、古都风貌、首都风貌与危房改建

上述古都风貌与首都建设一系列问题已经是过去，当前，当做的事是今后如何保护古都风貌和建设首都风貌。

中华人民共和国成立以来，对北京古城应该采取什么样政策，看法不一。解放初期有的主张古城区原封保留，在西郊另建首都，有的主张以城区为基础，逐步改建与发展。当初有争论，至今还是看法不一。就今天我国的经济发展情况来看，北京的法定保留文物建筑还无力维修，甚至有的听其自然损坏。北京解放当时约有 170 万平方米传统建筑，若全部保留下来，另起炉灶，在西郊大兴土木建新首都，按当时的实际情况，是人的意志所不能做到的，是不现实的。尽管设想很好，既可保住历史文化，又可造成现代化首都，但实在是力所不及。实际上，西郊地区受天然条件的限制，作为首都建设用地，也太小，构不成首都规模的建设用地。

几十年来，北京是按照以旧城为基础进行建设的。旧城区是首都的中心，根据国家的需要，自然是中央所在地，因此国家级政治、文化与经济等大型建筑自然要建在显要地点，也就必须拆除许多传统平房四合院才能建设。更由于现代化的发展，交通向中心区集中。要展宽一些城区内主要干路，这又非拆大量传统平房不可。此外，北京的商业服务数量严重不足，开辟新商业街势在必行，又需要拆旧 1100 万平方米。据总体规划计算，道路展宽和市政等还需拆房约 400 万平方米，危房需拆除至少 200 万平方米。在现存 1100 万平方米中减去这两项 600 万平方米，下余 500 万平方米。这 500 万中有将近 80 万上下属于长期保护，法定不拆的古文物建筑；还有 100 万平方米一类平房四合院民居，也决定长期保护下去，共 180 万平方米。也就是说除掉这些，在旧城区只有 300 多万平方米传统平房了。文物局对保护文物建筑政策规定是“定点、划圈、限高”六字方针。“定点”就是确定保护单位；“划圈”就是划定保护范围，保护范围内不得建设新建筑；“限高”就是建设控制地带。建设控制地带内不得破坏文物保护单位的风貌，并把建设控制地带分为五类，其中一类是非建设用地；二类是保留平房地带，如新建限高 3.3 米；三类地带允许建设高度 9 米以下；四类地带允许建设高度 18 米以下。好了，按这些政策规定，除 180 万平方米保留下来的古文物建筑和四合院平房之外，只要不超出所限高度，则都是可以拆掉新建的。这里就出问题了，也就是说北京旧城的文物保护到底是保护“个体”，还是保护“整体”？是保护“文物单位”，还是保护“古都风貌”？保护古都风貌意在“古”字，如果除 80 万平方米古文物建筑和 100 万平方米平房四合院之外一律可以拆除改建，即使改建成四合院形式，也只能说是“风貌”相似，而非“古都风貌”。比如，单单把故宫保留下来，再加上控制地带，也只能说是保护个体。保护古都风貌必须有“背景”建筑衬托，也就是要有“古”民居作背景，才能构成“古”风貌。要有足够的“片片”，才能构成“古城’。原有 1 700 万平方米传统建筑，仅留 180 万平方米，只是原有传统建筑的十分之一，其它都是新建或仿古，还能算古城风貌吗？现在是到了必须研究和决定的时候了，特别是要确定如何保护古都风貌，否则将后悔莫及。如能把仅有的几百万平方米留下来进行“改造”，加上现代设施，并把其中真正的危房加以仿建，则古都风貌的局面还能存在。反之，如果都拆掉“改建”，则必然使古都面目全非。现在全北京市已新建 1.2 亿平方米房屋，相当于七个老北京，这说明已经和解放初期不同，完全有能力进行“改造”旧房，而不必“改建”旧房，把传统平房成片留下来才具有历史意义。

关于危房改建问题，无疑是一件大好事。解放四十年以来，一直没有解决的问题，现在开始解决，这是只有共产党才肯做的事业，不仅在政治上有必要，而且对国家、对人民都是极大的功绩。

但究竟采取什么样办法才能取得多快好省的效果呢。实际上，道路很清楚。改建危房的目的是使危房户得以安居，而不在于住户必须回到原址。每年有几十万人由城区迁住到三、四环路一带，都不是在原地解决，事实上都在原地解决既不可能，也没有必要。就以下几个方面来看：

(1) 居民生活。危房户的居民几十年来处于不能安居的生活之中，一旦能迁到安全住宅中，应该是满意的，不会强求住在城市中心。郊区居民有几百万，怎么能都住在中心地区。在郊区建危房户住宅，建成后住户一次迁入，不必投亲靠友，政府也不需给拆迁补助，省许多周折。

(2) 中心区的人口已超饱和。中心区的人口过分拥挤，按总体规划必须迁出一部分。如在拆除危房地区仍建住宅，则新建面积要超出原有房的一倍以上，原住户迁回之后，余房作商品房出售，这就是说买余房住进来的人都是增加的人口，而且不是少数。这是和城区的人口政策背道而驰的。

(3) 土地价值。世界上任何大城市都是同一规律，越靠近中心的土地价值越高。据说东京的土地中心地区的地价已达房屋价值的十倍。上海的地价已经是北京地价的五倍。这数据不一定准确，但是价值高很多是肯定的。北京的危房区基本上都在城中心地带，用作一般住宅用地，是把黄金当铁用了，我们不能再不认识“土地的价值”了。

(4) 造价与集资。菊儿胡同建的住宅据说比郊区建住宅贵一倍上下。这就是说像菊儿胡同的房子建 100 万平方米的钱便可全部解决城区的 200 万平方米危房户，乃事半功倍。我们的经济情况还比较困难，该少花钱多办事。

至于集资方式，在城区的办法，同样可用在郊区。危房户出点，危房户所在单位出点，政府补助点。这当然是个良好的愿望。实际上，危房户及其单位出的钱都是不定数。商品房自然也是公家出钱。因此改建危房的资金还要进一步努力。

从政治效果、经济效果和社会效果来分析，危房改建放在郊区好。

把危房区的土地留下来建大型公共建筑，或待价而售，听其自然升值，可能把投资在危房户的钱收回来还有余。特别值得重视的是今后必须在中心地带的大型公共建筑，利用留下来的危房区用地，则可以不必再拆好房了。希望能慎重研究，再比较一下。

保古意在创新，保古的目的之一是要发展现代的首都。北京是中华民族的首都，如何体现，在什么地方重点体现出首都风貌？我们中华民族是有志气、有气魄、有能力的民族。北京古城南起永定门、北至钟鼓楼的南北轴线，在世界上是独一无二的杰作，气势之雄伟，艺术之高超，不是语言所能形容的。这条轴线重点体现出“古都风貌”正常的规律是后来居上，因而希望我们这一代能够体现出“首都风貌”的重点。

虽然我们的建设相当于七个旧北京城，成绩很大，但一流城市的风貌还不明显或者说没有突出。人们一直把希望寄托在长安街，称之为东西轴线；并把天安门广场作为首都中心。实际上长安街是一条中心区过境交通的主要干线，不是轴线，如果交通干线能叫轴线的话，则轴线太多了。至于天安门广场，在城市布局来看是“故宫”的前院，不是城市中心。设想以纪念碑为中心，设东西轴线，在广场与南北轴线相交于纪念碑。这样，天安门广场从整体城市规划布局来看，便形成真正的北京中心；故宫便退居后院的地位。由于长安街的建筑，除少数几座建筑之外，多数不够一流城市水平，也没有体现首都的政治与文化性质，以及首都的宏伟、壮丽，不能代表首都风貌。以纪念碑为中心设东西轴线，东起古观象台，西至音乐学院。在西轴线上，人民大会堂西侧建人大与政协机关，往西，新华门对面建国务院，再西，依次建国家剧院、民族、文教等大型公共建筑；在历史博物馆以东，东轴线上建公、检、法，依次建市委市政府、财贸、外经、交通等系统的大型公共建筑。大约要拆除 200 多万平方米的旧房，建 200 多万平方米的现代化国家级单位，既体现出首都的政治与文化性质，又体现出首都的伟大风貌。南北轴线自然是体现古都文化的代表，设东西轴线与南北轴线相呼应，并融为一体，既有整体性，又有个性。当然建筑设计需要是高水平的，是北京风貌的，建筑与环境空间相结合。两条轴线组成伟大的、人民的首都。我一再提出的设想，意在抛砖引玉，大家共同努力，总会达到人民的愿望。

中日建筑师北京交流会发言（1997年4月）

/ 赵冬日

一九五八年我在市规划局工作，有幸参加了改造天安门广场的规划和人大会堂实施方案的设计工作。

一提起天安门广场，人们就会想到开国大典和每年“五一”“十一”的阅兵式，群众游行和集会，都是在这里举行的，它是北京的心脏，是“五四”以来多次政治运动的所在地，在中国人民的革命史上占有特殊的地位。改建前的天安门广场是故宫大门前院的旧址，是一个狭长的丁字形，四周用高高的红墙封闭，为了衬托出天安门超乎一切的地位，以显示皇帝的无上尊严，它戒备森严，文武百官至此下马，百姓不得跨越半步，东西交通要绕道中华门之南或地安门之北。外国使者入到此也都要步行。中华人民共和国成立后，对天安门广场逐步进行了改造，1956 年建起了人民英雄纪念碑，拆除了千步廊红墙，但这远远不能满足百万人集会的需要。1958 年 8 月中央和北京市政府决定彻底改造天安门广场，并兴建广场周围的新建筑，没有建筑物，就形成不了广场，二者不可分。

首先要决定的是广场的规模、周围建筑的内容、尺度和建筑形式，这些问题通过实践逐步取得统一，广场的规模不但要满足群众游行集会的需要，还要显示出开朗、宏伟的气势，建筑的尺度要和广场及天安门、纪念碑等已有建筑互相衬托，取得均衡的比例，在建筑艺术和技术上不分古今中外，兼包并蓄，要一切精华尽为我用。

天安门广场位于北京南北中轴线与东西主干道长安街的交汇处东、南、西三面皆为宽广修直的道路，北面是明清两代数百年的皇宫及太庙、社稷坛改成的公园，规划中的广场南北长 880 米，东西为 500 米，这是一个超乎寻常的尺度，是一个创举，形成主要天际线的两侧建筑的高度是 30~40 米，当人站在金水桥或纪念碑以南，可以随时看见东西的建筑物。广场采取了对称的布局，周围的建筑物也是对称形式，西侧人大会堂和东侧革命历史博物馆，体形相近而又有所不同，一重一轻一实一虚，长度都在 300 米以上，广场的规模大，因而使新旧建筑之间有相当远的距离（200 米以上），就不会有矛盾之感，并有效地保存了天安门的中心地位。新建筑采取了平顶、挑檐围廊、重台的处理方法，是中国传统建筑艺术的发展，与旧有建筑达到完美的和谐，广场中接近人的栏杆，台阶，长坛等都采取了适合的尺度，使人在广场中感到自己是广场的主人，加强了广

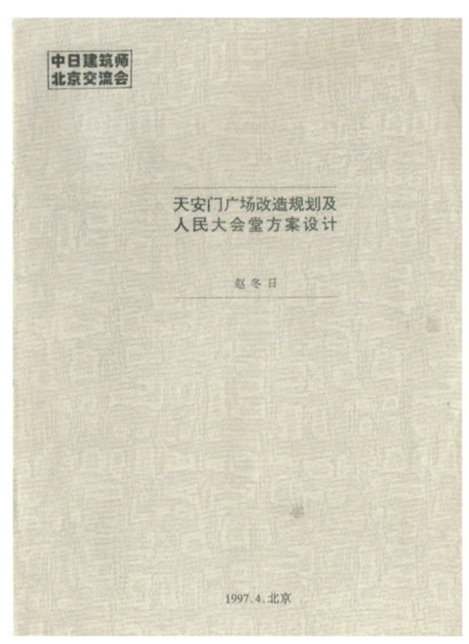

中日建筑师
北京交流会

天安门广场改造规划及
人民大会堂方案设计

赵冬日

1997.4.北京

中日建筑师北京交流会赵冬日发言稿

场平易近人的风格。广场周围充分绿化，裁种了油松、柳、元宝枫为主的多种树木，纪念碑以南种植了大片草坪，花坛，美化了环境，调节了广场的小气候。扩建后的广场，已在十周年国庆大典上和欢乐的人群一起接受了庄严的检阅可以。说四十年来，它给每个来过这里的人都留下了难以忘怀的印象。

从设计角度主要考虑四方面的问题，总平面布置、平面布局、会场形式和立面形式。总平面布置上主要是将人大会堂与革命历史博物馆的东西轴线与纪念碑的东西轴线向北错位布置，使两建筑物面向广场的主入口之间无遮挡，视野开阔；平面布局以会议厅在中部、东门为主入口，5 000 人宴会厅在北部、北门为主入口，人大常委会在南是一个独立部分，是口字形布置，有内院，南门为主入口。内部空间的处理发挥我国传统建筑之长，如“步移景异”的多层次手法，一步步进入高潮，就像故宫、以正阳门开始，经中华门、天安门、端门、午门、太和门，最后进入太和殿，达到高潮，大会堂也采取了同一手法过五门、五厅进入大会会场。

为了满足“多”“看”“听”的要求，大会会场平面选择曾做过多方案比较，圆形、方形不好解决主席台与座位的矛盾，最后选择了扇形会场。最远水平视距是 60 米，以大型歌舞剧场略远，从“看”和“听”来说是合乎使用的，但必须在首层座席上再加二层看台座席才能容纳一万人。如何处理 60 米跨度 15 米进深的看台结构，成为扇形会场能否成立的关键。我与主管结构设计的朱兆雪先生研讨，决定用在会场后端柱子上做悬挑梁的办法，为此我在后边做了双排柱，实际朱

赵冬日在北京市建筑设计研究院图书馆，1998 年

先生只用了一排。

其次会场的音响也是设计中的关键问题，经分析认为：人均 6~7 平方米这个条件适用于一般剧场，但用在 20~60 平方米的房间里就不适用了，一般只有 1~2 人工作的房间，平均每人可达几十立立米，音响也没问题，那么一般剧场的音响设计经验，用于万人规模的大会堂里不一定是恰当的，于是我们打破了框框的约束，经过广播音响设计同志的努力在人均 9 平方米的条件下，终于解决了这个问题。

宴会厅门厅以南设迎宾大厅，兼多功能厅，站在大厅中央，远远可看见洁白、庄严的汉白玉大楼梯，以表现中国人民朴实，纯洁好客的心怀。楼梯的尽端，高悬巨幅国画，通过楼梯折而向北进入宴会厅，这里可同时安排 5 000 人的席位，平面略呈十字形，中间无柱，气度豪放。人大常委会设常委会会议厅，国宾接待厅，宴会厅等。代表分组会议室共 60 余组，布置在礼堂的周围，是各省市代表集合和国家领导人接见宾客的厅堂。人民大会堂的艺术造型是极为复杂的，它的性质和规模是决定造型艺术的具体因素，建筑的尺度宽大，体形雄伟，其轮廓强调严整庄重对称布局，高低错落强调重点。屋檐采用了平顶琉璃檐头，保留了中国传统建筑的风格，加以发展，缩短了传统建筑习惯采用的挑檐平出的比例，把柱头顶在枋下，以柱托枋，不采取以枋插柱的形成，避免柱子把楣枋穿断，削弱檐头的厚度，对平顶大尺度高层建筑是合适的，檐高为 10 米。

在建筑周围饰以柱廊，这是古今中外常用的手法，我们在比例和开间部位上加以变化，如加大主门处开间尺寸，并在门廊两端加宽部分墙面，以突出主要大门。

台基部分采用了重台手法，其处理在中国建筑中有着成功的经验，不过古代台基是为了加重宫廷王府的威严，而我们却不仅要求庄严雄伟，而且还要平易近人，于是采取加宽台阶的办法特别是面向广大群众的一面多设台阶，使之亲切宜人，没有立于丹墀之下的感觉。

关于色调的选择，屋檐用黄绿色琉璃，亮处用橙黄色，暗处用深绿色，以突出屋檐和檐下的深邃，但在绿色中仍杂跳以亮色，使之丰富多变。墙面及柱廊选用明快的色彩，东北西三面入口用大理石园柱，在色彩用料上使主要大门更突出。台基用微红色的花岗石与天安门红墙取得一定的协调。

人大会堂的设计就是吸收了大家的意见，它是民主执笔的产物，是所有设计者共同协作的结晶。

编后感言
五十年代“八大总”是建筑界的设计功勋

历史尘埃落定，先贤的身影虽远，可在时代进程中，新中国建筑的历史中还浮现着他们永恒的“表情”。何以书写下意味深长的文字，它不仅仅是为了纪念在建筑设计行业做出非凡贡献的人，更为赞美新中国建筑70载的成就。经第十三届全国人大常委会第十三次会议审议，全国人大作出授予国家勋章和国家荣誉称号的决定，习主席特别签署主席令。这实际上也给了我们向历史上建筑界模范人物致敬的理由，在理解模范乃国家最闪亮的精神坐标时，我强烈地意识到建筑设计行业的希望与前景不能没有先锋。让时光记住每一位新中国城市建设者的名字，因为他们充盈着国家记忆，见证着这个国家的成长。

在为与新中国同龄的北京市建筑设计研究院有限公司编撰纪念系列丛书之五十年代“八大总”图书时，我们一直在思考如何找准写作角度，这不仅需要写出有筋骨的文章，更要写好那个时代具有的建筑学术精神的五彩华章。新中国70年，各行业都产生了伟大的作品，时移世易，尽管当下新一辈建筑人设计审美追赶潮流的速度在加快，眼界在变，但越来越多的业界人士认同“一切历史都是当代史”的说法，因此梳理昔日大师们的经历、作品与思想不仅是负责任的学术研究，更是当代人发现历史的机会。因为拥抱未来，不期而遇的设计灵感需要做好来自历史、人文诸方面准备。这是建筑学人或称专业媒体人为时代代言，向时代致敬的重要使命。2009年时任《建筑创作》杂志社主编的本人与李沉共同完成了“唤回记忆：北京院20世纪50年代‘八大总’”一文（刊于《建筑创作》2009年4期），在那篇长文中按“八大总”的由来，“八大总”的建筑观，“八大总”的印象乃至“八大总”的精神等作出评析，该文受到院内外业界关注并被多处引用，又编入院庆60周年纪念集中。

在五十年代“八大总”一书编撰中，我除自身感到对“八大总”的充分展示要进一步细述外，还要给予他们当今价值更丰富的“自定义”。特别提及的，通过与徐全胜董事长于2018年以来几次交谈，让我充满了做好此项工作的信心。他认为在北京院的历史长河中，那个年代建筑师、工程师功不可没。自建设部1990年首批大师公布时北京建院就有4位大师，如今已有15位大师。但徐董事长强调作为北京建院人，尤其不要忘记我们50年代的

马国馨著《南礼士路 62 号》书影

南礼士路 62 号近影（作者摄）

创始先贤，他们是北京建院最珍贵的财富。因此，以北京市建筑设计研究院有限公司的名义编就 70 年发展历程丛书时，开篇应是五十年代“八大总”的图书。

中外古今，先贤纪念都是与国家、行业的历史文脉相关联的。先贤，一般指已故的有才德之人。人类出于对生命的追问和对自身了解的需要，自然就产生慎终追远的传统，尽管对先贤的纪念方式不统一，但把他们的名单串联起来，就可成为一个地域或一个行业、机构特有的历史文脉。正因为先贤纪念是历史研究的一部分，它一定在城市史乃至行业史中有凸显地位。本书的“八大总”指 20 世纪 50 年代北京建院“大师”级人物，他们因学识才华出众，成为今人怀念学习的对象。国内为建筑界名人编撰的史书及专业读物有已故杨永生编审的《建筑五宗师》（百花文艺出版社，2005 年）、《哲匠录》等，但以一个设计院与八位建筑及结构总师的名义编写“人物志”的书尚属首次。

2019 年 6 月 17 日，北京召开首都文化发展政策座谈会，众专家提及要做好首都文化建设的大文章，特别要展现出首都文化的人文高度、包容广度、文化自觉深度及文化创造的新度。这就要求文化建设重视建筑景观与文本（既有书面文本，也有口头文本），要研究注重城市建筑空间营造，要体现出人情味与烟火气。今日北京是当代中国的首要窗口，也是世界闻名的东方文化圣地，建设成为最传统也最

1961 年 4 月北京市建筑设计院部分工程技术人员在刚刚落成的北京工人体育馆前合影，其中“八大总”从右至左为：右 2 顾鹏程，右 8 张镈，右 13 张开济，右 14 朱兆雪，右 18 杨锡镠

创新的城市是北京对世界的贡献。以新中国创立最早的北京建院五十年代“八大总”的当代群体为例，他们是北京建院设计品牌老字号的见证者、实践者和创造者；他们告诉业界，一个设计院的综合实力从哪里来，“根深”何以“叶茂”；在他们传承的力量中，有他们的设计精髓与北京建院人的记忆，会让更多的后来者明白，走进“八大总”就是职业设计者体味自我建构与心灵升华的过程。

五十年代“八大总”一书从一定意义上看讲述的是新中国初期北京建院设计大师的“故事”，它从设计地理与建筑文化地理上定位于“南礼士路 62 号”的坐标，一介大师的永恒价值在于他的作品，也更在于他们留下的设计思想与建筑技艺。自 2008 年动笔撰写“唤回记忆：北京院 20 世纪 50 年代‘八大总’”文章起，到今天按院领导意见编写该书，从当年的《建筑创作》杂志到今日的《中国建筑文化遗产》编辑部，我们除翻阅“八大总”的作品、论文、随笔、演讲、访谈外，还查阅了大量档案文存。总体来说尽管我们未发现太多的专业性文档，但感到他们是在用作品与思想及品格展现人生的嘱托；他们旺盛的创作力如果算是告别，那便是对中华大地最珍贵的祝福。因为阅读该书的人们会领略到他们在用自己不同的方式留下宝贵的研究线索，无论是硬性的设计技法，还是软性的思想与诗般的“设计史”，都在构筑北京建院的一段段重要的“技术史”，呈现给行业一个活生生的建筑工程思想发展缩影。

整整十年前的“唤回记忆：北京 20 世纪 50 年代‘八大总’”文章中有这样一段话：每个人都是一部历史，在宏大的历史叙述中，占据主要地位的向来都是影响行业发展的“英雄”，那些“沉默的大多数”成了建筑金字塔的基石。我们以为，北京建院 20 世纪 50 年代的“八大总”既是建筑界的“英雄”和大师，也为平凡的知识分子充当楷模。“老将青史殊勋在”是 1982 年 3 月 30 日姚雪垠为矛盾辞世所写悼念文章的第一篇，以此启迪建筑界为“老将留青史”。如果说，一位大师就有一部传奇，那么八位先师就组成了一部颇有气势的北京建院史，或称北京的五十年代建筑英才史。上个世纪 50 年代设计大师罕有，“八大总”不仅是建筑界英模的“个体史”，也书写了对行业发展起重要作用的大师“集体史”。十年前，我曾对撰写“八大总”的价值进行了归纳：

其一，“八大总”的学养和技术基础值得称颂。如上所述，他们有 50 年代初由上海来京到北京建院前身永茂公司工作的顾鹏程和张开济；有号称“南杨北朱”的杨宽麟和朱兆雪；有专程从香港聘请回来的张镈先生等。他们虽专业各异，但共同的是能为城市和建筑“把脉”，能体现出设计大家的风范。这如同书法艺术一样，笔墨烟云，无声胜有声，书家之所以敢以墨点线的运转来抒发情感，营造意境，这源于深厚的学养及扎实的技术基础。

其二，“八大总”体现着灼热的爱国情。过去为编撰杨宽麟总工程师的传记书，曾多次访谈杨伟成总工程师，从杨伟成总的介绍中我

美术作品中的“国庆十大工程”（中国美术馆“伟大历程 壮丽画卷——庆祝中华人民共和国成立 70 周年美术作品展”展 作者摄）

北京建院“在共和国旗帜下”有“八大总”的展板（2004 年）

们可领悟到这位跨世纪老人的爱国情怀，他的视野开阔，我们能从大量工业与公共建筑的安全型结构设计中感受到，他对工程结构安全度的忠诚是日积月累“配制”而成的，他反映了一个科学大家的无声呐喊。华揽洪先生曾受到不公正待遇，但他的“祖国情”，体现出一个建筑“批评家”的胸襟，他非但不抱怨，不责怪，反而利用“丰富”的时间走遍北京东城、西城的胡同，并统计胡同及四合院内的树木，绘出了一幅较为完整的北京城区树木分布图。他于 1981 年完成的《重建中国城市规划三十年》一书在学术上填补了规划建设上的空白。

其三，“八大总”理论与实践的才学使之不朽。作为当代建筑师，尤其是青年设计师，我们尤其以为要学习“八大总”的实践观，在

张镈大师（左）与沈勃老院长（右）在院庆五十周年筹备会上（1998 年初秋）

他们成功的作品（建筑或结构）中，不是靠那些含混、晦涩、奇异的语言来获取众人的“思想愉悦”，而是靠从实践中总结出理论来取得建筑工程设计的一个个突破。永恒是有温度、有光明、有生命、有活力的存在，不朽之作品是文脉与人文智慧的结晶体，当它用新颖的形式、鲜活的内容展现时，它自然会以雅致、德行、博爱放射出光彩，闪耀的一定是不为时尚所动的永恒希望；

其四，“八大总”教会我们的不仅有生活姿态，更有一种对社会文化的哲思。时间虽会从指间滑过，但社会本来就是由山外山、人外人组成的，作为年轻人也好，作为较为成熟的设计师也罢，都不可自我放逐，都需脚踏实地的进取和拼搏，贵在要寻到一种理想的社会姿态。如“八大总”会自觉接受诸如“广义建筑学”和“建筑的科学发展观”的思路；会在创作与设计时有一种史学家的战略眼光并习用诗家的笔墨；凡事都会在往事、现实与构想之间寻找光亮，这样的作品才能体现出城市的灵魂。五十年代“八大总”作为一个大师群体，它最为可贵的是留下了广博深邃的工程及学术思想。王国维是 19 世纪末至 20 世纪初的中国著名国学家，它在《人间词话》中有一段“境界说”，我以为用此概括“八大总”的思想及眼光颇为贴切：“古今之成大事业、大学问者，必经过三种之境界。‘昨夜西风凋碧树，独上高楼，望尽天涯路’，此第一境也。‘衣带渐宽终不悔，为伊消得人憔悴’，此第二境也。‘众里寻他千百度，回头蓦见，那人正在，灯火阑珊处’，此第三境也。”在这“四点”基础上我还要再加上一点感言。

其五，“八大总”还尽显了极为可贵的“工匠精神”。匠人乃各时代社会财富的创造者，“大师”与匠人不该有严格界限，古今中外的建筑大家不断发荣滋长，一脉相承，均将城市与建筑、建筑与工艺、美术与装饰，甚至人品与技艺、道德与造物等因素融在建筑设计与营造中，他们再各执一端，也不忘导启后生，这是建筑“大师”的职业精神。“八大总”的技艺堪称楷模，“八大总”的成长之路肯定不平坦，纵然有艰难困苦，但精神上的坚毅，使他们有了励志前行的高贵品质与坚持到底的信念。

作为后辈的“八大总”中张镈、张开济、赵冬日三大师，因我在院科技处、研究所工作的关系有过接触，对华揽洪总除在 1999 年北京世界建筑师大会他回院时采访过他外，2009 年赴法国学术交流时专程到他巴黎居所拜见他，送上 60 周年北京建院作品集，还亲为他拍摄肖像；顾鹏程总我只是在他老人家百岁回院祝寿时见到过。其余三位大师，杨宽麟，杨锡镠，朱兆雪均未曾谋面。但这些年，从中国 20 世纪建筑遗产保护与弘扬中国建筑师文化出发，我先后参与编辑出版了《建筑设计大师赵冬日作品选》（1998年）、《北京十大建筑设计》（2001年）、《中国第一代结构工程设计大师—杨宽麟》（2011年）、《张镈—我的建筑创作道路》（修订版2011年）、《中国20世纪建筑遗产大典（北京卷）》（2018年）等，这些工作使我与编辑部同仁在追溯百年中国建筑学人的心路中，不断感悟到何以是当代建筑师需要的精神。先生们的音容笑貌宛然在目，无形之中拉近了我们与“八大总”的距离。也更令我感到向大师的“大师”学习是何等的重要，因为他们在悠长的岁月中确为这个时代留下了真学问与真精神。下面按“八大总”生辰排序，列出他们的名字：

开创建筑工程教育先河的杨宽麟总工程师（1891—1971）；

集建筑媒体人与中西合璧设计师于一身的杨锡镠总建筑师（1899—1978）；

誉为建筑防水“大王”的顾鹏程总工程师（1899—2000）；

人民大会堂的结构总师朱兆雪总工程师（1900—1965）；

执业65载设计超百项的张镈总建筑师（1911—1999）；

幽默开朗睿智敬业的张开济总建筑师（1912—2006）；

熔铸中法百年人生的华揽洪总建筑师（1912—2012）；

大手笔绘就北京现代之城的赵冬日总建筑师（1914—2005）。

榜样、功勋或大师的力量是无穷的也是有限的，取决于榜样自身的生命力和影响力，更取决于业界与公众对他们的认同。无论是“前辈大师”还是“设计新星”，他们的消弭与淡化重在是否有真正为社会所敬佩的设计精神与内核。北京建院50年代“八大总”被业界认同，无论在当年还是今天都是一个“文化现象”，几乎都已经成为一个名词，确值得业界学习。作为编撰者为这样一个“高人”群体“塑像”，非有特别的视角和洞察力不可，非有自觉奉献的使命感不可。但遗憾的是，我们的笔力及编辑视角终究有限，确难以百分之百达到为大师出版“大作”的要求，在此向先贤“八大总”及家人们致歉。

我是怀着忐忑之心完成全书策划及定稿的，肯定有太多太多的不足与遗憾。在此要特别感谢的是院内外业界同仁、各位高校师生、各媒体朋友的帮助。在此再次向院内外文图作者及辛勤的编撰人员致敬，也感谢“八大总”的家人与亲属，感恩你们的宽容和支持。书中不准确之处，望指正，不当之处容我们再版时纠正并完善。

金磊

《建筑创作》杂志社原主编

现为中国文物学会20世纪建筑遗产委员会副会长、秘书长

中国建筑学会建筑评论学术委员会副理事长

2019年10月

图书在版编目（CIP）数据

北京市建筑设计研究院有限公司五十年代“八大总”/ 北京市建筑设计研究院有限公司 编. -- ：天津大学出版社，2019.12

（北京市建筑设计研究院有限公司成立七十周年（1949—2019）院庆系列丛书）

ISBN 978-7-5618-6595-8

Ⅰ. ①五… Ⅱ. ①北… Ⅲ. ①建筑师－生平事迹－北京－现代 Ⅳ. ①K826.16

中国版本图书馆CIP数据核字（2019）第281743号

Beijingshi Jianzhu Sheji Yanjiuyuan Youxian Gongsi Wushi Niandai de "Badazong"

策划编辑：金　磊　韩振平
责任编辑：刘博超
装帧设计：朱有恒

出版发行　天津大学出版社
地　　址　天津市卫津路92号天津大学内（邮编：300072）
电　　话　发行部：022-27403647
网　　址　publish.tju.edu.cn
印　　刷　北京雅昌艺术印刷有限公司
经　　销　全国各地新华书店
开　　本　210mm×265mm
印　　张　16
字　　数　409千字
版　　次　2019年12月第1版
印　　次　2019年12月第1次
定　　价　186.00元